2

저자 김기서

제5판

# 은행지점경영의 성공전략과 실천

## 2

지점마케팅과
우수경영사례

한국금융연수원
출판사업부

# 은행지점경영의 성공전략과 실천 II

## 지점마케팅과 우수경영사례

한국금융연수원
출 판 사 업 부

# 머리말

금융업의 경영환경이 급속히 변화하면서 지점장의 자질도 다양한 측면에서 요구되고 있습니다. 업무영역에 대한 규제완화와 더불어 자본시장법의 시행으로 금융업종간 경쟁이 치열해지면서 지점장들의 경쟁력이 금융기관의 경쟁력으로 연결된다는 인식도 확산되고 있습니다.

금융기관에 있어 일선 지점은 최전방 부대이고 지점장은 일선 최고 지휘관이자 전략가입니다. 금융기관들은 시장점유율 확대를 위해 온갖 노력을 기울이고 있는 가운데 지점장의 능력이 바로 지점의 경쟁력이며 금융기관간 경쟁우위를 좌우하는 핵심요소로 부각되면서 지점장의 역량강화가 금융권의 중요 이슈로 부각되고 있습니다.

최근 각 금융기관들이 사활을 걸고 수익 및 주주가치 극대화 경쟁에 나서고 있는 상황에서 지점 경영관리에 도움이 될 수 있는 지침서로써 '은행지점경영의 성공전략과 실천'을 발간하게 되었습니다.

본 책자는 금융기관의 지점경영에 필요한 내용을 체계적으로 정리하여 제시했습니다. 금융기관 지점의 경우 지점이 체계적이고, 조직적으로 운영되고는 있으나 많은 경우 지점장 개인의 과거경험이나 선배로부터 전수된 방법에 의존하고 있습니다. 지점경영의 효율성을 제고하기 위해서는 지점 경영을 전반적으로 조망할 수 있는 지점장의 탁월한 역량이 필요할 것입니다.

이에 본서는 지점경영에 도움이 될 수 있는 우수지점장의 사례를 풍부하게 제시함으로써 영업현장에서 즉시 활용할 수 있도록 집필하였습니다. 국내외 주요 금융기관에서 수집한 우수지점장에 대한 조사결과, 지점장은 크게 업무중심의 지점장과 사람중심의 지점장으로 구분되는데 일반적으로 우수지점장은 업무중심의 카리스마적이면서 사람중심을 가미한 스타일이 대부분이었습니다. 업무중심 지점장은 업무를 철저히 챙기고 독려하며 지점실적 제고를 위한 계수관리가 탁월하고 세심한 직원관리를 통해 밀도있게 업무를 수행하고 있었습니다. 반면 사람중심 지점장은 책임자에게 대폭적인 권한위임을 실시하고 모든 직원이 한마음으로 움직일 수 있도록 공동체 분위기 조성에 노력하며, 책임자별 업무분담을 통해 스스로 일하는 업무추진 자세를 강조하는 유형입니다. 이에 따라 업무중심의 지점장과 사람중심의 지점장에 관련된 우수사례를 소개함으로써 지점장들이 효율적으로 벤치마킹할 수 있도록 지원해주는 내용을 많이 수록하였습니다.

본서는 원칙적으로 지점경영에서 필수적인 것만 기술하고 이를 지점의 실정에 적합하게 활용할 수 있도록 구성하였습니다. 지점경영에는 마케팅, 인사·조직관리, 서비스품질관리 등 다양한 경영학이론이 필요하지만 가급적 이론적인 내용은 지양하고 실제 지점에서 발생할 수 있는 사례위주 즉, 지점에서 즉시 활용할 수 있는 내용을 중심으로 구성하였습니다.

특히 지점장이 주요고객이라는 입장에서 내용을 전개하였습니다. 금융기관 지점장을 본서의 고객이라 생각하고 지점장들이 영업현장에서 쉽게 참고할 수 있도록 내용을 자기경영, 지점운영전략, 직원관리, 고객관리 등으로 세분화하여 구성하였습니다.

본서의 특징 중 하나는 국내외 금융기관의 지점경영에서 실제 발생한 사례를 심층적으로 소개하였다는 점에 있습니다. 일반기업의 관리자들을 대상으로 한 계층별 책자는 많지만 금융기관 지점에서 발생하는 문제를 알기 쉽게 정리한 책자는 찾아보기 쉽지 않은 것이 현실입니다. 본서는 국내외 주요 금융기관에서 실제 발생한 문제를 바탕으로 기술하여 지점경영의 지침서가 될 수 있도록 집필하였다.

본서는 전반적으로 책을 읽을 시간이 부족한 지점장들이 곁에 두고 활용할 수 있도록 가급적 쉽게 또한 간명하게 기술하고자 하였습니다. 내용을 충분히 숙지하여 지점 업무추진시 활용할 수 있기를 바라며 직원들의 교육자료로 참고하길 기대합니다.

본서는 지점장의 지점경영관리 역량을 제고시킬 수 있는 지침서로써 발간하였습니다. 하지만 저자의 여러 가지 부족한 점으로 인해 처음에 의도한 목표대로 완성되지는 못했습니다. 향후 지속적인 자료수집과 조사활동을 통해 본서의 내용을 보다 풍부하고 현실감 있도록 계속 수정 보완해 나갈 예정입니다.

끝으로 본서가 금융기관 지점에 근무하시는 직원들의 업무추진에 도움이 되길 바라며, 본서의 보다 향상된 모습을 위하여 독자분들의 많은 편달을 기대합니다. 아울러 본서의 집필과 발간을 위해 힘써주신 한국금융연수원의 원장님과 도서출판부, 통신연수부 관계자 분들께도 깊이 감사드립니다. 아무쪼록 본서가 지점에서 노고가 많으신 금융기관 임직원들에게 하나의 지침서로써의 역할을 할 수 있기를 기대하는 바입니다.

2010년 3월

**김기서(金基瑞)**

# 목차

## 제1장 지점 마케팅

# 제1장

# 지점 마케팅

## 학/습/목/표

1. 지점 영업전략의 수립절차에 대해 학습한다.

2. 점주권 환경분석과 지점 역량분석 방법에 대해 학습한다.

3. 점주권 마케팅 진행프로세스에 대해 학습한다.

4. 신규고객 발굴방법과 기존고객 관리방법에 대해 생각해본다.

5. 지점 창구관리 방안과 고객만족 제고전략에 대해 학습한다.

6. 방문세일즈 활동시 지점장으로서 역할에 대해 생각해본다.

제1절

# 지점 영업전략 수립 및 실천

## 1 지점 영업전략 수립

### 1-1 영업전략의 수립절차

지점 영업전략을 수립하기 위해서는 우선 시장상황을 분석하고 이를 바탕으로 영업전략 수립을 위한 영업규모 예측 및 활동계획을 수립한다. 그리고 영업가능 규모에 대한 예측 및 대응방안 수립, 활동분담, 활동계획 수립 등의 과정을 거쳐 영업전략을 수립하고 영업활동의 결과를 바탕으로 업적평가 및 개선활동, 차기(次期) 영업의 예측을 시행하게 된다.

영업전략 수립은 본부에서 시달된 반기 및 연간 업적평가 요령에 따라 지점 영업환경을 철저히 분석한 다음 수립하는 것이 중요하다. 지점에서 계수에 능통한 직원을 정해 해당 지점의 입장에서 업적평가에 대비하는 요령을 확실히 수립해두는 것이 필요하다. 본부에서 제시된 업적평가 항목과 항목별 점수의 비중은 해당 평가기간 동안의 전행적(全行的)인 전략방향이 표현된 것이므로 지점 운영의 기본방향으로 받아들이고 업무추진 강도를 조절하는 데 구심점으로 삼는다.

자체적으로 영업전략 회의를 개최하여 업무별 책임자에게 그동안의 추세 및 당해연도 전망, 과제 등에 대해 브리핑을 받아 항목별 달성 난이도를 파악하고 중점적으로 추진하여야 할 부분을 우선순위에 따라 정리해두어야 한다. 지점여건에 따라 쉽게 달성할 수 있는 부분과 열심히 노력해야만 달성할 수 있는 부분이 다를 것이므로 지점에 적합한 추진전략을 수립하는 것이 중요하다. 중점추진 항목에 대해서는 특별추진팀을 구성하는 것도 하나의 방법이며 주별, 월별, 분기별로 성과를 파악하고 지속적으로 대책을 논의해야 한다.

지점에서 영업전략을 수립할 때에는 환경변화에 주의하여 추진전략을 수립하는 것이 바탕이 되지만, 중간평가를 실시하여 경우에 따라서는 영업전략을 수정해나가는 노력도 요구된다. 은행업은 외부적인 경제여건의 변화에 따라 지점의 수신이나 여신규모가 큰 폭으로 변동되고 있기 때문에 환경변화 요인의 파악이 중요하다. 일단 수립된 영업전략은 반드시 추진해야 하는 경직적인 것이 아니며 지점장이 생각했던 지점의 장기비전, 연간계획 등이 환경변화로 인해 실현불가능해졌다고 판단되거나 경영의 중점추진시책이 변화되는 경우에는 수정되어야 한다. 환경의 변화 및 본부의 지시사항 등을 점검해가면서 기존의 예측과 가정들에 변화가 생기거나 주변의 상황에 변화가 있는 경우에는 이를 반영하여 수정해나가야 한다.

**영업전략 수립절차의 3단계**

① 시장상황을 분석하고 이를 바탕으로 영업전략 수립을 위한 영업규모 예측 및 활동계획 수립
② 영업가능 규모에 대한 예측 및 대응방안 수립과 활동분담, 활동계획 수립 등의 과정을 거쳐 영업전략 수립
③ 영업활동의 결과를 바탕으로 업적평가 및 개선활동, 차기 영업의 예측을 시행

## 1-2 시장상황의 분석

시장상황 분석을 위해서는 지점이 직면한 시장상황의 기회 및 위협요인을 분석하고 지점 스스로의 강점과 약점을 파악해야 한다. 지점 스스로의 강점과 약점을 파악한 후 강점은 최대한 살리고 약점에 대해서는 극복하거나 피해가는 방법을 모색하는 등 구체적인 개선방안을 마련하는 단계다. 우선 시장상황에 대한 기회 및 위협요인 분석이 필요하며 시장에 대한 자세한 정보수집 및 분석과 함께 지점의 점주(店周)파악이 중요하다.

점주파악은 지점의 입지적 특성에 따라 특정 고객층에 중점을 두어 목표고객 확보 및 고객관리 방안을 모색하기 위한 것이다. 향후 은행이 지역주민과 호흡을 같이하고 고객니즈 변화에 신속하게 적응하지 않으면 안 된다는 의미에서 점주파악은 영업전략 수립의 출발점이다. 점주파악을 위한 자료는 매우 많지만 각 지점의 특성을 고려한 자료를 수집하여 분석하여야 올바른 영업전략 수립이 가능하다.

기업고객 확대를 위해서는 기업의 경영상태, 향후 전망 및 주요 금융니즈에 대한 정보구축이 필요하다. 특히 기업별로 금융니즈가 다양하고 기업의 자금조달, 투자결정 등에 있어 의사결정권한을 지닌 조직 및 경영자의 특성이 다양하기 때문에 이에 대한 정확한 정보가 기업고객 개발의 핵심적인 요인이다. 거래기업의 경영자와 종업원 등에 대한 정보구축은 고객개발의 기본적인 자료로 유용하며, 고객과의 대화중에 얻은 개인정보는 반드시 확인하는 절차를 거쳐야 한다.

### 지점장이 항상 휴대하고 활용해야 하는 자료

① 전담직원별 주거래고객 명세표
② 총수신 및 여신규모 순위 100위 이내 고객
③ 순이익 기준으로 이익기여도 순위 100위 이내 고객
④ 우수고객 등급별 고객정보등록 현황
⑤ 주거래고객 현황표
⑥ 주거래고객 중 업포지셔닝(Up-Positioning) 대상고객 명세표
⑦ 일반고객 중 주거래고객화 추진 대상고객
⑧ 주거래고객 중 이탈고객 명세표
⑨ 거래기업 연락처 및 키맨 직원 명부

## 1-3 영업규모 예측 및 활동계획 수립

시장상황분석 이후에는 영업가능 규모를 예측하고 대응방안과 활동계획을 수립해야 한다. 여수신규모를 직원별로 배분할 때에는 직원역량을 감안하여 노력하면 달성가능한 목표를 배분하도록 해야 한다. 이는 직원들로 하여금 성취감을 맛보게 하려는 것으로 목표달성 여부에 따라 배분량을 단계적으로 높여가거나 조정한다.

영업규모를 예측하기 위해서는 먼저 목표시장을 어디에 둘 것인가를 결정해야 한다. 이는 시장규모, 자행의 강점, 자점의 역량이 타 은행에 비해 상대적으로 경쟁우위에 있는 부분을 알고, 시장규모가 큰 곳을 선정하여 우선적으로 집중공략하는 것이 효율적이기 때문이다. 또한 점주고객의 니즈에 부합하는 영업전략을 추진하는 것이 고객만족은 물론 지점의 영업성과 제고에 직결되기 때문이다.

지점 입장에서는 점주권의 지역적인 특성분석과 경쟁 금융기관 분석 및 잠재금융니즈 등을 파악하여 목표시장을 설정해야 한다. 개인고객 증대방안과 고정고객 세대수 증대방안, 전입자 관리방안 등 세부사항을 계획할 때는 점주권 지도를 활용하여 색깔로 표시해가면서 치밀하게 해야 한다. 점주권 특성을 분석한 이후에는 본부의 전행적 마케팅전략하에 영업활동 계획을 수립하여야 하는데, 성공적인 추진을 위해서는 지점의 전 직원이 시장동향에 적극적인 관심을 두고 매시기의 시장동향을 파악할 수 있어야 한다.

**지점 영업계획 수립 예시(△△지점)**

◈ **지점비전**

▷ 업적평가 최우수점

▷ CS 최우수점(그룹 및 관내 금융기관 중)

▷ Clean Branch(연체 1%, 고정이하 2% 이내)

◈ **중점추진사항**

▷ 수익성 극대화 및 수익구조 선진화

▷ 건전여신 확대 및 자산건전성 제고

▷ 자금조달 극대화 및 비이자부문 확대

▷ 고객만족 극대화

▷ 직원의 프로세일즈 역량 제고

◈ **주요업무 세부추진 계획**

1. 총량부문 실적 및 계획

2. 업무별 세부추진계획

① 수익성 극대화 및 수익구조 선진화

② 건전여신 확대 및 자산건전성 제고

③ 자금조달 극대화

▶ 지역본부의 공공기관 거점지점 지정에 부응한 공공기관유치 극대화

▶ 기반예금 취약 해소를 위한 지역밀착형 영업 강화

④ 비이자부문 확대

▶ 카드회원 수 및 이용대금 획기적 증대

▶ 방카슈랑스 실적증대 및 외환업무 증대

◈ **경영혁신 및 변화의 노력**

① Up-grade ○○○ Project 수립 시행

ㅇ지점비전: 업적평가 및 CS 최우수점

Clean Branch(연체 1%, 고정이하 2% 내)

ㅇ자체총량계획

| 연도 | 총수신 | 총여신 | 합계 |
|---|---|---|---|
| 20××년도 하반기 | 2,000억 원 | 1,800억 원 | 3,800억 원 |
| 20××년도 상반기 | 2,500억 원 | 1,900억 원 | 4,400억 원 |
| 20××년도 하반기 | 3,000억 원 | 2,000억 원 | 5,000억 원 |

② 팀별 주간 전략계획 수립 후 업무계획 토의(주 1회)

③ 전 직원을 대상으로 지점발전을 위한 제언 실시(월 1회)

④ 업무시작 전 지점장과 직원 간 메신저 대화 실시(주 1회)

◈ **영업조직 및 직원 간 협조노력**

① 팀 간 정보공유 및 연계마케팅을 위한 사무분장 실시
- 공공기관 세일즈: 기업고객팀장 및 PB팀장
- 공공기관 외환거래 전담자 지정 운영: 기업고객팀
- 점주 내 상가, 병·의원, 약국, 법무사, 변호사, 변리사 등을 타겟고객으로 선정하여 중점마케팅 실시

② 주간 일정계획 수립 운용
- 월: 팀별회의 및 업무교육
- 화: 책임자회의 및 업무교육
- 수: CS, 카드의 날 및 업무교육
- 목: 업무교육
- 금: 업무교육

③ 신용카드 및 방카슈랑스 자체 캠페인 실시로 우수팀 및 직원 동기부여

④ 기반확대를 위한 이벤트 활동 실시

⑤ Vision Leader 및 CS Leader 주관 직원 화합의 장 마련
- 직원 상호간 대화의 창 운영으로 불만사항 및 협조사항 등을 사전에 파악하여 문제점 해결(호프데이 실시 등)
- 직원 및 배우자 생일축하행사 실시: 다과회 및 축전, 꽃바구니, 케이크전달
- 신규전입 직원 꽃다발 환영 실시
- 직급별 모임 실시(월 1회)

## 2 지점 마케팅환경 분석 및 지점 마케팅전략 수립 사례

지점 마케팅환경 진단은 통제불가능한 요인인 외부환경과 통제가능한 요인인 내부환경을 분석하여 영업기회를 탐색하기 위한 것이다.

## 2-1 점주 환경분석

점주권 환경분석을 위해서는 점주권의 인구속성과 주거형태에 대한 분석이 이루어져야 한다. 성별, 연령별, 직업별 인구속성에 대한 파악이 중요하며 점주 아파트의 가격동향 및 평형구성에 대해서도 파악해야 한다. 상가구성 및 개별상가의 특징과 주요 고객층, 점주 업종별 사업체 현황 및 종업원 수에 대한 파악도 중요하다. 교육 및 문화환경에 대한 조사와 공동마케팅 협력가능업종 및 대상업체에 대한 조사도 이루어져야 한다. 예를 들어 할인마트, 백화점, 병·의원, 약국, 주유소, 음식점 등에 대한 조사를 통해 이벤트마케팅 가능여부도 파악해두어야 한다. 지역 내 관공서 및 자생단체 현황도 조사해야 한다.

지점장의 입장에서 점주권 영업환경을 분석·전망하는 경우에는 긍정적인 측면을 보는 지혜가 필요하다. 예를 들어 사람의 통행이 드물어 매출과 이익이 제자리걸음인 상가점포일지라도 '이 점포는 생긴 지 오래되었기 때문에 그동안 축적된 무엇이 있을 것'이라고 생각하면서 접근하는 자세를 가져야 한다.

점주권의 금융환경 분석도 중요하다. 지점장은 점주권의 은행 간 시장점유율 현황 및 변동사항에 항시 유념해야 한다. 경쟁은행의 영업시설 및 지점 인원구성도 파악해야 하고, 경쟁은행에서 추진하고 있는 전략상품 및 주요 영업전략에 대한 정보도 자점의 마케팅전략을 전개해나가는데 중요한 시사점을 제공해줄 수 있다. 점주권 금융환경을 분석할 때에는 제2금융권에 대한 조사도 함께 이루어져야 한다. 증권사, 보험사, 상호저축은행, 새마을금고, 신협, 단위조합 등의 영업현황을 파악하여 경쟁관계와 협력관계 회사를 선별해두어야 한다.

## 2-2 고객분석

지점 고객분석을 위해 점주에 산재되어 있는 고객분포를 분석해볼 필요가 있다. 이를 통해 고객밀집지역 및 시장침투 현황을 파악함으로써 추가 개발대상 타겟지역을 설정하는 데 도움이 된다. 고객구성도 중요한 분석대상이다. 인구속성별 고객 구성과 더불어 이들의 실적분포를 파악해야 한다. 점주 인구속성과 거래고객 인구 속성을 비교하여 지점의 강·약점 요인을 파악해두어야 한다. 지점에서 타겟으로 하고 있는 고객층도 파악해야 한다.

주요 고객을 분석해두는 것은 고객분석을 할 때 무엇보다 중요하다. 상위 우수고객 거래현황과 더불어 가족단위 고객의 거래내역도 분석해야 한다. 주요 고객에 대한 교차판매 현황과 점주 내의 여론선도자 등 지역유지에 대해서도 분석해두어야 한다. 기업고객의 경우 신용등급별, 거래규모별, 지역별, 기업형태별로 거래현황을 일목요연하에 분석하여 언제라도 활용할 수 있도록 해야 한다.

## 2-3 지점 역량분석

### 가. 직원역량

직원의 인사자료를 기본으로 하여 직원들이 보유하고 있는 자격증을 파악해둘 필요가 있다. 직원의 각 업무분야별 역량과 자기계발 진행내용, 희망업무 등을 지점 차원에서 파악해야 한다. 이제 은행의 지점에서도 '은행이 판매한다'라는 개념에서 '고객이 구매한다'라는 쪽으로 금융상품 판매관점이 바뀜에 따라, 업무역량을 갖춘 직원만이 고객응대에 자신감을 가질 수 있으며 성과달성에도 연결될 수 있다.

### 나. 경영역량

지점의 상황을 바탕으로 강·약점을 분석해두는 것이 필요하다. 강점요인은 더욱 강화시키고 약점요인은 보완하는 작업이 중요하기 때문이다. 특히 은행의 지점은 환경변화에 따른 영향을 많이 받기 때문에 지점의 입장에서도 환경변화에 적절히 대응하는 자세가 필요하다.

한편 최근 2~3년간의 업적평가추이를 분석해두는 것이 마케팅역량을 강화하기 위해 필요하다. 상품분야별 실적추이와 향후 전망에 대해서도 분석이 필요하며 지점의 수익구조도 분석해두어야 한다. 지점의 수익구조 분석은 향후 집중해야 될 분야를 파악하는 데 도움이 된다. 그리고 상담이 진행중인 고객 및 거래내역에 대해서도 분석해야 하며, 지점의 주요 고객의 거래변동내역은 가능한 많은 직원들이 공유하여 인사이동 등으로 인한 정보공백을 없애야 한다.

## 2-4 단계별 영업전략 수립

지점의 마케팅성과 제고를 위해서는 직원들과 함께하는 영업전략 계획의 수립이 필수적이다. 연간 마케팅전략의 수립은 업무별 사전토의를 거쳐 목표와 계획을 구체적으로 설정하고 지점 구성원들의 워크샵을 통해 전 직원의 공유를 유도해야 한다. 이는 지점 직원들의 공감대 형성을 위해 반드시 필요하다. 지점 직원들이 모두 목표설정 과정에 참여해야 적극적으로 업무를 수행할 수 있기 때문이다. 마케팅전략을 수립할 때 전 직원이 참여하고 공유하는 절차를 반드시 거쳐야 하며 분야별 추진책임을 명확히 하고 공과(功過)를 구분하여 포상을 실시해야 한다.

영업전략에서는 3개월, 6개월, 1년 등 기간별 마케팅계획을 수립해야 한다. 이를 통해 향후 1년간 지점에서 중점적으로 추진해야 할 계획을 알 수 있다. 그리고 지점에서 단기간에 실적제고를 위해 추진해야 할 사항을 결정하는 작업도 필요하다. 카드, 방카슈랑스, 펀드판매 등 단기간에 괄목할 만한 성과를 기대할 수 있는 분야를 선정하여 지점의 역량을 집중하는 전략도 필요하다. 특정 분야에서 성과를 거둠으로써 지점 직원들의 자신감과 목표의식이 높아질 수 있다.

영업전략을 수립할 때에는 선택과 집중이 필요하며, 이와 더불어 지구력이 중요하다. 획기적인 아이디어보다는 지점 현실에 적합한 송곳 같은 선택과 끈질긴 지구력이 항상 승리한다는 것을 명심해야 한다. 지점 평가항목의 모든 것을 잘하기는 힘들다. 하지만 한 가지를 잘하는 지점은 다른 것도 역시 잘한다. 한 가지를 제일 잘하는 지점을 벤치마킹하여 활용하는 방안도 필요하다.

한편 추진성과는 그래프나 표로 게시하는 등의 방법으로 추진의욕을 지속시키고 목표달성을 향한 과정을 철저히 관리해야 한다. 지점의 업적신장에 대해 직원들의 관심과 참여의식을 높이게 되고 목표가 달성되어가는 것을 보면서 영업추진에 대한 의욕을 강화시키는 효과를 거둘 수 있다.

## 3 지점마케팅조사와 고객정보관리

### 3-1 마케팅조사의 개념과 절차

마케팅조사는 기업이 당면한 구체적인 마케팅문제를 해결하기 위하여 필요한 데이터와 정보를 체계적으로 수집하고 분석하여 보고하는 것을 의미한다. 마케팅활동에 있어 필요한 자료의 체계적인 수집과 분석을 통해 의미있는 정보를 도출하고 이를 마케팅 담당자에게 적시에 제공함으로써 최적의 의사결정을 할 수 있도록 하는 기능을 수행한다. 마케팅조사의 내용은 업종별로 다르지만 은행업의 경우 점주권 점유율 분석, 상품 및 서비스 만족도, 시장세분화 조사, 브랜드 선호도 혹은 인지도 조사 등이 주로 실시되고 있다.

고객의 욕구파악으로부터 시작되는 마케팅활동에 있어 고객이 원하는 것이 무엇인지 파악하고 은행의 목표시장을 찾아내는 것은 중요하다. 또한 신상품의 최적속성들을 찾아내고 경쟁상품들에 대비한 자행 상품과 서비스의 문제점을 파악하며 상품의 판매예측을 하는 것과 같은 마케팅의 제반활동을 위해 필요한 모든 정보가 시장조사활동을 통하여 수집된다. 다양한 조사과정을 통해 마케팅 담당자가 활용할 수 있는 자료가 산출된다.

마케팅조사는 고객을 이해하기 위해 활용된다. 그러나 마케팅 조사를 통해 고객의 욕구를 잘 파악할 수도 있지만 그렇지 못한 경우도 있다. 마케팅조사가 기업이 직면하는 문제를 정확하게 해결해주는 것은 아니다.

일반적으로 마케팅조사는 조사목적의 정의 및 필요한 정보파악, 마케팅조사설계, 자료의 수집, 자료의 분석, 보고서 작성 및 대안실행 등 5단계로 구성된다. 물론 본부의 마케팅 기획담당자와 지점의 마케팅 담당자들은 각각의 목적에 따라 마케팅 조사내용은 다르지만 대체적으로 5단계로 거쳐 마케팅 조사활동을 수행한다. 마케팅조사가 효율적으로 수행되기 위해서는 각 조사단계별로 효과적인 관리가 이루어져야 한다.

## 3-2 조사목적의 정의 및 필요한 정보파악 단계

마케팅조사에 있어 조사목적의 정의 및 필요한 정보 파악은 문제의 제기단계라고 할 수 있다. 문제의 제기는 전체적인 마케팅조사의 방향을 설정하기 위한 단계로서 마케팅활동을 수행하는데 발생하는 문제점을 해결하고 기회를 포착하기 위해 가장 중요한 단계이다. 만약 조사문제가 정확하게 규정되지 못했다면 혹은 너무 광범위한 문제 또는 너무 편협한 문제를 조사문제로 선정했다면 완벽한 조사를 실시한다 하더라도 마케팅조사로부터 얻어진 결과는 마케팅관리 활동에 아무런 도움을 주지 못하게 되거나 새로운 문제를 야기시킨다.

예를 들어 지점의 수신규모가 줄어들 경우 지점의 마케팅관리자는 그 원인을 다방면으로 생각해본 결과, 촉진전략을 효과적으로 실시하지 못해서 부진한 결과가 나타났을 것이라고 추측하고 이에 대한 마케팅조사를 한다고 가정할 경우 이때 마케팅관리자의 의사결정문제는 촉진전략 중 무엇이 수신규모 감소의 원인이 되는지를 알아내어 새로운 촉진전략을 구상하는 것이 필요할 것이다. 이러한 의사결정문제를 해결하기 위해 조사자가 제공해야 할 정보는 잠재소비자들의 해당상품에 대한 인지도와 촉진전략에 대한 정보가 될 것이다. 이 경우 조사문제는 잠재고객의 자행상품에 대한 인지도 조사와 촉진전략의 효과측정이 되는 것이다.

올바른 조사문제를 설정하기 위해서는 조사를 통하여 해결해야 할 마케팅 문제 자체와 그러한 마케팅 문제가 야기된 배경에 대한 분석이 병행되어져야 한다. 이는 올바른 문제의 설정 뿐만 아니라 문제의 해결을 위해서도 필요하다.

배경분석을 위해서는 시장상황분석, 문헌조사, 전문가의 의견조사와 그 외에 사례조사들이 빈번하게 수행되어야 한다. 조사문제가 설정되고 나면 이러한 문제를 해결하기 위해 구체적인 조사에 이용될 각종 변수들의 규명 뿐만 아니라 필요할 때에는 이들 변수들 사이의 관련성을 나타내는 가설의 설정이나 이론적인 체계에 대한 고찰이 동시에 이루어져야 한다.

## 3-3 마케팅조사설계

조사목적을 정의하고 어떤 정보가 필요한지를 파악한 다음에는 조사계획을 구체적으로 수립해야 한다. 실제 은행에서 수행하는 조사설계는 조사프로젝트를 수행하고 통제하기 위한 계획이라고 할 수 있다. 조사설계는 시간과 비용을 절약하고 조사의 효율성을 높이는데 주안점을 두고 이루어진다.

조사의 목적과 필요한 정보의 종류에 따라서 마케팅조사는 탐색적 조사, 기술적 조사, 인과적 조사로 구분할 수 있다. 탐색적 조사란 마케팅 문제 및 현재상황을 보다 잘 이해하기 위해 또는 조사목적과 필요한 정보를 분명히 정의하기 위하여 실행하는 일종의 예비적인 조사라고 볼 수 있다. 기술적 조사는 현재 일어나고 있는 마케팅 현상을 보다 정확하게 이해하기 위하여 수행하는 조사이고 설문조사가 대표적이다. 인과적조사는 어떤 마케팅 현상의 원인이 무엇인지를 밝혀내기 위한 실증적인 조사를 의미한다.

조사의 목적을 분명하게 정의하기 어렵거나 어떤 정보가 필요한지도 불분명한 경우에는 탐색적 조사를 하는 것이 일반적이다. 탐색적 조사에서 얻어진 정보를 갖고 조사목적을 분명하게 정의할 수 있게 되고 필요한 정보의 종류도 명확해지면 설문조사로 대표되는 기술적 조사 혹은 실증적 조사인 인과적 조사를 하게 된다. 마케팅 관리자는 기술적 조사나 인과적 조사에서 얻어진 정보를 가지고 마케팅 문제를 해결하기 위한 의사결정을 하게 된다.

조사설계는 4가지 중요 활동과제를 통해서 이루어진다. 첫째 과제는 규정된 문제에 대한 종합적인 검토이다. 문제의 검토란 조사목적, 조사분석문제, 조사가설 등의 검토를 의미한다. 둘째 과제는 이용될 조사방법의 제시, 조사할 때 부수되어야 할 전반적인 조사설계의 설정, 자료수집절차와 자료분석 기법들의 결정을 포함한다. 세 번째 과제는 예산의 편성과 조사일정의 작성이다. 예산과 조사일정의 작성은 인원, 시간 및 비용을 고려하여 의사결정에 기여할 수 있도록 이루어져야 한다. 마지막 과제는 마케팅조사설계의 평가과정을 거치게 된다. 평가란 조사설계의 신뢰성, 타당성, 결과의 일반화 가능성 등의 기준을 통하여 이루어진다. 이는 조사절차와 기법들을 실제상황이나 모의상황에 적용시켜 봄으로써 평가하게 된다.

특정한 조사문제를 해결하기 위한 조사설계는 여러 가지 대체안이 존재할 수 있다. 여러 가지 대안 중 마케팅문제의 해결을 위한 정보를 가장 경제적으로 제공할 수 있는 방법을 선택해야 한다.

## 3-4 자료의 수집

### 가. 마케팅조사자료의 원천

마케팅 조사자료는 크게 1차자료와 2차자료로 구분된다. 1차자료는 조사자가 조사 프로젝트를 수행하는 과정에서 직접 수집하여야 할 자료이다. 반면 2차자료는 현재 조사 프로젝트를 수행하고 있는 조사자가 아닌 다른 주체에 의해서 이미 수집된 자료이다.

#### (1) 2차자료

2차자료는 이미 수집된 데이터이기 때문에 손쉽고 값싸게 확보할 수 있으므로 2차자료를 효과적으로 획득하여 이용하는 것이 마케팅조사의 성공여부에 중요한 변수로 작용하기도 한다. 2차자료가 비록 직접적으로 조사프로젝트에서 다루고 있는 문제의 해결에 관련이 되지 않는다고 하여도 조사프로젝트를 평가하고 분석하는데 지침을 제공해주는 경우가 많다. 일반적으로 2차 자료는 행내에서 먼저 구하게 되고, 다음에 외부의 연구기관이나 공공기관 등 다양한 원천으로부터 수집하게 된다.

2차자료의 원천은 기업내부원천과 외부원천으로 구분된다. 기업내부 원천이란 기업이 여러 가지 활동을 수행하면서 만들어지고 저장되는 데이터를 의미한다. 대표적인 것이 고객데이터베이스이다. 고객데이터베이스란 잠재고객 발굴 및 선별, 상품판매 또는 고객과의 관계유지 등의 목적으로 기존고객은 물론 잠재고객에 대한 광범위한 데이터를 조직적으로 모아 놓은 것을 가리킨다. 고객데이터베이스와 관련된 것으로 데이터웨어하우스가 있는데, 이것은 고객데이터베이스 뿐만 아니라 다른 여러 가지 원천으로부터 수집된 데이터를 통일된 포맷으로 저장해 놓은 것을 의미한다.

기업외부에서 얻을 수 있는 2차자료의 종류는 매우 다양하다. 기업외부 원천들 중에서 대표적인 것들이 다음과 같은 정부부문과 민간부문 자료들이다.

① **중앙행정기관** : 통계청, 한국은행, 공정거래위원회, 기획재정부, 한국소비자보호원, 국세청, 지식경제부, 정보통신부 등

② **지방자치단체**

③ **경제단체** : 대한상공회의소 및 각 지역 상공회의소, 전국경제인연합회, 중소기업협동조합중앙회 등

④ **협회** : 한국섬유협회, 자동차공업협회, 기계공업협회, 백화점협회 등 각 업종별 협회

⑤ **신용평가회사** : 한국신용평가, 한국기업평가, 한국신용정보 등

⑥ 일간지, 주간지 또는 온라인/인터넷 뉴스 데이터베이스

⑦ **전문지** : 전자신문, 자동차신문, 부동산관련 신문

⑧ 정부 및 각 기업의 경제연구소 발간자료

⑨ 마케팅조사회사 또는 광고대행사

(2) 1차자료

1차자료를 수집하는 것을 마케팅조사라고 하는데, 경우에 따라서는 2차자료를 수집하기 위해 마케팅조사를 하는 경우도 있지만 일반적으로 마케팅조사라고 하면 1차자료를 수집하는 것을 의미한다. 앞에서 설명한 2차 자료만으로는 문제의 해결이 불가능한 경우가 많으므로 조사자는 특정조사 프로젝트를 위하여 직접적으로 1차자료를 수집하게 된다. 대부분의 의사결정이 1차자료에 의존하는 경우가 많으므로 1차자료는 2차자료 보다 정확하고 신뢰성이 높아야 하며 조사목적과 직결된 자료를 제시해 주어야 한다. 1차 자료의 수집은 일반적으로 크게 두가지 방식에 의해 이루어진다. 크게 직접적인 방법과 간접적인 방법으로 구분된다.

직접적인 방법은 조사대상자에게 직접 질문을 하여 얻어내는 방법이고 간접적인 방법은 관찰에 의한 방법이나 흔적조사법, 내용분석법 등이 있다. 직접조사방법은 자료수집을 위한 수단에 따라 면접을 통한 방법, 전화를 이용하는 방법, 그리고 우편 혹은 팩스를 이용하는 방법 등으로 구분되며 최근에는 인터넷의 활용급증에 따라 홈페이지 혹은 이메일을 통한 방법 등이 있다. 어느 경우에나 조사대상자로부터 협조와 승낙이 선행되어야 한다.

① **관찰** : 사람들의 행동이나 어떤 사건이 전개되는 과정을 본 다음에 그 결과를 정리하여 데이터로 만드는 조사방법을 의미한다. 하지만 사람들의 행동을 단지 관찰만 한다면 어떤 행동을 보인 이유나 심리상태 등을 파악하기 어렵다는 단점이 있다. 그러므로 관찰을 하더라도 면접조사를 병행하는 것이 필요하다.

② **면접조사** : 훈련을 받은 조사원이 응답자와 대면접촉을 통해 자료를 수집하는 것을 의미한다. 대인면접은 숙달된 조사원이 응답자와 대면접촉을 하면서 진행하므로 응답자가 질문내용을 이해하지 못하는 경우 자세히 설명해 줄 수 있다. 또한 상품을 보여줄 수 있으며 응답자로 하여금 긴 설문지에도 응답하게 할 수 있다는 장점을 갖고 있다. 그러나 비용이 많이 소요되고 조사를 완료하는데 시간이 오래 걸린다는 단점을 지닌다.

③ **전화조사** : 조사원이 전화를 통해 응답자로부터 자료를 수집하는 것을 의미한다. 전화면접은 비용이 비교적 적게 들고 조사가 빨리 완료되며, 전화번호로부터 응답자를 선정하기 때문에 대표성이 높은 많은 표본을 얻을 수 있다는 장점을 가진다. 반면 오랜 시간을 조사하기 어렵고 복잡한 질문을 하기가 불가능하다는 단점을 갖고 있다.

④ **우편 혹은 팩스조사방법** : 우편이나 팩스를 이용해서 설문지를 보내고 응답자가 완성한 설문지를 우편이나 팩스를 통해 보내도록 함으로써 데이터를 수집하는 것을 의미한다. 우편조사는 조사원 인건비를 절약할 수 있다는 장점이 있지만 응답률이 매우 낮기 때문에 실질적으로 비용이 적게 들어간다고 할 수 없다. 더구나 회수하기까지 오랜 시간이 걸리기 때문에 최근에는 실제적으로 우편조사는 거의 사용되지 않고 있다. 이와 같은 우편조사의 단점을 부분적으로 보완해주는 것이 팩스조사이다.

⑤ **인터넷매체를 통한 조사** : 인터넷 홈페이지에 설문지를 만들어 놓고 방문자들로 하여금 설문지에 응답하도록 함으로써 데이터를 수집하는 것을 의미한다. 이메일을 통해 설문지를 보내는 것도 팩스조사와 유사한 측면이 있지만 인터넷조사로 분류된다. 인터넷조사의 장점은 낮은 비용으로 빠른 시간내에 조사를 완료할 수 있다는 것이다.

**자료수집방법들의 장단점 비교**

| | 대인면접 | 전화조사 | 우편/팩스조사 | 인터넷조사 |
|---|---|---|---|---|
| 수집가능한 자료의 양 | 많음 | 적음 | 보통 | 적음 |
| 유연성 | 높음 | 보통 | 낮음 | 보통 |
| 응답률 | 높음 | 보통 | 낮음 | 보통 |
| 표본의 대표성 | 보통 | 높음 | 보통 | 낮음 |
| 비용 | 높음 | 보통 | 낮음 | 낮음 |
| 시간 | 느림 | 빠름 | 느림/보통 | 빠름 |

### 나. 조사대상자 선정방법

자료수집방법이 정해지고 설문지가 작성되고 나면 구체적인 조사대상자를 선정하여야 한다. 조사대상자의 선정방법에는 크게 조사대상자들이 속해 있는 집단 전체를 조사하는 전수조사와 그중에서 일부분을 선정하여 조사하는 표본조사방법이 있다. 이 가운데 어느 방법을 선택하느냐의 여부는 조사결과로부터 얻어질 정보의 정확성과 시행상 소요되는 시간과 비용의 관계를 고려하여 결정하게 된다. 그러나 전수조사가 반드시 필요한 경우를 제외하고서는 전수조사보다는 대체로 표본조사를 하는 것이 효과적이다.

표본조사를 위해서는 적절한 표본을 선정해야 하는데 선정방법은 조사내용과 지역적인 범위, 조사대상자들의 특성에 따라서 달라지게 된다. 표본은 모집단의 특성을 잘 나타낼 수 있도록 모집단으로부터 추출된 일부 대상들을 의미한다.

### 다. 실사과정

설문지가 완성되고 조사목적에 맞는 표본이 추출된 후에는 실제로 필요로 하는 자료를 얻는 과정인 실제조사가 이루어지게 된다. 2차자료만으로 분석이 이루어지는 경우에는 이 과정이 생략될 수도 있으나 대부분의 마케팅조사에 있어서는 실사의 과정을 거침으로써 1차자료를 얻게 된다. 실사는 바로 결과를 도출할 자료를 수집하는 과정이므로 전체조사에서 차지하는 비중이 매우 높다. 이를 위해서는 우선 실사를 담당할 조사원들을 통제하고 문제점들을 해결해야 하는 책임있는 실사담당자가 선발되어야져야 한다.

실사를 총괄하는 업무를 담당하기 위해서는 조사의 목적과 내용을 명확히 알고 있어야 하므로 대개는 처음부터 조사에 관련된 사람이 이를 담당하게 된다. 실사담당자는 매일 수집된 자료를 확인·정리하여야 하며, 조사지역에 대한 사전답사를 통해 문제파악과 해결을 위한 협조를 구하도록 하여야 한다. 또한 조사원들에 대해 철저한 교육을 실시함으로써 조사과정에서 발생할 수 있는 오류를 극소화시키도록 실사과정을 진행시켜야 한다.

대인면접과 전화조사의 경우 조사원들이 직접 데이터를 수집하므로 조사원들이 어떻게 하는가에 따라서 수집된 데이터의 정확성이 좌우된다. 일단 조사원들이 응답자들을 접촉하기 시작하면 조사담당자는 조사가 진행되는 과정을 모니터링하면서 필요하다면 신속하게 적절한 조치를 취해야 한다.

### 3-5 자료의 분석

자료의 분석은 수집된 자료의 편집, 코딩과정이 끝난 후에 일반적으로 통계적 기법을 이용하여 이루어지게 된다. 편집은 조사설계에 따른 분석을 수행하기 위해서 완전하고 일관성 있는 자료를 확보하기 위한 작업이다. 이 과정에서는 주로 자료의 정정, 보완, 삭제 등이 이루어진다.

코딩은 자료의 분석을 용이하게 하기 위해서 관찰된 내용에 일정한 숫자를 부여하는 과정이다. 코딩후 컴퓨터에 입력된 자료의 통계적인 분석은 조사목적과 자료를 얻기 위해 이용한 표본추출방법, 자료수집방법 및 측정방법 등을 고려하여 선택한다.

통계적 분석방법은 그에 적합한 자료의 형태가 요구되므로 조사설계를 계획할 때부터 수집할 자료의 성격과 분석방법을 일관성있게 결정하여야 한다. 간단한 표나 그래프를 분석하는 것에서부터 통계적 테스트를 실시하거나 회귀분석과 같은 통계적 기법들을 적용시킬 수도 있다.

수집된 자료들에 대한 분석이 이루어진 후에는 이러한 결과에 대한 의미있는 해석이 이루어져야 한다. 동일한 과정을 거쳐 실시된 연구에 의해 얻어진 동일한 자료도 이 단계에 있어서 분석자별로 해석의 차이에 의해 상반된 결론이 유도될 수 있기 때문에 최종적인 자료의 해석단계에 신중한 고려가 이루어져야 한다. 즉 분석자의 통계기법에 대한 이해의 차이나 분석관점의 차이에 의해 결과가 달라질 수 있으므로 분석자의 통계기법에 대한 지식과 은행 마케팅문제에 대한 명확한 이해가 선행되어야 한다.

## 3-6 보고서 작성 및 대안실행

### 가. 보고서작성

조사보고서는 조사결과와 결론을 마케팅의사결정자에게 그들의 의사결정에 도움이 되도록 문자나 도표로 정리해 놓은 것이다. 여기서 주의해야할 사항은 의사결정자와 조사담당자 사이의 의사소통이 원활하게 이루어져야 한다는 점이다. 즉 조사담당자는 조사를 의뢰한 마케팅관리자와 분석결과를 어떻게 해석할 것인지에 대하여 자주 협의하면서 보고서를 작성해야 한다.

조사결과와 내용이 아무리 좋아도 실제로 정보의 이용자가 이해하지 못한다면 아무런 효과가 없는 것이므로 보고서의 작성은 이용자의 이해도와 조사에 대한 지식의 정도에 맞추어 작성되어야 한다.

### 나. 대안실행

보고서를 작성한 다음 여러 가지 대안이 나왔을 경우 각각의 장단점을 파악하고 가장 적합한 대안을 실행하는 작업에 착수해야 한다. 조사보고서는 의사결정을 도와줄 뿐이지 의사결정을 대신해 주는 것은 아니라는 점을 현장에 근무하는 마케팅관리자는 인식하고 있어야 한다. 마케팅 관리자는 마케팅조사활동이 모든 문제를 해결해 줄 것이라고 판단해서는 안 된다. 조사결과는 단지 마케팅 담당자가 시장상황에 적합한 마케팅 의사결정을 내릴 가능성을 높여주는 역할을 한다는 한계점을 갖고 있다는 점을 기억해야 한다.

### 다. 실행결과의 평가

마케팅 활동을 수행한 다음에는 그 성과를 평가하고 목표와의 차이를 분석하는 작업이 필요하다. 만약 의도된대로의 결과가 나타나지 않았을 경우에는 다른 대안을 생각해 보아야 한다. 이와 같은 과정을 통해 마케팅조사 프로세스를 더욱 정교화할 수 있게 된다.

제2절

# 점주권 마케팅

## 1 점주시장에 기반을 둔 마케팅활동

점주가망고객은 꾸준한 방문으로 유대강화를 추진함으로써 신규고객으로 은행거래 유도가 가능하다. 외환위기 이후 국내 은행들은 합병을 통한 대형화와 외국 금융기관과의 업무제휴 및 금융지주회사 형태의 겸업화 등을 추진하는 가운데 영업력 확대를 위한 경쟁이 가열되고 있다. 은행 직원의 입장에서 점주고객을 대상으로 하는 신규유치전략을 적극적으로 추진해야 한다.

한정된 인적자원에 의한 최적의 마케팅활동을 위해서는 각 지점 점주별 특성에 맞는 특화된 마케팅을 추진해야 한다. 지점 지역기반의 특성을 명확히 하고 고객니즈를 파악한다면 영업력을 효과적으로 집중시킬 수 있다. 점주 내 신규유치가 가능한 유망고객에 대해서는 적극적인 방문을 시도하는 것이 필요하다. 타 은행 거래고객 현황이나 은행 내부 고객정보를 근거로 지속적인 방문을 추진하는 것이 효과적이다.

점주업체를 발굴하기 위해서는 방문하기 쉽고 상담하기 쉬운 곳보다는 방문하기 어려운 곳을 선택하라. 그런 곳일수록 우량기업 내지는 무차입경영을 하고 있는 업체일 가능성이 높다. 지점장이 법인고객을 방문했을 때 은행차입에 대해 적극적인 관심을 보이는 업체는 치밀한 조사 후에 대출업무를 진행시킬 필요가 있다. 일반적으로 은행원의 대출권유에 적극적 태도를 보이는 기업은 재무상황이 어려운 경우가 많다.

점주에 소재하고 있는 모든 업체를 대상으로 거래유무, 거래현황 등을 점주지도에 나타내어 자점과의 거래실태를 쉽게 파악할 수 있도록 하는 것도 필요하다. 점주도를 작성해두면 침투도가 높은 지역, 낮은 지역 등 세력분포도 파악이 용이하여 섭외활동의 효율화를 도모할 수 있다.

## 1-1 시장조사의 기본적 고려사항

목표시장 선정과 시장성격에 적합한 영업전략 추진을 위해서 효율적인 지점 시장조사가 이루어져야 한다. 지점이 위치하고 있는 지역시장의 특성을 조사하고 자점의 현황과 고객욕구를 정확히 파악함과 동시에 점주권 시장조사로부터 나타난 결과를 바탕으로 체계적인 영업활동을 수행해 나가야 한다. 또한 고객시장은 시간이 경과함에 따라 변화되므로 지속적인 시장조사를 통해 시장상황에 적합한 영업전략이 추진되어야 한다.

점주 중점지구의 영업력 강화를 위해서는 자점의 입지환경을 정확히 파악하는 것이 중요하다. 예를 들어 상업지지점, 공단형지점, 주택지지점 등으로 구분하여 적합한 점주활동을 전개하는 것이 요망된다. 특히 세분화된 자점지역 내에서 ① 자연적 특성(지세), ② 역사적 특성, ③ 사회적 특성(인구, 연령층, 성별 등), ④ 행정적 특성, ⑤ 경제적 특성, ⑥ 금융적 특성(경합관계조사) 등을 숙지하는 것이 필요하다. 입지환경조사를 통해 점주지도를 작성하고 고객관리카드를 정비해야 한다. 세일즈활동 체제의 구축방법, 여직원세일즈 및 전담자의 도입방법, 점주 세일즈활동의 실시방법, 고객동선의 변화로부터 약점지역을 극복하는 방법 등에 대한 전략이 설정되어 있어야 한다. 고객의 창구유치도 중요한데 로비전, 각종 이벤트, 각종 감사의 날을 개최하거나 각종 상담회의를 개설하는 방법을 활용한다.

**점질분석을 통한 치밀한 영업전략 수립**

점주특성과 지점의 강·약점, 핵심 공략대상을 파악하여 선택과 집중의 세일즈전략을 수립하여 시행하는 것이 중요하다. 지점영업은 점주에서 인프라를 구축할 수 있는 방향으로 단기적이 아닌 중장기적 관점에서 전개해야 한다. 지점장은 지점마다 점주환경 및 점주구성에 따른 특성과 차이점을 인정하고 타 지점에서의 성공사례에 집착하기보다는 점질(店質) 특성에 따른 새로운 지점영업전략을 수립해서 추진해야 한다. 점주권 업체는 매일 걸어서 샅샅이 방문하고 상가지역은 시간이 허용되는 대로 하루에도 몇 번씩 방문세일즈를 실시해야 한다.

# 2 지점 시장조사의 내용과 활용

## 2-1 시장조사의 자료

시장조사 자료는 시장파악 자료로서 활용할 수 있는 것이어야 한다. 또한 지점에서는 소재 지역의 자료를 비치하여 각종 영업전략 수립에 적극 활용해야 한다. 수집된 시장조사 자료는 전 직원 및 후임자가 유용하게 활용할 수 있도록 보관과 인계인수에 철저를 기하여야 한다.

**영업관련 시장조사 자료**

① 지역별 통계연보: 구청, 군청, 시청, 도청
② 상공인 명부: 상공회의소, 구청, 군청, 시청
③ 고액납세자 명단: 세무서, 주민센터, 군청
④ 법인 소득일람표: 세무서
⑤ 공단 입주업체 명단, 공단 협의체 명단: 공단본부
⑥ 지역 유력인사 명단
⑦ 기타 주요 세일즈정보 자료

## 2-2 시장조사의 내용

점주권의 시장조사 내용은 지점이 처해있는 경영환경을 분석·파악하는 것이다. 지점의 입지에 따른 지역특성(인구, 교통, 산업구조, 개발계획 등)을 파악하고 타행과의 경쟁상황(지점수, 점유비 등)과 입지조건 등을 살펴 강점과 약점을 비교·분석한 후 지점 경영에 성공적인 방안을 도출해야 한다. 보증기금, 상공회의소, 시청 건축과 등 유관기관을 활용하여 현장 영업활동을 통한 시장조사를 철저히 수행해야 한다.

### 가. 현상 파악

지점 주변의 사회경제적 특성, 생활양식 특성 및 금융적 특성 등의 현상파악을 통해 지점의 중점 영업전략 수립에 기초자료로 활용한다.

첫째, 사회경제적 특성은 다음과 같다.

① 인구: 소득별 주민분포, 연령별 주민분포, 직업별 주민분포, 지역별 주민분포, 남녀별 주민분포, 지역산업의 종업원 수

② 세대주: 세대인원, 근로세대 수, 맞벌이세대 수

③ 상점, 개인기업체: 업종별 분포, 상점 및 개인기업체 수

④ 중소기업체, 대기업체: 업종별 분포, 중소기업체 수, 대기업체 수, 종업원 수

⑤ 공장: 업종별 분포, 종업원 수

⑥ 공공단체: 지방자치단체, 조합

⑦ 지방재정 규모: 세입규모, 세출규모

둘째, 생활양식은 저축성향, 고소득분포, 자동차 보급률, 가계수입, 가계지출, 교육수준, 주민의식 등이 포함된다.

셋째, 금융적 특성은 다음과 같다.

① 타 은행·제2금융권·우체국: 위치, 지점 수, 직원 수, 수신고, 여신액

② 타 금융기관의 고객유치 전략, 세일즈활동 상황

**점주권 파악을 위한 자료**

> 점주의 역사, 점주의 업종 및 기업구성 현황, 인구동태, 주민구성 및 소득수준, 교통상황, 경쟁 금융기관 동향, 각종 단체와 리더, 지역의 도시계획 추진상황, 지역이 안고 있는 문제점, 지역에서 활동하고 있는 주요 인물

### 나. 미래성장성 파악

① 대규모 토지보상대금의 지급 예정
② 백화점, 할인점, 대형 수퍼마켓 등 대규모 소매지점의 신규개점 예정
③ 지하철역, 버스터미널 등 교통편의시설 설치 예정
④ 공공기관, 대기업, 공장, 조합 등의 신규입주 예정
⑤ 공단조성 계획
⑥ 아파트단지 조성 계획
⑦ 도시계획에 따른 공공사업 추진 내용
⑧ 기타 점주지역에 영향을 미칠 주요 계획 등

### 다. 시장조사 결과 활용

시장조사 자료는 지점의 영업전략 수립, 영업방침의 결정과 구체적인 활동계획을 작성할 때 유효하게 활용할 수 있다.

① 지점의 수신·대출계획의 결정
② 수신 및 각종 부수업무의 증강계획 결정
③ 점주 세일즈도표의 작성
④ 홍보활동 계획
⑤ 중점지역, 중점고객, 중점상품의 결정
⑥ 창구방문 고객 유지책 강구
⑦ 지점 여건의 변화에 대한 대응책 수립

#### 점주권의 인프라 확충에 대한 지점장 대상 조사결과

지점에 부임하면 단기간에 승부를 볼 생각을 하지 말고 기본에 충실하며 인프라를 구축하는 데 신경을 써야 합니다. 지역의 환경을 고려하여 점주권을 설정하고 점주권은 타행이 넘보지 못하도록 철저히 문단속을 한다는 자세를 가지고 점주영업에 주력하며 점주고객의 확보는 바로 저원가성 예금확보의 지름길이라는 점을 인식해야 합니다.

## 2-3 지점 시장조사의 절차

각 지점의 실정에 맞는 영업전략을 수립하기 위해서는 영업활동지역이 되는 점주에 대한 조사·분석이 요구된다. 점주권은 고객의 활동범위, 지점과의 거리, 교통사정, 행정단위 등의 물리적 조건에 의해 결정되며, 지역 내의 경제력, 자점의 세일즈 추진능력 등도 영향을 미친다.

### 가. 점주권 시장조사 필요성에 대한 인식통일

효율적 영업체제 확립을 위해서는 시장환경 분석을 통한 시장특성의 파악과 시장특성에 합치된 전술수립 및 이의 구체적인 실행계획과 통제가 필요하다. 특히 환경변화에 적합한 영업전략 수립을 위해서는 지점의 시장환경, 입지조건, 고객층 등의 분석을 토대로 지점 운영전략을 책정하고 영업체제 등을 기획, 입안할 필요성이 대두된다.

### 나. 2단계: 조사대상지역의 결정

시장조사를 개시하기 위해서는 우선 조사대상지역을 결정해야 되며, 이를 효율적으로 추진하기 위해서는 지도상에 지점을 기점으로 동심원을 그려 결정요인을 파악하고, 종합적 세일즈지역을 결정한다.

조사대상지역의 결정요인은 다음과 같다.

① 지역환경(도심, 상가, 공단, 주택, 농촌 등)

② 자행 인근지점 배치상황

③ 타행 분포상황

④ 철도, 도로, 하천에 의한 시장분리 현황

⑤ 교통접근법 표시(현재 및 장래)

⑥ 세일즈 인원

⑦ 보행자 동선

⑧ 기타 특수요인(재개발계획, 구획정리 등)

### 다. 3단계: 조사분석항목의 결정

시장조사항목은 지역환경, 법인시장, 개인시장, 타행동향, 기존거래처 분석, 신규대상지역선정 등 6가지를 기본으로 한다. 여기에 지역특성에 따라 추가할 항목 등은 개별적으로 고려하여 검토한다.

**시장조사항목 및 자료원**

| 조사내용 | 조사항목 및 자료원 |
|---|---|
| 지역환경 | - 교통현황 및 이용형태<br>- 지가수준<br>○ 공시지가정보(국토해양부)<br>- 재개발계획, 도로계획(구청자료) |
| 법인시장 | - 기업체 수 및 각 기업의 종업원 수<br>○ 각 연도 총사업체 통계조사보고서(통계청)<br>- 지방세 납세실적<br>○ 전국통계연감(한국행정연구소)<br>- 사업체 현황<br>○ 전국기업체총람(대한상공회의소) |
| 개인시장 | - 인구 및 세대 수<br>○ 주민등록인구통계(각 시도), 전국통계연감(한국행정연구소)<br>- 소득수준(종합소득세 납부실적) |
| 금융기관 동향 | - 은행기관 지점동향<br>○ 금융기관지점총람(금융감독원)<br>- 은행기관 여수신 지표<br>○ 타 은행 지점별 영업현황(은행간 계수교환자료) |
| 기존거래처 분석 | - 법인거래처 및 개인고객 1백만 원 이상 고객명세<br>- 점주권 내 개인고객 분석<br>- 인근 지점의 법인거래처 분석 |

### 영업지역의 세부 시장조사 사항

① 관공서, 국영기업체, 기타 공공단체 등의 소속직원 수와 업무내용, 고유의 자금 유입량과 그 경로, 소속직원의 개인예금 유치와 그 예상액 등에 대한 조사
② 영업지역 예금원의 분포, 기업의 업종, 주요 기업, 주요 기업의 상품과 자금의 유통경로, 개인예금원의 분포상황
③ 지방유지와 그 영향력에 대한 조사, 국회의원, 의사회, 변호사회, 각종 부인단체, 조기운동회, 라이온스클럽, 상공인단체, 상공회의소, 새마을회, 기타 그 지역 각종 단체의 소속원과 임원 및 가족상황 등
④ 고소득층 및 중산층(특히 소득계층별 세대 수)
⑤ 학교, 교회와 각종 조합, 협회 등의 유무 및 그 자금의 규모와 유통경로
⑥ 영업지역의 인구·소득의 분포, 업종별 구성에 관한 조사 등
⑦ 기타 부동산매매대금, 퇴직금, 공금, 주식불입 그리고 우발적인 자금원의 정보망
⑧ 영업지역 내 자행의 주주 또는 출자자
⑨ 지역 내에 거주하는 자행직원, 퇴직직원, 퇴직여행원의 시가(媤家)와 친정
⑩ 지역 내 사람의 흐름, 이용교통기관의 상황
⑪ 인근 타 금융기관의 영업기반, 고객 및 거래상황, 영업방침 및 업황(業況), 그 지역에서의 평판과 지점의 외장·비품·구조·PR활동상황·지점방문 고객상황과 서비스의 실태 등
⑫ 영업지역 성장발전의 역사적 과정

#### 라. 조사분담의 결정과 조사일정계획 수립

조사항목별로 작업분담을 결정하고 작업완료 후까지의 조사일정계획을 작성하며, 전체적인 진척상황을 통괄하는 책임자를 선정한다. 작업일수는 1인당으로 설정하고, 시장특성의 검토는 조사항목별로 2명 이상의 합의를 거쳐 작성하되, 전략·전술의 결정은 전원이 참석하여 의논한다.

### 마. 조사자료 수집

기초자료는 분담하여 수집하는 것이 요망되며, 자료의 기준 연월일을 명확히 하는 것이 필요하다. 스케줄은 ① 분담결정, ② 자료수집, ③ 자료가공, ④ 시장특성의 총괄적인 검토, ⑤ 전략·전술결정 등의 순서로 작성되어야 하며, 자료수집은 지역환경조사, 법인시장조사, 개인시장조사, 타행동향조사, 기존거래처 분석 등의 수순으로 진행하는 것이 바람직하다.

### 바. 조사항목의 자료가공분석

작업수순은 ① 자료수집, ② 수집된 자료의 가공·조사, ③ 조사항목내용의 분석, ④ 시장파악 등으로 진행되어야 한다. 단, 은행원의 주관적 관점에서 지점운영, 업무추진상 중요하다고 생각하여 각종 자료를 분석하고 통계자료를 작성하는 것은 의미가 없다는 점에 유의해야 한다.

### 사. 시장특성의 현상 파악

지역 및 고객에 대한 객관적인 수치를 통해 점주지도를 작성하여 전체적인 시장특성의 현상을 파악해야 한다. 시장조사로부터 도출된 현상파악에 기초하여 전원이 참여한 가운데 지점운영의 전략·전술 등을 검토해야 한다.

**점주 세일즈전략에 대한 ○○은행 B지점 사례**

B지점은 점주 6개 면을 책임자 3명이 분담하는 세일즈지역으로 편성하여 매일 오후 각자 20개 업체를 방문하고 있다. 업체 방문 시에는 반드시 해당 업체의 CEO 명함과 사업자등록증 사본을 수집하고, 저녁에는 자료출력 등 내용을 토대로 영업일지를 작성한다. 익일에는 전 책임자 앞에서 브리핑을 하여 정보를 공유하고 있다.

B지점의 세일즈 구사방법은 다음과 같다.

① 세일즈대상 다양화 추진
- 건축허가자 명단, 길거리정보(플래카드 등), 창구정보, 본부제공정보, 경매정보, MGM정보 등

② 고객과 '궁합'이 잘 맞는 은행 이미지 부각

③ 고객면담시 자신의 이름 석자를 고객의 뇌리에 각인토록 노력
- 쉬운 금융용어 사용 등 고객의 눈높이와 맞춤
- 진솔한 표현으로 마음을 열게 함, 타행비방 엄금 등

④ 고객에게 지점장 역할을 당부하는 꼬리에 꼬리를 무는 영업 지향

⑤ 영업정보를 영업결실로 연결하는 부단한 생각과 노력
- 고객의 인적사항, 성격, 영업포인트, 과거의 아픔, 비하인드 스토리 등 기록을 유지

⑥ 문턱 없는 은행, 찾아가는 은행을 위한 발품 파는 영업 전개

⑦ 정보공유로 고객에 대해 공동대처(한번 물면 안 놓는 풍산개 역할)

⑧ 금융에 대한 "요리사", "설계사" 등 전문가로 자청
- 자존심 견지하면서 자신 있게 영업(신뢰감 고취)
- 몸집에 따라 옷을 갈아입는 것처럼 기업의 성장성, 규모, 업력, 업종에 따른 금융거래 방향과 패턴 제시

⑨ 함께 'win-win'하는 금융거래 제안
- 자금용도별 장·단점 제시, 금리결정체계 설명으로 공감대 형성
- 투명한 금리협의로 신뢰감 고취
- 시기적절한 상품홍보로 영업실적 제고

⑩ 타행 거래업체 '보쌈작전' 전개

### 지점 점질을 고려한 세일즈전략 및 전술의 개발방법에 대한 지점장 대상 조사결과

근무하는 지점 주변은 공단지역으로 제조업을 영위하는 기업이 많습니다. 따라서 무엇보다 고객에 대한 빠른 지원이 중요합니다. 이를 위해 구두보고를 적극 장려하여 최종결정 전까지 담당 실무자가 빠르게 업무를 처리할 수 있도록 하였습니다. 타행보다 선점하는 것이 중요하기 때문입니다.

## 점주권 시장조사방법에 대한 지점장 대상 조사결과

점주권 정밀지도를 작성하여 활용하고 있습니다. 특히 점주 내 타행 지점의 위치를 표시하여 지점과의 위치적 유·불리점에 대해 파악하고 영업에 임하고 있습니다. 점주권 파악시 지역별 업종에 대한 분석, 소비패턴에 대한 분석이 우선되어야 합니다. 그리고 타행 지점의 위치를 감안하여 영업우수지역, 영업가능지역, 영업불리지역으로 구분하여 점주권을 설정하고 있습니다.

제3절

# 가망잠재고객 접촉방법

## 1 신규고객 발굴방법

### 1-1 지점 경영에서 신규고객발굴의 의미

지점 신규고객의 발굴이란 실제 은행거래로 연결될 가능성이 있는 고객을 찾아내는 개념이다. 보다 구체적으로는 잠재고객들이 자행고객으로 연결될 가능성을 평가, 분석, 분류하는 작업이다. 신규고객 발굴에 있어서는 정보나 자료를 조직화하고 평가·분석하는 능력, 커뮤니케이션능력이 요구되며 지속적인 접촉과정이 필요하다.

신규고객 발굴에 있어 중요한 것은 지속적이고 효과적인 발굴계획을 수립하는 것이다. 전략적이면서도 고객에게 초점을 맞춘 방법으로 고객과의 전화접촉이나 대면접촉을 많이 하면 할수록 자행 고객화의 가능성이 높아진다. 잠재고객을 자행고객으로 만들 수 있는 확률은 사전에 많은 정보를 수집하고 이를 토대로 효과적인 세일즈스킬을 활용할 때 높아진다. 소개나 네트워킹과 같은 방법을 통해 잠재고객을 발굴하고 초기 접촉을 잘 준비할수록 고객확보 가능성은 증대된다.

**신규고객 발굴에 대한 지점장 대상 조사결과**

신규고객의 경우 지인을 통한 지속적인 방문이 관건입니다. 아무래도 기존거래고객과는 달리 신규고객은 만남 자체에서 부담을 가질 수밖에 없기 때문에 기존거래고객 중 지인이 있다면 이를 통해 자주 다가가는 것이 중요하다고 생각합니다.

### 신규고객이 통장을 개설했을 경우 취할 수 있는 행동에 대한 지점장 대상 조사결과

신규고객의 경우 전자금융과 체크카드의 교차판매는 기본적으로 이루어지도록 하고 있습니다. 또한 신규고객에 대한 당일 SMS발송 등으로 신규거래에 대한 감사인사를 전하고 있습니다. 익일 오전에는 지점장이 감사전화를 하며 거래하게 된 동기를 물어보고 추후 거래확대를 부탁하고 있습니다.

## 1-2 가망잠재고객 개발방법

가망잠재고객 발굴을 효율적으로 수행하기 위해서는 유용한 자료원을 찾는 것이 가장 중요하다. 가망잠재고객을 선별하여 접촉 우선순위에 따라 명단을 작성하여 순차적으로 접근하는 것이 필요하다. 가망잠재고객 개발에 대한 적중률을 높이기 위해서는 사전조사를 효과적으로 수행해야 한다. 기업고객의 경우 가망고객회사의 상품, 서비스, 인적구성, 재무상황, 회사뉴스, 업계동향 정보를 수집한 후 접근한다.

가망잠재고객을 발굴하는 데에는 기존고객을 통해 소개받는 것이 가장 유효한 방법이다. 자행과의 거래관계에 대해 만족하고 있는 고객으로부터 소개받는 것이 가장 이상적이다. 기존고객으로부터 소개를 받게 되면 가망잠재고객의 관심을 얻어내기 쉽고 접촉초기부터 신뢰감을 구축할 수 있다. 고객으로부터 소개받는 것을 습관화하면 가망잠재고객 명단의 질과 양을 급격히 늘려갈 수 있다.

### 잠재고객 개척을 위한 지점장 대상 조사결과

저는 지점장으로서 영업활성화를 위해 직원들에게 항시 MTV전략의 중요성을 강조하고 있습니다. 잠재고객에 접근하기 위해 먼저 메일(mail)을 보내는 전략을 구사합니다. 그 다음에 전화접촉(telephone)을 하고 마지막으로 고객을 방문(visit)하는 전략을 실시하고 있습니다. 꾸준하면서도 끊임없이 교감하는 고객관리를 통해 성과로 연결될 수 있습니다.

### 영업점에서 실천한 신규고객 개발 사례

**① 의료인 학술대회에 참가하는 전문직을 대상으로 신규고객 개발**

의료인 학술대회는 의사와 간호사 등 전문직들이 정기적으로 질환, 의약품 치료제에 대한 연구를 통해 얻어지는 결과를 가지고 발표하는 형식으로 진행되는 학술대회이다. 학술대회는 주로 1박 2일으로 진행되며 호텔이나 컨벤션센터에서 진행된다. 학술대회 중간에 있는 커피브레이크를 겸한 휴식시간이 약 15분에서 30분 정도 있다. 휴식시간을 활용하여 커피종류를 제공하면서, 전문직에 맞는 자금운용방법과 상품을 설명하고 판매했다. 상담시간이 부족한 경우 근무하는 병원이나 의료원으로 방문을 약속하며 신규고객 개발을 진행했다.

**② 주변의 재래시장 상인을 대상으로 방문세일즈를 통한 신규고객 개발**

재래시장 상인들을 위해 직접 상인들을 찾아가서 은행 대행업무 입금, 공과금 대신 납부 등의 단순 업무를 처리해주는 서비스를 제공했다. 재테크방법과 더불어 적금과 연금 등의 상품설명도 같이 진행했다. 바쁜 상인들이 영업점을 방문하기 어렵기 때문에 직접 찾아가서 서비스를 제공하고 상품 설명을 드릴 경우 만족도가 높았다. 반복적인 서비스 제공으로 인해 신규고객으로 연결될 가능성도 높았다. 상인들은 시장 내 다른 상인들과 단합이 잘 되기 소개영업의 강점이 발휘될 수 있으며, 크로스셀링으로 상품판매액이 증대될 가능성도 높다.

**③ 법인고객 대상 신규고객 개발**

법인고객의 경우 인근 유관기관으로부터 획득한 정보를 토대로 섭외활동을 추진해 목표고객을 선정하는 게 바람직하다. 방문세일즈 활동을 할 때 경비원부터 사무실 말단 여직원들에게 많은 관심을 보이는 게 필요하며 대표이사가 있든지, 없든지 간에 나중에 방문할 것을 약속하는 태도가 필요하다. 명함을 놓고 온 다음, 지속해서 전화를 하거나 추가 방문을 하여 상담약속을 얻어내는 전략구사도 필요하다. 길거리 부동산 매각정보, 개발현장, 인근 부동산중개사와 유대관계, 건축사, 건설업자, 부동산 개발업자와 유대를 강화하는 전략도 중요하다. 기업고객의 경우 지금 인근 신용보증기금, 감정원 등의 지점장부터 책임자까지 명단을 확보하고 주기적인 방문으로 유대관계를 강화하는 게 효과가 크다.

하루 평균 자동차 6대를 판매하여 12년 동안 미국 최고의 판매왕으로 군림했던 '조 지라드(Joe Girad)'는 고객들의 추천을 통해 판매량을 급속히 증가시켰다고 한다. 그가 주장한 250명 법칙은 고객 한 사람을 통해 입소문이 날 경우 효과가 그만큼 크다는 것을 증명해준다. 고객을 만날 때마다 '다른 분을 소개해주실 수 있겠습니까'라고 문의하는 습관을 붙이면 많은 가망잠재고객을 발굴하게 될 것이다.

가망잠재고객을 찾고 나면 선별하는 작업이 중요하다. 잠재고객과의 거래기회, 수익을 얻어낼 가능성, 거래가치 등을 판단하여 선별해내는 과정을 거쳐야 한다. 기업고객의 경우 기업규모, 업종 성장성, 수익성, 경쟁환경, 상품의 적합성 등을 고려하여 접촉 우선순위를 정한다. 작성된 명단에 대해서는 다이렉트메일을 발송한 다음 전화접촉을 갖는다.

**잠재고객 개척자료**

| 자료원 | 주요 자료내용 |
|---|---|
| 내부자료 | 휴면계좌 리스트, 텔레마케팅 대상자 명단, 수신상품·여신상품 만기도래자 명단 |
| 외부자료 | 거래소 및 코스닥등록업체 임원 명단, 전문가협회(의사, 변호사, 약사, 연예인), 지역사교모임(로타리클럽·라이온스클럽·골프장·골프연습장 회원), 신문·잡지 등(기사, 언론보도, 광고), 비즈니스그룹(상공회의소, 중소기업중앙회) |
| 소개 | 기존거래고객, 친지, 타 업종 영업사원(보험설계사, 공인중개사, 자동차 영업사원) |
| 기타 | 투자설명회(이벤트 개최), 직접방문(인근상가 및 빌딩 입주업체, 점주권 기업체) |

## 2 가망잠재고객 접촉방법

### 2-1 다이렉트메일(DM)의 작성 및 발송

가망잠재고객과 관련된 명단이 작성된 다음에는 다이렉트메일을 작성하여 발송한다. 다이렉트메일은 가망잠재고객과의 첫 번째 접촉기회다. 다이렉트메일은 가망고객의 니즈에 대해 잘 이해하고 있다는 것을 나타낼 수 있어야 할 뿐만 아니라 분명하고 간결하게 초점을 맞춰 작성해야 한다. 가장 중요한 것은 가망고객의 니즈를 어떻게 도와줄 수 있는가를 명확하게 설명해야 한다는 점이다. 고객의 니즈에 초점을 맞춘 다이렉트메일만이 성공적인 전화접촉을 가능하게 해줄 것이다.

효과적인 다이렉트메일의 문구 작성방법에 대해서는 은행 본부에서 다양한 샘플을 제공하고 있는데, 일반적으로 인사말, 은행에서 제공해줄 수 있는 상품 및 서비스 소개, 맺음말 순으로 작성한다.

다이렉트메일의 첫 번째 단계에서는 가능하다면 고객과 관련된 구체적인 내용을 다루어 가망고객이 관심을 가질 수 있도록 유도해야 한다. 또한 고객을 알게 된 경위를 설명해야 하는데, 예를 들어 신문기사, 기존고객 소개와 같이 정보의 출처를 밝히는 것이 중요하다. 자행 소개부문에서는 고객이 거래함으로써 얻을 수 있는 이점을 소개한다. 이점 소개는 가망고객에 대해 파악한 많은 정보를 토대로 이루어져야 한다. 메일의 말미에는 고객이 관심을 보일 것으로 예상되는 문제에 대하여 고객과 해결책을 논의하기 위해, 또는 그렇게 하기 위한 약속을 정하고자 전화할 것이라는 점을 상기시켜야 한다.

**지점에서 다이렉트메일 활용시 유의점**

DM은 대단히 유용한 전략이다. 고객데이터만 정확하다면 목표고객 눈앞까지 정확하게 도달할 수 있기 때문이다. DM을 보낼 때는 다음 사항에 유의해야 한다.

① 총 페이지 수가 3장을 넘지 않을 것
② 처음 반 페이지에서 반드시 고객의 흥미를 끌어낼 것
③ 개봉률을 높이기 위해 봉투 겉면에 '쿠폰재중' 등의 미끼문구를 인쇄할 것
④ 당장 효과가 나타나지 않아도 꾸준히 보낼 것(1년여가 지난 쿠폰을 가지고 오는 고객도 있다.)
⑤ 쿠폰에는 유효기간을 명시하여 단기간 내에 지점으로 나타나도록 유인
⑥ DM은 반드시 컬러로 프린트하는 등 정성을 쏟을 것
⑦ DM 안에는 쿠폰(예컨대 금리할인쿠폰)을 그려 넣을 것
⑧ 겉봉투 발송인 란에는 반드시 이름을 명기할 것(○○은행 ○○○지점 ○○○ 드림)

### 지점에서 실행할 수 있는 다이렉트메일 방법에 대한 지점장 대상 조사결과

저희 지점의 경우 각 담당자별로 다이렉트메일 주소록을 가지고 있습니다. 그래서 지점장 및 담당자가 전달하고자 하는 내용이 있을 경우 지체 없이 다이렉트메일이 발송되도록 하고 있습니다. 내용은 일반적인 상품안내(대출, 적금, 카드 등)뿐만 아니라 각종 안부까지 다양하며, 반드시 발송자 사진을 첨부하고 있습니다.

### 고객에 대한 감사장 작성방법에 대한 지점장 대상 조사결과

고객에 대한 감사장은 일반적인 DM뿐만 아니라 지점장이 손수 작성하는 경우도 있습니다. 특히 중요고객의 경우 대량 발송되는 DM보다는 짧더라도 지점장이 직접 작성하여 보내는 것에 고객이 더욱 감동하기 때문입니다.

## 2-2 전화접촉(TM)

다이렉트메일을 가망고객에게 보낸 다음에는 상담약속을 얻어내기 위한 전화를 해야 한다. 전화를 걸기 전에 미리 계획을 세워야 하는데 가장 우선적인 문제가 고

객에게 언제, 어떻게 전화할 것인지다. 또한 고객과의 통화 시간대는 성공적인 전화접촉을 위해 중요하며 고객의 연령대, 직업, 업종에 따라 적당한 시간은 달라질 수 있다.

두 번째는 전화를 통해 달성하고자 하는 목표수준을 단계별로 설정해야 한다. 통화목표란 전화를 통해 얻고자 하는 결과를 의미한다. 일반적으로 의사결정권자와의 면담약속을 얻어내는 것이 목표이지만 'cold call'의 경우 단순한 정보만 얻게 될 것이다. 면담약속을 얻어내지 못할 경우 다음에 다시 전화하겠다는 약속을 얻어낸다. 만약 기업고객의 경우 담당자와 통화하지 못할 경우 다른 담당자를 소개받을 수도 있을 것이다. 준비 없이 전화를 해서는 안 되며 전화통화 내용을 미리 예상하고 응대를 준비한다. 통화내용은 시작, 전개, 마무리로 구성되는데 먼저 전화한 이유에 대해 설명하고 통화가능여부에 대해 확인하는 것이 필요하다. 자행의 상품과 서비스의 특징을 가망고객이 갖고 있을 것으로 예상되는 니즈와 연결시켜 전화용건을 간단명료하게 설명드려야 한다.

마지막으로 가망고객이 갖고 있는 이슈를 요약하고 면담일정을 제안하고 시간과 장소를 확인해야 하며, 가망고객에게 감사를 표시하고 면담약속에 대한 감사표시를 하고 마무리한다.

전화접촉을 할 때는 고객에게 첫인상을 심어주게 되는데, 첫인상은 매우 중요하고 오래 지속된다. 첫인상은 말하는 방법과 내용에 의해 결정된다. 대화방법은 매우 중요한데 특히 목소리의 톤이나 크기, 억양 등이 커뮤니케이션에 중대한 영향을 미친다. 전화커뮤니케이션은 고객을 직접 만나 상담하는 것과는 확연히 다르다. 전화중에는 고객의 얼굴 표정이나 몸짓을 전혀 볼 수 없기 때문에 목소리의 톤이나 통화예절을 통해 자신감 넘치는 은행의 지점장이라는 인식을 심어주는 것이 필요하다. 전화통화는 불리한 점도 많지만 초점을 맞춰 밀도 있게 진행할 수 있기 때문에 상담이 효율적으로 이루어질 수 있다는 장점도 있다.

### 지점에서 실행가능한 텔레마케팅 사례 예시

① 신규·해지고객에 대해서는 영업마감 후 또는 익일에 감사전화 및 향후 지속 거래를 당부하는 전화를 드린다. 이때 해지고객이 더 중요하다는 점도 기억해두어야 한다.

② 기업카드 이용대금 증대, 급여이체 신규 등에 대한 것은 지점장이 직접 전화해야 효과가 있다. 단 1회만이라도 직접 해야 하며, 다음에는 직원이 전화한다(지점장이 앞장서서 해주면 직원들은 따라서 할 수밖에 없다).

③ 비오는 날, 몹시 추운 날씨 등 궂은날에는 대부분 경영자들이 사무실에 있으므로 이때 TM을 실시하면, 업체를 직접 방문한 것과 같은 효과를 거둘 수 있다.

④ 기존고객에게는 최근 회사정보(창립기념일, 생일, 매출액 증가 등)를 파악한 후 동 내용을 대화중에 넌지시 언급하며 본론을 꺼내는 전략이 유효하다.

지점에서 실시되고 있는 TM은 단지 은행에서 고객에게 전화를 걸어 대화를 나누고 끝내는 것이 아니라 효율적인 운용으로 좋은 성과를 거두어야 하므로 보다 계획적으로 추진되어야 한다. 지점에서는 먼저 고객의 거래내용을 전산자료 등에 의거 수시로 파악하면서 감사인사와 건강, 사업동향에 관한 대화를 하고 필요시 SMS를 활용하여 메시지를 전달한다. TM을 통해 수집된 정보는 고객의 성향과 니즈뿐만 아니라 은행에 대한 인지도를 파악할 수 있는 중요한 자료가 될 수 있으므로 소중히 다루어져야 한다.

TM시 주의할 점으로는 고객들은 전혀 모르는 사람으로부터 전화를 받게 되면 누구든지 경계를 한다는 사실이다. 일부 고객은 자신의 정보가 알려진 것에 대하여 불쾌하게 생각하므로 세심한 주의가 필요하다. 그리고 TM대상이 아닌 다른 사람이 전화를 받는 경우 고객의 개인정보 등과 관련된 일체의 내용은 밝히지 말아야 하며 간단한 내용의 메모만을 남기도록 한다.

### 텔레마케팅을 통한 고객관리에 대한 지점장 대상 조사결과

TM은 상당히 중요한 마케팅 방법으로 기존업체에 대해서는 고객관리 차원에서 자주 해 줄 필요가 있으며, 신규업체 발굴을 위해서는 사전에 업체 대표자와 통화하는 것이 중요합니다. 직원과 통화할 경우 이름을 정확히 밝히고 정중하게 사장과 통화하고 싶다고 해야 합니다. 텔레마케팅은 시기가 가장 중요합니다. 기념일은 물론 고객이 어떤 상품을 원할 시기에 사전에 포섭하기 위한 마케팅의 첫 단계이기 때문입니다. 따라서 특정기일도래 고객에 대한 철저한 관리가 중요합니다.

## 3 점주상가고객 신규유치전략 예시

상가를 신규고객으로 유치하기 위해서는 이들의 니즈에 적절히 대응하는 등 다각도로 공략해야 한다. 예를 들어 상가에서 취급하는 상품에 흥미를 보여 상대의 관심을 끌고 매출을 올릴 수 있는 제언을 하거나, 가족이나 상가친목회 임원들과 친밀함을 도모하는 것도 좋은 방법이다.

상가고객 신규유치를 위해서는 상가에 관한 정보를 사전에 입수한 후 상담을 개시하는 것이 필요하다. 지점장 입장에서 자신의 취미와 관련 있는 업종 또는 취급상품에 대하여 다소 지식이 있어 마케팅활동이 쉬운 업종을 우선적으로 선택하는 것이 전략적으로 중요하다. 우선 상가명, 광고 등을 사전(事前)에 점검하여 주력상품을 파악해야 하며, 상가를 방문해서는 취급하고 있는 상품에 흥미와 관심을 가지고 상품진열방법이나 신상품 등에 관한 질문을 하면서 흥미를 유발시키는 전략이 필요하다. 방문시간은 상가 개점시간이 일반적으로 오전 10시경임을 감안하여 면담이 가능한 시간대를 정한다.

사업주 이외의 주변 인물에 대해서도 마케팅활동을 전개한다. 개인상가는 가족끼리 운영하는 경우가 대부분이고 중요사항 결정시 가족의 의사가 존중되고, 특히 부인이 경리를 담당할 경우 거래은행 추천에 영향력이 크므로 중요 세일즈대상이다. 부인에게는 자녀교육이나 백화점 세일 등 흥미 있는 이야기로 접근하고 중년층에게는 건강활동을 화제로 삼거나 연금에 대해서 설명하면서 친근한 이야기 상대가 되어주도록 한다. 또한 가급적 이해하기 쉬운 용어를 사용하고 예절바르게 행동해야 한다.

'Give and Take' 정신으로 유치대상 상가의 고객이 되는 전략도 효과적일 수 있다. 거래가 없는 상가리스트를 확보하고 그 상가의 고객이 되어 집중적으로 이용함으로써 호의를 갖게 하여 거래를 유치한다.

거래상가의 니즈를 발굴하여 충족시켜주는 것도 필요하다. 상가고객은 예금이나 대출금에 대한 정보보다는 고객이 필요로 하는 정보나 니즈에 대응해주는 금융기관에 호감을 가지게 된다. 마케팅 담당자는 고객의 재무상황, 인적요소, 영업상황을 파악한 후 적절하게 대응하는 것이 중요하다. 특히 고객의 니즈에 대한 내용은 당사자 이외에는 비밀로 하며 정보입수 후 대응방법을 철저히 검토하여 실행에 옮겨야 한다.

정보수집을 위해 상가친목회 등의 임원과 신뢰관계를 형성하는 것도 중요하다. 상가친목회 등의 임원과 친밀관계를 유지하게 되면 상가의 고충을 알 수 있어 그 정보를 기초로 적절한 마케팅전략 추진이 가능하다.

### 신규고객 개척시 마음가짐에 대한 지점장 대상 조사결과

신규개척이라고 하지만 처음에는 찾아가서 문전박대를 당하여 큰 충격을 받은 채 귀점하면서 자존심에 큰 상처를 받기도 하였습니다. 하지만 "거절당하는 것이 당연하다, 만나주는 것만도 다행이다"라고 마음먹고 편안한 마음으로 찾아가니, 오히려 고객에게 수월하게 접근할 수 있었습니다. 세일즈는 거절당한 순간부터 시작된다는 말이 있듯이 생각을 바꾸면 실적도 바뀌게 됩니다.

### 고객과 은행의 궁합은 은행선택의 한 가지 요소

은행도 생존전략의 시대다. 은행 직원이 고객의 요구에 잘 대응할 수 있어야 살아남는다. ○○○지점장에 의하면 고객의 거래동기는 '가깝기 때문' 혹은 '지인이 있기 때문'이라는 이유만이 아니고 은행과의 인연 혹은 궁합 등 '나에게 걸맞은 은행'이라는 느낌이 상당부분 작용한다고 말한다. 금리가 조금 높더라도 언제든 필요한 금액을 즉시 대출해주고 고객의 사정을 귀담아들어주고 이해해주는 은행과 거래하게 된다는 것이다. 남녀관계에서처럼 여러 의미에서 마음도 맞고 어울리는 커플이 되는 것이 중요하다. 은행 직원의 입장에서 나는 어떤 고객계층에 환영받겠다고 하는 식으로 기준을 정해 표적시장을 좁혀들어가 높은 시장점유비를 차지하겠다는 발상전환이 필요하다.

제4절

# 기업고객 신규유치 및 관리전략

## 1 기업고객 신규거래처 대상 세일즈 방법

### 1-1 기업고객 신규유치전략

방문 전에 그 업종의 현재 상황은 물론 해당 기업의 매출규모 등 방문기업의 업체 개요를 어느 정도 평가하는 것이 중요하다. 실제 방문해서는 해당 업체뿐만 아니라 그 업체의 매입·판매처 등과도 거래를 추진하여 순차적으로 방문기업들의 리스트를 작성해두어야 한다. 기업을 대상으로 한 마케팅활동에 있어 신규유치가 가능한 기업의 리스트를 얼마만큼 잘 작성하느냐에 따라 마케팅효과가 좌우된다.

**신규고객 개척방법**

① **1단계: 가망고객 발굴**
기업고객의 경우 회사의 제품, 서비스, 인적구성, 재무상황, 회사뉴스, 업계 동향 정보를 수집한 후 접근하며, 특히 기존고객을 통해 소개받는 것이 가장 유효한 방법이다. 기존고객으로부터 소개받게 되면 가망잠재고객의 관심을 얻어내기 쉽고 접촉초기부터 신뢰감을 갖고 접촉할 수 있다.

② **2단계: 고객선별 과정**
가망고객과의 거래기회, 수익을 얻어낼 가능성, 거래가치 등을 판단하여 선별하는 과정이 필요하다.

③ **3단계: 세일즈 우선순위 결정**
기업고객은 규모, 업종 성장성 등을 고려하여 접촉 우선순위를 결정하고 전화접촉 후 가능성이 조금이라도 있는 고객에 대해서는 방문계획을 수립한다.

④ **4단계: 세일즈 실시**
점주권 고객에 대해서는 처음 방문하여 명함을 건네고, 두 번째 방문시는 가벼운 판촉물을 제공한다. 지점장의 명함을 전달해놓으면 그 기업으로부터 급할 때 한번은 전화가 오는 경우가 있는데 이때를 적극적으로 활용해야 한다.

기업고객 신규유치 작업을 진행할 때 가장 중요한 것은 적절한 대상기업을 확보하는 것이다. 유치대상 기업 수가 너무 많거나 너무 적지 않도록 해야 한다. 신규유치 대상 기업 수를 지나치게 많이 설정하면 한번 방문하는 데도 시간과 체력이 소진될 수 있으며 또 너무 적게 잡으면 세일즈대상 기업이 바닥날 수 있다.

세일즈 담당자는 월간 혹은 주간 단위로 구체적인 계획을 수립한다. 또한 리스트작성시 각 기업에 대한 정보사항은 자행이 보유하고 있는 자료는 물론 각종 외부자료를 효율적으로 이용하도록 한다. 외부자료를 이용하여 각 기업에 관한 정보를 얻게 되면 기업에 필요한 정보를 사전에 파악하여 제공할 수 있다. 기존거래처와 업무상 관련이 있는 기업도 유치대상으로 선정하여 접근하는 전략이 필요하다.

### 잠재가망 기업고객 발굴방법에 대한 조사결과(1)

기업고객 신규 발굴을 위해 처음 발령 난 지점에서 반경 2킬로미터 내의 모든 기업을 찾아다니며 상호와 전화번호, 주소를 메모하여 바로 다음날 전화하기 시작했습니다. 전화상으로 '관심없다', '다른 은행 거래한다' 등 여러 가지 이유로 통화 자체도 힘든 기업도 있었지만 60% 가량은 전화응대에 협조를 해 주셨습니다. 사전 약속시간을 잡은 기업은 미리 관심을 둘만한 상품설명서를 한 장으로 압축해 간단하게 만들어 제시하기로 했습니다. 예를 들어 수신은 MMDA 등이며, 여신은 저금리상품과 대출한도 우수한 상품 등입니다.

실제 방문하면 전화통화와는 다르게 처음부터 문전박대하는 기업도 있었지만 과반수 이상 기업들은 따뜻하게 맞이해 주었습니다. 대표이사 만나기는 어렵다보니 주로 총무과장, 부장 아니면 자금관리직원 등을 상대로 명함제시 및 당행 역사에 대해 간단히 설명하였습니다. 상품에 대해 자세한 설명은 뒤로 하고 물러났습니다. 그 후 관심 있는 기업은 먼저 전화가 와 거래 성립에 성공한 경험도 있습니다. 물론 관심이 없던 기업에 대해서는 다시 전화도 하고 지속적으로 다이렉트메일도 발송하여 성공한 기업도 있었지만 섭외 성공확률은 내 마음을 충족시키지 못했습니다. 처음부터 너무 대출에 대해서만 관심을 가지는 기업은 조금은 조심스럽게 접근해야 합니다.

기업고객은 다수 은행과 거래하는 것이 일반적이기 때문에 항상 비교할 가능성이 많습니다. 그러므로 관심과 최선을 다하고 능력 있는 은행으로서의 이미지제고에도 신경써야 합니다. 자금사정이 현격히 나빠진 기업은 상환여력을 초과하는 여신지원을 요구하는 경우도 있지만 그럴 때일수록 냉정히 거절하면 완전히 등을 돌릴 가능성이 있기 때문에 최선의 방법을 찾아 도움을 줄 수 있는 것은 도와주어야 합니다.

## 잠재가망 기업고객 발굴방법에 대한 조사결과(2)

우량고객이 될 가능성이 높은 기업을 1차적으로 선별해야 합니다. 지역상공회의소에서 발행되는 회원주소록에서 타깃이 될 만한 업체를 발굴합니다. 평소 회사를 방문할 때 인근에 있는 깨끗한 공장을 가지고 있는 회사이름을 메모해 두는 습관을 가지는 자세가 필요합니다. 그 동안 거래를 통해 알아 왔던 지역현안에 밝은 고객으로부터 추천 및 소개를 받는 것도 중요합니다. 은행본부 및 언론매체에서 정보를 제공한 업체 중 타깃이 될 만한 업체를 발굴하는 것도 중요합니다. 외국 우량기업의 국내 사업설명회에 참석하여 외국기업의 국내지사 및 사업설명회에 참석한 국내업체 중 우량한 회사를 발굴하기도 합니다.

1차로 선별된 업체에 대해서는 은행 내 정보시스템, 외부 신용평가회사의 스코어링 시스템, 인터넷을 활용하여 회사의 업력, 규모, 재무상태, 회사가 속한 업종동향을 파악한 후 2차 타깃고객 대상을 선별해야 합니다. 2차선별 대상 업체의 자금담당책임자의 직책 및 대표이사의 이름을 확보하여 기업금융서비스를 소개하는 안내장을 발송합니다. 안내장 발송 후 전화를 걸어 귀사와 같은 우량회사와 거래하고 싶다는 의사를 표시하며 시간 약속을 하여 방문일자를 정합니다. 방문할 때 간단한 기념품 및 회사의 거래상황을 파악하여 가능한 거래를 미리 조사·분석하여 자료를 준비해 가는 것이 중요합니다.

처음 기업고객들에게 관심을 이끌어내기 위해서는 인근 경쟁 금융기관과의 비교분석표를 제시해 드리는 것이 효과가 큽니다. 당행과 거래 시 회사에 얼마만큼 금융비용절감 효과가 있는가를 도표로 보여주는 것이 가장 효과적인 방법입니다. 당장 거래를 하자고 재촉하지 않고 여운을 남기고 재방문을 약속하는 유연성도 필요합니다. 기업고객들의 경우 금융경제 환경에 대한 관심이 높기 마련인데 환율동향, 금리동향, 업종동향 등에 대한 정보를 일회성이 아닌 지속적으로 제공해 주는 것이 중요합니다.

### 1-2 신규거래처 대상 정보수집방법

우선적으로 본부에서 제공하는 정보를 활용한다. 예를 들어 신설기업 정보, 급여이체 유치대상, 거래처 주요정보 등을 바탕으로 세일즈 대상업체를 선별하는 작업이 필요하다. 시·군·구청, 관내 세무서 부가가치세과, 상공회의소, 신용보증기금, 기술신용보증기금 등을 활용하여 업체정보를 수집하는 것도 중요하다.

정보수집 내용은 업체명, 대표자, 사업자등록번호, 설립일자, 전화번호, 매출액 등이다. 계속거래 가능여부를 판단하는 것이 필요하며 예상거래 규모도 고려해야 한다. 외환, 신용카드 등 예상 가능한 부수거래도 감안한다.

### 1-3 신규거래처 대상 세일즈안내장 발송

대출고객 창출을 위한 세일즈안내장은 대출상품과 서비스의 차별성을 부각시키는 내용으로 구성한다. 다양한 기업고객 대상 금융상품 구비내용과 기업거래 편의를 위한 다양한 서비스 보유내용을 포함해야 한다. 그리고 거래로 인해 창출되는 이점을 숫자로 명확하게 적시한다.

업체를 방문하기 전에는 사전에 대상업체에 대한 정보를 수집하는 것이 필요하다. 신용정보 조회, 거래은행, 동업종의 자행 거래처, 해당 업체 사전 전화조회 등을 통해 정보수집활동을 실시한다.

### 1-4 신규거래처 대상 업체방문

업체를 방문할 때는 우선 좋은 인상을 심어주는 것이 중요하다. 좋은 인상을 남기기 위한 포인트는 다음과 같다.

① 단정한 옷차림과 올바른 예절

② 명함을 주고받는 자세와 행동

③ 자신감 넘치는 태도와 미소

④ 오래 머물지 않는다.

일반적으로 영업활동에서 상대방의 호감을 일으키는 것이 중요한데 이때에는 다음 사항을 유념해야 한다.

① 처음에는 저돌적인 자세를 감추고 부드러운 분위기를 조성한다.

② 상대방의 신분을 존중해준다. 호칭 사용에 유의해야 한다.

③ 부정적인 용어보다 적극적인 용어를 사용한다. 예를 들어 "○○○에 대해서는 잘 모르시겠지요?"와 같은 어투는 가능한 한 쓰지 않는다. 대신에 "○○○에 대해서는 잘 알고 계시리라 생각합니다만..."과 같은 화법을 사용한다.

한편 신규업체를 대상으로 세일즈할 때는 해당기업의 사정을 파악해야 한다. 상대방의 태도, 능력, 실체, 분수를 판정하는 포인트는 다음과 같다.

① 효과적인 목표달성을 유도하는 질문을 한다.

② 은행 거래계획, 구체적 거래시기, 현재 거래종류, 거래 결정권자의 사전 파악 등 유도성 질문이 필요하다. 예를 들어 "거래결정은 어느 분이 하시게 되는지요?", "이 과장님 외에 어느 분이 결정하십니까?", "사장님께 미리 인사를 드리고 싶습니다만 …" 등의 질문 방법을 활용한다.

③ 특히 결정권자를 사전에 신속히 파악하는 것이 효율적인 세일즈전략을 추진하는 데 중요하다.

신규업체를 대상으로 세일즈할 때는 접근자세가 중요하다. 처음 방문시 유념해야 할 접근자세는 다음과 같다.

① 고객에게 이익을 주기 위해 방문했다는 자신감을 가질 것

② "세일즈는 거절로부터 시작된다"는 것을 명심하고 거절당하는 것에 대해 당연한 것으로 받아들여야 한다.

③ 처음 방문에서 실적을 올리기보다는 거래가능성이나 정보의 수집을 위해 왔다는 마음가짐을 가져야 한다.

④ 은행거래 결정권자가 없더라도 주변에서 결정권자를 발굴하고 탐색하여 보다 다양한 사람들과 접촉하도록 한다.

⑤ 이야기는 될 수 있는 대로 간단명료하게 하고 좋은 첫인상을 주도록 노력하여야 한다.

### 우량업체 유치세일즈시 착안사항

① 업체에 도움을 주기 위하여 방문했다는 점을 강조하고 가능하면 진지한 자세로 세일즈하라.
② 지속적이고 정기적인 반복세일즈를 하되, 판촉물제공 및 식사접촉 등 다양한 세일즈활동을 하라.
③ 업체별·업종별 전문지식을 정확히 습득하여 대화의 폭을 넓게 하여 공감대를 형성하고 여신결정에 활용하라.
④ 동업종 또는 영향력 있는 지인을 찾아 협조세일즈를 하라.
⑤ 비록 실현되지 않거나 결과가 미흡하더라도 관공서 업무, 납품업체 상호연결 등 최대한 관심을 보여줌으로써 진정한 의미에서 동반자라는 사실을 보여주어라.
⑥ 여신이 필요치 않은 기업에 대하여는 정확한 세무지식을 통한 절세방안 등을 설명하여 여신을 수용하도록 만들라.
⑦ 신용보증기금 등과 유대를 강화하여 가급적 지점장이 직접 동 기관의 책임자와 전화 또는 접촉함으로써 거래처에 적극적이라는 이미지를 심어주어라.
⑧ 금리 및 환율동향, 경제동향, 업종별 전문지식, 시사문제 등 전문적인 지식습득을 위해 부단히 자기계발 노력을 하라.
⑨ 유치 후 전화 및 정기적인 방문으로 사후관리에 철저를 기하라.

## 1-5 잠재고객 접촉시 사전준비사항

업체 상담시 경영자와 직접 면담하는 것이 가장 효과적이지만 우량기업일수록 여러 금융기관에서 경쟁적으로 방문하기 때문에 경영자와 직접 면담기회를 갖는 것이 어려운 실정이다.

가망잠재고객을 접촉할 때에는 다음과 같은 준비가 필요하다.

① 방문 전에 기업의 특징을 파악한다.

기업의 카탈로그나 인터넷 홈페이지 등을 통하여 업체의 개요나 경영자의 이력 등을 알아보고 취급상품의 품목, 단가, 시장동향 등을 기초로 업체를 파악한다.

② 기업의 주변상황을 관찰하여 니즈에 효과적으로 대응한다.

기업의 입지조건이 현재의 업종에 적절한지 여부를 알아보고 주력상품, 제조설비 등에 대한 설명을 들으며 기업의 가장 절실한 니즈를 파악한다.

③ 성공적인 면담을 위해 예의바른 태도를 갖춘다.

고객의 입장에서는 방문한 세일즈 담당자를 통하여 은행을 판단하므로 성실하게 상담에 임해야 한다. 특히 처음 방문시 오래 머무르지 않도록 주의한다. 최초의 방문은 세일즈 의지를 전달하는 수준이므로 업종, 업력, 취급품목 등 사전 조사내용을 확인하는 정도에서 마치고, 처음부터 거래를 부탁하는 것은 금물이다. 수차례 방문을 통하여 거래에 대한 호감을 갖게 한 후에 판매대상 상품을 권유해야 한다. 다양한 화제를 전개시켜 고객의 잠재니즈를 알아낸다.

④ 최초 방문 이후의 세일즈활동

두 번째 방문은 최초 방문 후 2~3일 또는 늦어도 일주일 이내에 하는 것이 효과적이다. 2회 이후의 방문시에는 최초 방문시 입수한 정보나 사전조사내용을 활용하여 구체적인 제안을 할 수 있도록 해야 한다.

⑤ 거래의사가 없는 기업에 대한 세일즈활동

세일즈는 거절당한 순간부터 다시 시작된다는 생각으로 거절당한 원인을 분석하여 고객의 니즈에 맞는 세일즈를 전개해야 한다.

# 2 고객 정보수집과 관리

## 2-1 정보수집의 중요성

정보수집에 대해서는 점주권의 부동산 회사나 주택업자, 상가회 등과의 관계구축이나 등본열람 등을 생각할 수 있지만 은행지점의 마케팅 담당자는 자체적인 정보수집 능력을 갖추어야 한다. 정보란 도움이 된다는 점에서 자연스럽게 모이는 것이므로, 아무리 연고가 있다 하더라도, 아무런 이익도 기대할 수 없는 경우에는 누구도 정보를 제공하려고는 생각하지 않는다.

가장 기본적인 사항으로써 여신거래에 관하여 다소의 차이가 있지만, 어느 정도의 기업정보는 어떤 금융기관이라도 보유하고 있을 것이다. 그러나 해당 채무자의 거래대상 즉 구입처와 판매대상에 대한 정보도 중요한데 이에 대해 외부기관 정보와 동등한 수준에서 '회사명'이 들어있을 뿐인 경우가 많다. 그 기업이 해당 채무자와 어떠한 상품을 어느 정도 거래하고 있는 것인지, 그것의 평가는 어떻게 되는 것인지, 또한 위치부여는 어떻게 되는 것인지 즉 그 상품에 대해서 주요거래대상이라고 할 수 있는 업체정보까지 담고 있는 사례는 드물다.

정보관리란 모인 정보의 관리가 아니라 담당자의 시각에서는 부족한 정보를 인식하고 보충하는 것이다. 은행지점장의 시각에서는 필요한 정보를 획득하여 관리하는 것으로 인식하고 결국은 단편적인 것일 수밖에 없는 '정보'를 최후에는 자신의 눈과 발로 확인하고, 자기 자신에게 관련지어, 판단해 가는 흐름을 일상화 시키는 구조 만들기가 필요하다. 이것으로 인해 주변에 '그 은행 지점장에게 상담한다면…….'의 의식이 생기면서 정보는 자연스럽게 모이게 된다. 정보는 '모으는' 것이 아니라 '모이는' 것이다.

## 2-2 기업의 연혁과 경영의 계획성에 관련된 정보수집방법

사람을 판단할 때 이력서가 중요한 역할을 하듯이 기업의 업력을 확인해 두는 것이 기업의 정보관리에서 중요하다. 창업·설립, 상호, 자본금·매출액·구성원수, 기업재편과정, 경영자, 영업거점, 표창여부 등을 조사해 두는 것이 필요하다.

경영의 기본을 파악하기 위해서는 경영이념, 경영목적, 경영목표, 경영방침 등을 파악해 두는 것이 기업체를 이해하는데 도움이 될 것이다.

① 경영이념 : 경영철학, 사시(社是), 사훈(社訓)

② 경영목적 : 기업경영의 최종적인 도달점을 추상적·간접적으로 표현

③ 경영목표 : 기업경영의 도달점을 정량적으로 표현

④ 경영방침 : 경영목적과 경영목표를 실현하기 위한 기본적인 경영계획

경영의 계획성을 파악하기 위해서는 금기(今期)까지 계획적으로 경영활동을 수행해 왔는가를 조사해 두어야 하며, 계획의 달성여부에 대해서는 3개년 정도 파악해 두는 것이 필요하다.

## 2-3 거래기업의 조직과 인사측면의 정보수집 방법

여신거래기업을 이해하기 위해서는 조직문화를 파악해 두는 것도 중요하다. 조직문화란 기업내에 공유된 가치관, 규범, 신념의 집합체를 지칭하며 개별 직원의 행동패턴과 가치관에 반영된다. 조직문화를 평가할 때 확인해 두어야 할 사항은 사장의 발언과 행동, 직원의 행동패턴과 가치관, 사장과 관리직 및 하위직원간의 커뮤니케이션의 원활화 여부 등이다.

한편 노사관계의 파악도 은행지점장의 입장에서는 필요하다. 기업고객의 경우 노사관계에 기반한 신뢰관계 유무가 직장환경과 기업업적에 크게 영향을 미치는 요인이 된다. 노사관계를 확인할 때에는 경영자와 직원간의 관계, 상사직원과 부하직원간의 관계, 노동조합과의 관계 등을 파악해 두어야 한다.

또한 노무관리 측면에서 거래기업에 대해 정보를 수집해 두는 것도 여신거래기업 관리에서 중요한 포인트가 된다. 이를 위해서는 우선적으로 채용, 인사이동, 퇴직, 교육훈련, 복리후생 등의 측면에서 정보수집이 필요하다. 신규채용자는 조직에 활력을 불어넣을 수 있으며, 중도채용자는 타기업에서 배양된 노하우에 기반한 즉시 전력이 될 수 있다는 추측이 가능하다. 인사이동은 장기적인 관점에 선 인재육성, 직원의 적정배치, 조직활성화, 새로운 사업개시 등에 대한 추측이 가능하다. 퇴직상황으로부터 직원의 만족도 측정이 가능하며, 퇴직자가 많을수록 기업에 대한 귀속의식이 낮은 경우가 일반적이다.

### 2-4 기업의 영업, 재무, 관리능력에 대한 정보수집

영업의 실태에 대한 정보수집사항중 가장 중요한 것은 목표고객의 선정후 영업여부, 제공상품 및 서비스수준, 가격설정방법, 판매채널의 적합성, 판매촉진전략 등이다. 판매촉진은 영업직원 능력, 광고선전 적절성, 홍보활동 등이 포함된다.

자금수요에 대한 정보수집은 설비자금과 운전자금수요로 구분된다. 설비자금의 자금수요는 생산력확대 투자자금, 합리화투자자금 등이며, 운전자금의 자금수요는 경상운전자금, 계절자금, 결산자금, 재고자금 등이다.

기업의 업무운영능력에 대한 정보수집은 경영자원, 기능, 관리 측면으로 구분할 수 있다. 먼저 경영자원의 능력은 인재(경영자, 관리자, 기술자, 기능공, 판매원 등), 설비(공장, 생산설비, 운반설비, 창고, 지점 등)의 질과 양, 자재, 노하우(특허, 관리기술, 생산기술, 정보기술, 판매기술 등), 정보(고객정보, 업계정보, 사내정보 등) 등으로 구성된다. 둘째, 기능측면의 능력은 기획기능, 설계·개발기능, 조달기능, 생산기능, 물류기능, 판매기능 등이 포함된다. 셋째, 관리측면의 능력은 품질관리, 원가관리, 공정관리의 운용능력, 내부관리(인사, 총무, 경리 등) 등으로 구성된다.

## 3 신설기업 점검요령

신설기업이 은행거래를 신청할 때에는 지점장의 입장에서 사업계획 및 사전검토 단계, 사업장확보 단계 및 운영 단계로 구분하여 검토 과정을 거친다. 특히 사업계획서 파악요령을 습득하고 있어야 한다.

### 3-1 사업계획 및 사전검토 단계

신설기업 점검을 위해서는 우선적으로 사업계획 등 전반적인 기업의 현황에 대한 사전검토 단계를 거쳐야 한다.

신설업체는 축적된 경험이 적어 영업을 포함한 제반 경영사항에 대해 철저한 준비가 없으면 실패할 가능성이 높다. 부정확한 제품수요 예측으로 시장진입에 어려움은 없는지 점검해야 한다. 사전 시장조사 미비로 동종제품 대비 마진폭과 단가가 높게 책정되어 경쟁력 확보에 어려움은 없는지 점검하는 것도 필요하다. 격지소재로 인해 인력확보 및 원자재 조달에 어려움을 겪고 있지는 않은지, 또 그로 인해 생산시설 가동에 차질이 없는지 확인해야 한다. 자금력에 비해 과다한 설비투자로 어려움에 직면할 가능성이 없는지도 점검해야 한다.

### 3-2 사업장확보 단계

자금부족으로 진행에 차질이 생길 가능성이 크므로 사업장 신축 및 설비투자는 자금조달능력이 제일 중요하다. 시설투자에 따른 자기자금 확보문제나 인허가 절차 지연 등으로 공사기간이 장기간 지연될 가능성은 없는지도 점검해야 한다. 차입금에 의존한 시설투자로 이자비용 등 고정비 부담이 과중한 수준은 아닌지 확인해야 한다. 신규로 위장한 중고설비로 인해 담보가치가 하락하거나 소요자금을 부풀렸을 가능성은 없는지도 점검대상이다. 성능이 낮은 저가설비로 인해 불량품이 양산되는 것은 아닌지, 제작능력이나 시공능력이 미흡한 발주업체와의 계약으로 가

동일자가 지연될 가능성은 없는지도 점검한다.

### 3-3 운영 단계

사업초기 운영은 고정거래처 확보가 관건이며 무리한 영업으로 신용상태가 불량한 거래처 유치나 과다한 신용공여 제공 등은 유의해야 할 사항이다. 초기 운영자금 부족으로 인한 원자재 확보나 신용공여 등이 어려워 영업에 차질이 발생할 우려는 없는지를 확인해야 한다. 사업초기 무리한 점유율 확대를 위해 신용이 불확실한 매출처에 과다한 신용공여는 하지 않는지 확인해두어야 한다. 대표자의 동업계 경험부족에 따른 기술, 영업 등의 작은 시행착오로 경영상 어려움에 직면할 가능성은 없는지에 대한 점검도 중요하다.

## 4 거래기업의 사업계획서 보는 방법

### 4-1 사업계획서의 구성내용

지점장의 입장에서 기업의 사업계획서를 보는 눈을 갖는 것은 중요하다. 사업계획서는 계획중인 사업에 관련된 제반 사항을 나타내는 중요한 자료다. 계획사업의 내용, 계획제품시장의 구조적 특성, 소비자의 성격, 시장확보의 가능성과 마케팅전략, 계획제품에 대한 기술적 특성, 생산시설, 입지조건, 생산계획과 더불어 계획아이템에 대한 향후 수익전망, 투자의 경제성, 계획사업에 대한 소요자금 규모 및 조달계획, 차입금의 상환계획, 조직 및 인력계획 등 창업이나 신규사업 추진에 관련된 제반 사항이 객관적, 체계적으로 정리·작성된 것이다.

사업계획서는 일반 현황과 사업의 4요소 즉 사람, 기술과 제품, 시장, 자금으로 구성되어 있다. 일반 현황 항목에서는 기업의 실체와 현재 상태를 설명한다. 사업의 4요소 항목은 사업계획서의 가장 본질적인 부분으로, 운영할 사람, 부가가치를 생산하는 기술과 제품, 제품을 판매할 시장, 그리고 이 모든 것을 움직일 수 있는 자금계획 등으로 구성되어 있다.

### 4-2 사업계획서 검토시 핵심사항

① 사업계획서의 가정(assumptions)이 합리적이고 적당한지 여부

시장규모, 시장점유율 등 시장에 대한 가정이라든지 경쟁사에 대한 가정 또는 소요비용에 대한 가정의 타당성 여부를 판단한다.

② 위기대응 방안이 담겨져 있는지 여부

급변하는 시장환경 속에서 사업이 성공하기까지는 많은 잠재적 위험이 수반되는 만큼 잠재적 위험에 대한 대응방안이 사업계획에 반드시 포함되어 있어야 한다.

③ 투자가 단행된 이후의 계획이 있는지 여부

많은 기업이 현재의 기업가치는 구체적으로 제시하지만 향후 기업의 매출, 이익 등 성장에 연계한 가치와 이에 따른 자본계획 등은 명확히 제시하지 못하는 경향이 있다. 제시된 부분도 엄격한 판단기준을 통해 타당성이 있는지 여부를 검토해야 한다.

④ 개별기업의 기술력 또는 상품개발력뿐만 아니라 시장성과 연관된 종합적인 판단

훌륭한 아이디어를 갖고 좋은 제품을 생산하더라도 제품을 팔기 위한 시장이 존재하지 않으면 결국 그 사업은 실패 가능성이 높다. 그러므로 기업의 기술력과 제품이 팔릴 수 있는 잠재적인 시장의 존재와 성장가능성을 묶어서 판단해야 한다.

⑤ 재무자료의 계량화가 제대로 되었는지 여부 및 근거 제시가 명확한지 여부

대부분의 사업계획서는 재무자료를 계량화하지 않거나 주관적인 판단에 치우치는 경우가 많다. 사업의 결과는 결국 재무제표상의 손익으로 최종 표현되므로 미래수익에 대한 계량자료를 요구하고, 이에 대한 근거의 타당성을 검토해야 한다.

⑥ 계획사업이 충분한 수익모델을 갖췄는지 여부

수익모델이 취약한 사업의 경우 자금조달 자체가 쉽지 않다는 점에서 수익모델의 중요성은 더욱 커진다. 정교한 수익모델이 제시되었는지, 이러한 수익모델을 뒷받침하는 객관적인 자료가 제시되었는지 여부를 파악해야 한다. 또한 상품의 시장성과, 재무자료의 계량화, 수익모델이 상호 유기적으로 연관성을 갖고 있는지 여부도 살펴야 한다.

## 5 기업고객 관리방안

### 5-1 기업고객 관리의 기본사항

기업고객 관리시 '고객기업의 성공이 나의 성공'이라는 인식하에 거래업체들을 포근하게 감싸주는 태도를 견지해야 한다. 지점을 떠난 뒤에도 인정해주고 언제든지 다시 만날 수 있는 지점장이 될 수 있도록 세심하게 관리해야 한다. 고객의 개인사정을 꼭 기억하여 대화의 물꼬를 트는 데 활용하며 고객의 고민사항 해결에 최선을 다해야 하고 배우자와 자녀이름은 필수적으로 기억해야 한다.

기업고객의 경우에는 개인고객보다 다양한 거래를 하고 있으며 은행 서비스에 대한 니즈도 다양한 형태를 지니고 있다. 이에 따라 기업고객의 정확한 금융니즈를 파악하고, 이에 부응하는 다양한 서비스를 개발해야 한다. 은행거래시 이들의 가장 큰 불만사항은 창구혼잡, 업무절차의 복잡, 대출의 어려움 등이다.

**고객입장에서 본 지점장 이미지**

| 순위 | 바람직한 지점장 유형 | 바람직하지 못한 지점장 유형 |
|---|---|---|
| 1 | ▷ 식견과 선견지명이 있다. | ▷ 목표달성에만 열심이다. |
| 2 | ▷ 결단력이 뛰어나다. | ▷ 우유부단하여 결단력이 없다. |
| 3 | ▷ 거래처를 잘 연구·이해하고 있다. | ▷ 정보제공이 적다. |
| 4 | ▷ 실행력과 행동력이 강하다. | ▷ 실행력과 행동력이 모자란다. |
| 5 | ▷ 고객의 의뢰에 진지하게 대응한다. | ▷ 식견과 선견지명이 부족하다. |
| 6 | ▷ 본부부서와의 절충력이 있다. | ▷ 거래기업을 이해하지 못한다. |
| 7 | ▷ 정보를 제공하고 있다. | ▷ 본점의 눈에 들려고만 노력한다. |
| 8 | ▷ 통솔력과 관리능력이 있다. | ▷ 은행의 사정만을 강조한다. |
| 9 | ▷ 조언 또는 지도를 한다. | ▷ 억지를 잘 쓰며 태도가 고자세다. |
| 10 | ▷ 거래처를 자주 방문한다. | ▷ 고객의 의뢰에 대응이 늦다. |

일반적으로 기업고객은 규모에 따라 금융니즈에 차이가 존재한다. 소규모기업은 대부분 결제상의 편의를 중요하게 생각하여 자금이체의 편의성 니즈가 높으며 중소기업은 대출니즈가 높아 대출부문의 상품성에 관심이 높다. 따라서 소규모기업은 송금환, 당좌거래 등과 같은 결제성 서비스를 강화하고 합리적인 대출심사를 실시, 신용 소액대출을 확대함과 동시에 기술개발, 시장여건 등에 관한 정보를 제공하여 밀착도를 높여가야 한다.

중소기업은 지점에 있어 대출거래처 확보를 위한 기반으로, 중소기업 고객을 확대·개발하고 자금이체 등과 관련된 전자금융 서비스를 제공하는 전략이 필요하다. 이와 더불어 해외시장동향 및 환율과 관련된 정보를 제공하여 고정고객화를 도모하는 전략을 추진하는 것이 바람직하다. 중견기업은 대출전략을 통해 주거래은행의 변경을 도모하되 카드, 급여이체를 통한 부분적 접근전략을 추진한 후 외환서비스 강화 등을 통해 점진적인 거래확대 전략을 추진해야 한다.

**기업금융지점에 근무 중인 지점장의 고객관리전략(예시)**

첫째, 거래처 CEO 및 실무자 간담회 개최
① 환율, 금리 등 금융시장 등 정보 제공 및 신상품 소개
② 이업종(異業種) 간 정보교환 및 시너지 방안 모색
③ 고객의 애로사항을 수시 청취하여 솔루션을 제공함으로써 고객만족 극대화
④ 상시적 유대 강화로 우수고객 이탈 예방
⑤ 우량협력업체 정보수집, 신규고객 유치

둘째, 고객을 찾아가는 지역밀착 섭외활동 전개
① 주 3회 이상 고객 방문 활동 전개
② 상공회의소 등 유관기관과의 협력체계 구축
③ 업종별 공단별 지역별 투융자설명회 개최

셋째, 대고객 마인드 정립 및 직원 숙지
① 고객이 있어야 우리가 존재한다.
② 고객입장에서 고객이 진정 원하는 것을 찾아내자.
③ 이제는 고객이 겉으로 표현하는 니즈(needs : 직접신호)가 아니고 고객의 원츠(wants : 고객의 마음속에 있는 간접신호)를 따라 능동적으로 움직이라.

### 기업고객 관리에 대한 지점장 대상 조사결과

업체별 현황 및 거래형태 체크리스트를 자체 작성하여 활용하고 있습니다. 사무실 및 공장을 업체별로 월 2회 이상 방문하는 것을 정례화하기 위해 방문스티커 부착으로 횟수를 관리합니다. 기업경영자의 가족사항 파악과 경영진 및 종업원 애경사 등을 밀착관리하며 대내·외에 거래업체에 대한 소개와 경영자 소개, 홍보 등으로 유대를 강화할 필요가 있습니다.

### 거래업체 직원 대상 음료수 제공을 통한 기업고객 관리에 대한 조사 결과

지점장 입장에서 재무제표는 기본적으로 검토한 후 회사의 대표자 및 은행을 방문하는 경리직원을 포함하여 거래기업의 직원을 지점장실로 안내하여, 음료수 응대를 직접하며 많은 대화를 하는 것이 필요합니다. 그 이유는 직원들의 회사에 대한 생각, 대표자에 대한 생각, 대표자가 회사를 운영하는 생각, 직원들의 자질에 대한 판단을 통하여 그 회사의 팀워크와 미래를 보는 것입니다. 직원들의 밝고 자신감 있는 행동은 거래기업이 당장은 어렵고 힘들더라도 앞날은 밝다는 증표입니다. 자신감으로 가득찬 업체직원들의 모습과 대표자의 강력한 리더십은 거래기업 판단 시 핵심요소입니다.

### 거래업체 현장방문을 중시하는 기업고객 관리에 대한 조사결과

개인적으로 현장 방문을 가장 중요시합니다. 현장을 방문할 때는 화장실 청결도, 구내식당의 메뉴와 영양도, 조경 등을 주로 관찰하였습니다. 이를 통해 대표이사의 성향이나 종업원에 대한 애정을 일정 부분 판단할 수 있다고 생각합니다. 이는 간접적으로 종업원들의 회사에 대한 충성도와 연결되어 제품의 품질에 상당한 영향을 미칠 수 있습니다. 공장 현장에서는 가동률, 원자재 보유량 및 재고량 등을 파악합니다. 이는 기업의 현금흐름과 상당한 연관성이 있습니다. 종업원들의 급여 통장을 유치하여 매월 급여가 정확히 지급되고 있는지 여부와 종업원의 이직률 등을 수시로 파악합니다. 최근에는 퇴직연금 제도의 도입 여부도 기업 판단 자료에 상당히 중요한 사항이라고 판단하고 있습니다.

## 5-2 대출상담 거절요령

지점장의 입장에서 고객과 대출상담을 하다 보면 여러 가지 이유로 고객의 요구사항을 거절할 경우가 발생한다. 이때에는 고객의 기분을 상하지 않게 하는 노하우가 필요하다. 특히 기업고객의 대출상담에 대한 거절은 담당자보다는 지점장이 직접 나서서 거절 이유를 정중히 제시하는 자세가 요구된다. 대출상담을 할 때 거절요령은 다음과 같다.

① 대출불능 사유를 고객이 납득할 수 있도록 명백히 설명한다.

② 관계법령 또는 제규정에 위배되거나 고객의 자격요건 등이 적합하지 않은 사유를 설명해야 한다. 단순히 은행 내부사정을 이유로 하지 않아야 한다.
③ 미비점을 보완하면 재상담이 가능함을 설명하여 대출 거절에 따른 오해를 불식시킬 수 있어야 한다.
④ 대출불능 통보는 가능한 한 지점장이 직접 고객에게 하는 것이 좋다.
⑤ 아무리 부적절한 여신신청이라도 고객의 면전에서 거절하지 말고 결정 통보시간을 정하여 검토 후 통보한다.

### 5-3 이탈징후 고객관리

은행 간 경쟁이 심화되면서 실제로 영업현장에서 거래고객이 이탈하는 경우가 많이 발생한다. 지점장의 입장에서는 신용이 좋지 못한 기업에 대해서는 디마케팅을 통해 퇴출시키는 전략을 구사해야 하지만, 우량기업의 이탈은 적극적으로 방지해야 한다. 일반적으로 거래시 이탈징후는 다음과 같다.

① 타행과 여신금리를 비교·제시하면서 금리감면을 요청하는 경우
② 타행에서 거래업체의 신용도나 거래현황에 대한 문의가 잦은 경우
③ 타행에서 대출을 받기 위하여 금융거래확인서 등을 발급받아가는 경우
④ 제공 담보물에 대한 담보물 말소 등의 상담 또는 신청이 있는 경우
⑤ 타행과 비교하여 자행제도 및 거래상의 불편을 자주 표출하는 경우
⑥ 자행 선순위 담보물에 대하여 타행의 후순위 설정이 있는 경우
⑦ 타행과 복수로 당좌거래하는 업체로서 자행의 당좌거래 이용실적이 현저히 감소하는 경우
⑧ 예·대 상계요청이 빈번한 경우
⑨ 자행의 할인어음 취급비율이 감소되거나 융자담보 지급보증이 증가하는 경우
⑩ 수탁어음 보관실적 또는 각종 공과금 납부실적이 현저히 감소하는 경우
⑪ 업황의 악화가 없는데도 이유 없이 재감정에 응하지 아니하는 경우

## 5-4 경영자관련 부실징후

기업의 도산은 그 기업과 이해관계가 있는 종업원·거래처·금융기관 및 투자자나 채권자들에게 직접적인 손해를 입힐 뿐만 아니라 실업증가, 신용불안에 의한 거래의 위축과 관련업체의 연쇄도산, 경기침체 및 경제자원의 낭비 등 많은 사회적 손실을 야기시킨다. 이와 같은 기업의 부실이 가져오는 손실을 줄이고 이를 적극적으로 예방하기 위해 지점장은 기업 부실화를 가능한 한 정확하게 예측해야 한다.

### 가. 독단적인 경영

우선적으로 경영자의 독단적인 경영은 위험하다.

① 최고경영자를 견제(수정, 권고, 조언)할 기구가 없다.

② 원칙 없는 인사정책으로 직원들로부터 불만을 사고 있다.

③ 임원진이 사적인 인간관계나 비전문가인 친인척들로 구성되어 있다.

④ 중역들이 회사사정에 대해 너무 모른다.

⑤ 중역들이 적극적으로 경영에 참여하는 기색이 없다.

⑥ 임원진 구성이 지나치게 불균형한 구조이다. 예를 들어 경영자가 기술자 출신이면 임원들도 대개 기술자 중심으로 편향되어 모든 의사결정이 기술중심으로 흐르게 되는 현상도 나타난다.

### 나. 경영자의 건강악화

한편 경영자의 건강악화도 중요한 주의항목이다.

① 병원출입이 잦은 경우 등 지병으로 출근횟수가 줄어들고 있다.

② 후계자도 정해지지 않은 상황에서 실질 경영자의 갑작스런 건강악화로 경영혼란이 야기되고 있다.

③ 고령화로 경영에 열의가 없어 보인다.

④ 실질적인 경영자가 갑작스럽게 사망했다.

### 다. 경영진의 교체시기

경영진이 교체될 경우 예의주시해야 한다. 계획적인 부도를 위해 신용불량 규제를 회피할 목적으로 제3자를 대표자로 내세울 경우 또는 경영권 다툼에 의해 경영 불안정이 지속될 경우를 유념해야 한다.

① 경영진이 빈번하게 교체되거나 또는 갑작스럽게 교체된다.

② 후계자 승계나 경영의 주도권을 둘러싸고 분쟁이 잦다.

③ 새로운 경영진에 회사의 사정을 잘 모르는 경영자가 많이 포함되어 있다.

**대표이사 변경사례**

① 계획적인 부도를 위해 연관 없는 제3자로 대표이사 변경

② 경영진 간 내분이나 경영상 의견대립으로 퇴임

③ 유능한 전문경영인이 밀려나 사임

④ 중대한 실책이나 불미스러운 사태 발생으로 교체

⑤ 경영내용이 악화되어 모기업으로부터 교체 지시

⑥ 대주주들의 압력에 의해 퇴임

### 라. 경영진의 대외활동

지나친 대외활동 지향은 금물이다.

① 무계획하고 방만한 경영을 일삼는 등 불건전한 경영행태를 보인다.

② 정치나 종교활동 등 경영 외적인 일로 분주하고 해외출장이나 골프 등에 더 많은 시간을 보낸다.

③ 통제능력 상실로 직원들의 업무상 횡령과 배임행위가 발생한다.

④ 최고경영자가 부하직원의 보고에만 의존하고 있다.

### 마. 과도한 투자계획

과도한 투자계획 제시는 중대한 적신호다. 어려운 자금상황하에서 추진되는 과도한 투자는 악화된 경영상황을 다른 방향으로 돌리기 위한 수단이나 소요자금을 부풀려 차입금을 추가 확보하기 위한 수단으로 악용될 가능성이 있다.

① 불안한 직원을 달래기 위해 사업확장이라는 말을 구사하면서 지나친 의욕을 보인다.
② 자금조달이 의심스러운 과도한 투자계획을 제시하면서 장밋빛 미래상을 제시한다.
③ 사업과 관련 없는 자회사 설립에 열중하고 비업무용 부동산 취득에 열중한다.
④ 경영자가 장래 전망을 지나치게 낙관하고 있어 무리한 투자가 계속되고 있다.

### 바. 안이한 경영자세

안이한 경영자세도 위험신호다. 경영자가 시장변화에 둔감, 적절한 대응능력이 부족할 때도 위험하다.

① 현 수준의 기술이나 제품에 만족하면서 소비자의 기호변화 및 경쟁사 정보에 어둡다.
② 중요한 변화를 보고해도 묵살하기 일쑤다.
③ 자금사정으로 임금체불이 잦은데 경영자가 골프, 해외여행 등을 일삼고 있어 종업원으로부터 불만을 사고 있다.
④ 분수에 넘치는 호화생활을 하면서 과도한 주식투자를 한다.
⑤ 사무실에 비해 사장실이 너무 넓고 호화롭다.

### 사. 은행 직원 기피

면담회피, 비밀스런 외출은 이상징후다.

① 거래처 등에서 불시에 사장을 찾는 전화가 잦아진다.
② 낯선 사람들의 방문이 많아진다.

③ 거래처나 채권자와의 면담은 의도적으로 회피한다.

④ 말수가 적어지는 등 사장의 성격이 내성적으로 변한다.

### 아. 약속위반

약속위반은 자금사정이 어렵다는 방증이다.

① 차입금(할부금) 상환이 어려워 연체횟수가 늘고 있다.

② 외상대금 결제가 지연되고 직원들과 약속한 상여금 지급일자도 지연되고 있다.

**경영자의 행동적 특성**

| 부실기업 경영자 | 성공기업 경영자 |
|---|---|
| ·편파적 행동, 자기중심적<br>·공과 사의 혼동<br>·즉흥적 경영, 투기선호<br>·경리·계수의 어두움<br>·탄력성이나 융통성 결여<br>·악습관(음주, 도박 등)<br>·사생활 복잡, 불친절<br>·조급, 급성장 경영추구<br>·건강악화 | ·공정한 행동, 타(他) 의견 경청<br>·공과 사의 분명한 구분<br>·목표경영, 겸허한 반성<br>·자금관리 철저<br>·정보전달시스템 활용<br>·기회포착에 능함<br>·시간을 효과적으로 활용<br>·건강<br>·절제된 행동<br>·좋은 성품과 성격 |

### 자. 사업타당성이 낮은 기업의 경영자 면담시 특징

① 첫인상이 매우 중요한데 신중하지 못한 자세를 보이거나 어딘가 자신감이 없는 모습을 보인다.

② 면담할 때 의도적으로 눈이 마주치는 것을 피하거나 유난히 땀을 많이 흘리는 등 당황하는 빛이 역력하다.

③ 자기자금이 부족하여 허위자료 제출이나 과장된 표현을 한 경우 자금문제를 확인할 때 갑자기 목소리가 작아지거나 유난히 커지는 등 면담 모습이 바뀐다.

④ 숫자에 대한 개념이 거의 없어 재무사항 등 수치에 대한 질문만 나오면 직원을 부르거나 직원이 항상 옆에 있기를 부탁하는 등 의존성이 높다.

⑤ 면담시간 내내 안절부절하지 못하고 자리를 뜨는 일이 잦으며 면담시간을 줄이려고 의도적으로 분주한 모습을 보인다.

⑥ (소요자금 등을 부풀렸을 경우) 기술이나 영업상황 등 다른 답변은 장황하게 설명하면서 해당 항목을 언급할 때는 안색이 변하면서 말수가 적어진다. 또는 처음에는 당당하게 답변하다 구체적인 사례에 대한 질문시에는 말을 바꾸는 등 이상징후를 나타낸다.

⑦ 초라한 직원 사무실에 비해 사장실이 유난히 호화롭고 차량도 자산규모에 비해 고가이며 직원들에게 대하는 태도도 비인간적이다.

⑧ 향응을 제공하려 하는 등 지나치게 친절한 태도를 보인다.

### 경영자의 인물됨의 중요성에 대한 지점장 대상 조사결과

여신결정에는 경영자의 인물됨이 가장 중요합니다. 그러므로 부실예방을 위해서는 경영자의 인물됨을 꼼꼼히 파악해야 합니다. 중견기업과 중소기업은 경영자가 곧 그 기업체이기 때문입니다. 경영자를 빼놓고 그 회사의 과거, 현재를 이해할 수 없고 더욱이 미래를 예측할 수도 없습니다. 인물판단의 첫 번째 요소는 인품입니다. 거짓말을 하지 않는 성실성은 신용의 기본의 됩니다. 두 번째는 사고방식입니다. 성실하기는 하지만 부정적이고 회의적인 표현을 자주 쓰는 사람은 문제가 있습니다. '안 된다', '어렵다'는 말보다는 '해보는 겁니다'라는 긍정적인 말을 하는 경영자와 상대방의 처지에서 생각할 수 있는 경영자에 대한 대출은 부실화 가능성이 적습니다. 지점장 생활을 하면서 많은 기업을 보아왔지만 경영자가 열의가 없는 회사는 성공하기 힘듭니다. 경영자를 판단하는 데 열의는 가장 중요한 요소입니다.

## 5-5 종업원관련 부실징후

### 가. 종업원 태도 관찰

부실화 조짐은 직원이 먼저 감지한다. 거래기업의 부실징후는 종업원이 가장 먼저 감지하는 사례가 많기 때문에 종업원들과 친밀한 관계를 유지하면서 유용한 정보를 파악한다.

① 직장을 옮길 생각을 종종 이야기한다.

② 유능하고 중요한 직원이 그만두기 시작한다.

③ 임금체불로 불평하는 소리가 들린다.

④ 경리담당직원의 교체가 빈번하다.

⑤ 핵심부문 숙련공의 근속기간이 최근 들어 매우 짧아졌다.

⑥ 노사분규가 발생하였다.

### 나. 경리직원 관찰

경리직원의 푸념이 잦으면 유의하라.

① 대부분 사기가 떨어지고 몹시 불안해한다.

② 언제 어떻게 상환하겠다는 확답을 피한다.

③ 경리부장의 전화응대 말투가 예전과 달리 거칠어졌다.

④ 경영자에 대한 험담이 잦고 태도도 예전과 달리 불손해졌다.

⑤ 경리담당자가 장시간 자리를 비우는 일이 빈번하다.

### 다. 사내회의

회의가 잦으면 경영이 어렵다는 사실을 기억하라.

① 장시간에 걸친 회의나 비상대책회의를 수시로 소집한다.

② 잦은 회의로 급한 업무처리 등이 지연되는 경우가 빈번하다.

### 라. 근무기강 해이

근무기강 해이는 부실징후의 신호탄이다.

① 경비원이 출입자에 별 관심이 없다.

② 간판은 쓰러져 있고 쇼윈도우도 먼지가 쌓여 있다.

③ 복장이 흐트러져 있는 등 규율이 문란해진 모습이다.

④ 직원들의 무단결근, 지각, 조퇴가 늘어난다.

⑤ 각종 직원 횡령사건이 발생하고 있다.

⑥ 직원들의 소재를 밝히지 않는 외출이 잦다.

⑦ 중요사항을 경영자에게 전달하지 않고 중간에서 묵살한다.

## 5-6 외환업체 세일즈 사례

외환거래의 이점은 다양한데 크게 다음과 같다. 외환거래는 수익의 원천이며 수익을 향상시킬수 있는 기회라는 점을 인식해야 한다. 외환거래는 거액예금을 유치할 수 있는 기회다. 또한 외환거래는 새로운 거래처를 발굴할 수 있는 기회다.

외환세일즈 대상업체에 대한 접근요령은 다음과 같다. 우선적으로 자행의 강점을 외환업무 담당직원이 자신감을 가지고 강력히 홍보해야 한다. 환율, 외환수수료, 대출금리의 유리함 및 우대제도를 활용하는 것이 필요하다. 환율팩스서비스 등 다양한 무역정보 및 편의를 제공해야 하며, 전문지식이 요구되는 특수거래는 본부부서의 지원을 받아 추진해야 한다. 내자(內資)와 연계하여 업체에 대한 종합적인 금융지원방안도 강구할 필요가 있다.

**외환세일즈 대상업체별 특성**

<table>
<tr><th colspan="2">세일즈대상</th><th rowspan="2">세일즈방법</th></tr>
<tr><th>유치가능성</th><th>신용도 파악</th></tr>
<tr><td colspan="2">점주 내 무역업체</td><td rowspan="2">- 전형적인 방문(전화)세일즈 대상<br>- 외환업무 관련 부서에서 제공한 자료 활용</td></tr>
<tr><td>보통</td><td>보통</td></tr>
<tr><td colspan="2">창구세일즈</td><td rowspan="2">- 고객의 내점 혹은 전화 문의시 친절히 응대<br>- 유치가능성이 매우 높으나 업체의 신용도 파악에 유의</td></tr>
<tr><td>수월</td><td>어려움</td></tr>
<tr><td colspan="2">기존 여·수신업체</td><td rowspan="2">- 기존 여·수신고객 중 타행 외환거래업체 파악<br>- 신규무역업 등록업체 파악<br>- 유치가능성 및 신용도 파악이 가장 용이함</td></tr>
<tr><td>수월</td><td>수월</td></tr>
<tr><td colspan="2">기존고객의 관련회사</td><td rowspan="2">- 기존고객과의 납품, 하도급, 수출입 대행 등 거래관계가 있는 업체를 소개받아 유치<br>- 기존고객의 자회사, 별도 법인 등 파악</td></tr>
<tr><td>수월</td><td>수월</td></tr>
<tr><td colspan="2">직원관련업체</td><td rowspan="2">- 직원의 친분이나 안면을 통해 거래유치</td></tr>
<tr><td>수월</td><td>수월</td></tr>
</table>

외환업체에 대한 세일즈를 추진할 때 주의해야 할 업체는 다음과 같다.

① 처음부터 거액거래를 요청하는 업체

② 배우자 또는 친인척을 대표자로 등록한 제3자 명의의 업체

③ 수익성보다 외형을 중시하는 업체

④ 경영자나 정치나 명예직에 관심이 많은 업체

⑤ 사원이나 기술자의 퇴사가 속출하는 업체

⑥ 임직원들의 불평이 증가하는 업체

⑦ 유가증권이나 부동산을 급매각하는 업체

⑧ 거래은행 수가 갑자기 증가하는 업체

⑨ 매출액이 급감하는 업체

## 외환거래 확대에 대한 지점장 대상 조사결과

최근 VIP고객 중에는 자녀들을 해외에 유학보내놓은 경우가 꽤 많습니다. 거래업체 방문시나 사장님들과 교류시 자녀얘기가 나오면 반드시 유학여부를 물어보고 유학생자녀를 두었다면 유학자금송금을 유치하도록 합니다. 유학생 한 명당 연간 최소 4~5천만 원에서 많게는 1억 원까지 송금업무가 발생합니다. 요즘 개인고객의 외환실적은 환전 아니면 송금인데 환전이라야 200~300달러가 고작이므로 유학생송금이 아니면 목표를 채우기가 쉽지 않습니다.

### 외국환 거래고객 사후관리로 부실을 사전에 차단한 사례

본부 마케팅지원부에서 제공한 리스트를 참조하여 점주 내 중소기업 한 곳을 방문하여 섭외를 실시했다. 뉴질랜드로부터 감자탕용 돼지뼈를 수입하여 중간 도매상에 판매하는 기업이었는데, 수입물량이 증가하고 있어 일람불수입신용장 한도거래를 유도하였다.

과거 3년 간 재무제표 등 신용조사 기초자료를 징구하여 분석한 결과 양호한 현금흐름 및 당기순이익을 시현하고 매출도 꾸준히 증가하고 있어 무담보 신용으로 한도를 부여했다. 한도 내에서 개설된 신용장에 대한 자금결제는 지연 없이 선적서류 도착일로부터 7영업일 이내에 결제를 완료하는 등 외국환 거래는 양호하게 지속적으로 유지했다. 1년이 경과한 후에 업체의 업무총괄 담당이사로부터 일람불신용장 거래 대신에 유산스신용장 거래한도를 요청받았다. 업체에 대한 면담결과, 이미 타행에서 유산스신용장 한도를 부여받아 거래를 진행중인 것으로 파악했다. 하지만, 그동안 일람불신용장에 대하여 대지급 발생 없이 성실하게 금융거래를 이행해온 업체가 갑자기 일람불에서 유산스한도로의 변경 요청에 대하여 혹시 자금부족에 대한 압박을 받고 있는 것은 아닌지 하는 의심이 들었다.

며칠 후 업무담당 총괄이사에게 전화로 연락하고 오전 중에 귀사를 방문하겠다고 통지하고 해당 기업을 방문했다. 해당업체 사무실에 들어서자 처음 마케팅 추진을 위하여 방문했을 때와 분위기가 많이 침체된 느낌이 있었고 사무실 몇몇 자리도 공석으로 비어 있었다. 총괄이사에게 자리공석에 대해 질문하자 외근 중이라는 답변을 들었다. 그동안 몇 번에 걸쳐 해당기업을 방문했음에도 불구하고 매번 사장이 자리를 비우고 있었고, 총괄이사가 안내한 사장실에는 친선골프대회 우승상패와 성경말씀이 새겨진 액자 등으로 장식되어 있어 이에 대한 질문을 하자 사장님이 골프광이고 교회의 장로로 재직 중이라는 답변을 들었다.

거래기업을 방문한 다음, 지점에 돌아와서 해당기업의 분위기와 사장의 근황에 대하여 토의를 하고 사장이 회사의 운영에 대하여는 관심이 없고 업무담당 총괄이사에게 모든 업무를 위임하고 있으며 사장은 골프와 교회업무에 열중하는 것으로 결론을 내리고 유산스한도를 배정하지 않는 것으로 결정하였다. 해당기업은 유산스한도를 당행에서 배정받지 못함에 따라 그동안 거래해온 예금, 신탁 등 부수거래를 모두 해지하고 추가적인 신용장개설 없이 금융거래를 중단하였다. 6개월 후에 해당 중소기업의 주거래은행의 외환담당자로부터 당행의 해당업체 여신거래 규모파악을 위한 전화통화에서 해당업체가 최종 부도처리된 것으로 확인했다.

근본적으로 기업고객 판단은 기업내용과 경영자의 자질을 기준으로 판단해야 한다. 대차대조표, 손익계산서 등 재무제표에 의한 판단 이외에 그동안 잘 유지해온 금융거래를 신용리스크가 노출되는 거래형태로 갑자기 변경 요청한 사항에 대하여 의심할 필요가 있다. 기업체를 방문할 때마다 사장이 부재중인 경우가 많거나, 회사업무에 열중하지 않거나, 제3자에게 업무 전반을 위임하고 취미생활에 치중하는 등 경영자의 인물을 세밀히 판단하여 부실화예방에 선제적으로 대응해야 한다.

### 5-7. 방문시 주의를 요하는 기업 유형

우선 사업장이나 대표이사의 거주지가 빈번하게 변동된 경우에는 방문시에 주의를 기울여야 한다. 사업장 이전시에는 이전비용 소요, 설비가동 측면에서의 불안정 등 불리한 점이 많으므로 이동이 빈번한 경우 사유를 확인해 두어야 한다. 대표자의 잦은 거주지 변동은 주거 불안정 때문인지, 재산도피 목적은 아닌지도 유의하여 관찰해야 한다.

경영자가 지나친 자기과시형이거나 고위층을 거론하는 경우도 주의를 요하는 기업이다. 자기과시형의 경우 실적이나 자기소개를 과대 포장하는 경향 등에 유념해야 한다.

신규 상담시 검토서류가 완벽하게 준비된 경우도 주의를 기울여야 한다. 신규기업이 징구 서류를 거의 완벽하게 준비하여 상담하는 경우 브로커 개입 가능성, 서류의 위·변조 가능성, 타 금융기관의 여신거부 가능성 등을 검토하여 부실 가능기업 여부를 파악해 두어야 한다.

중소기업의 경우 업체 임직원과 항상 함께하는 동행자에도 주의를 해 두어야 한다. 조사시에 2~3인이 같이 상담하거나 동행하는 경우 또는 사업장에 미리 대기하는 경우에는 동행자가 사채업자나 숨은 경영실권자가 아닌지 확인해야 한다. 그리고 기업고객의 지나치게 친절한 태도는 조심해야 한다. 향응을 제공하려 하거나 필요이상으로 과잉 친절한 경우 숨은 의도를 파악해야 하는 것은 필수적이다.

### 기업고객의 판단 시 유의사항에 대한 지점장대상 조사결과(1)

기본적으로 기업내용 중 대차대조표, 손익계산서, 현금흐름표 등 재무제표에 의해 기업을 판단하며, 상담과 지속적인 만남을 통한 기업경영자의 자질을 판단합니다. 기업판단에 있어 기업 경영자의 업계 내에서의 지위, 평판, 기술력, 상품개발력, 마케팅능력, 사업전개 방향성 등을 좀 더 세밀하게 확인합니다. 지역상공회의소에서 발행되는 회원 주소록에서 타깃이 될 만한 업체를 발굴하고, 또한 기존 거래고객으로 부터 추천 및 소개를 받으며, 은행본부 및 언론매체에서 정보를 제공한 업체를 발굴합니다. 선별한 대상업체에 먼저 전화를 걸어 자금담당 책임자의 직책 및 대표이사의 이름 등을 확인하여 자행의 기업금융서비스를 소개하는 안내장을 발송합니다. 안내장 발송 후에는 자금담당책임자 및 대표이사에게 전화를 걸어 "귀사와 같은 우량회사와 거래하고 싶다"는 의사표시를 하며 시간약속을 하여 방문약속을 정합니다.

기업 방문 시 경영정보를 미리 준비하여 회사에 도움이 될 만한 자료를 방문할 때마다 제공합니다. 거래가 성사된 후에도 기업을 주기적으로 수시방문을 합니다. 자금담당 책임자 또는 대표이사와 상담한 내용은 신속한 의사결정을 통하여 가부결정을 빨리 알려줍니다. 고객 입장에서 모든 일을 생각하고, 적기에 자금지원을 한다는 마음가짐이 고객에게 전달되어 이러한 신뢰를 바탕으로 기존 거래를 유지·발전시키고 있습니다.

### 기업고객의 판단 시 유의사항에 대한 지점장 대상 조사결과(2)

기존거래처 중에서 기술력 및 향후 시장전망이 밝은 업종을 선택하여 현재 거래중인 사업체명단 확보하여 신용도 및 업체 파악을 먼저 실행합니다. 업력, 규모, 매출액 등을 기준으로 타깃업체를 선정한 다음 개별 접촉에 들어갑니다. 처음 접촉할 때에는 간단한 사항만 파악하여 거래처로 하여금 부담감이 없도록 유대관계 강화해 나갑니다.

어느 정도 친밀감 유지한 다음에는 업체의 애로사항이나 투자계획 등을 파악하여 자행이 지원 가능한 부분을 설명하고 거래 활성화해 나갑니다. 업체 선정시에는 외부로 나타난 자료를 토대로 진행해야 하기 때문에 판단 오류가 발생할 수 있기 때문에, 이를 극복하기 위해서 기존 거래처에게 상대 회사의 내부사정 등을 미리 파악함으로써 판단 오류를 줄여 나갈 수 있을 것으로 판단됩니다.

## 5-8 거래기업 방문시 은행 지점장으로서 점검 사항

은행 지점장은 거래기업을 방문하여 평상시 기업에 대한 정보를 수집하여 보관·관리하며, 취합된 정보를 기초로 한 상담을 통해 기업의 니즈를 파악하여 자행과의 거래확대 가능성을 점검해야 한다. 거래기업이 어려움을 겪기 전에 사전 예방적 대응책 제시로 계속기업으로 성장·발전할 수 있도록 조언자 역할의 수행도 필요하다.

### 가. 방문전 예비조사 수행

기업고객의 방문전에는 우선적으로 재무상황 및 영업실적을 분석해야 한다. 재무항목 중 자기자본비율, 차입금 규모, 매출액 등 주요지표의 증감추이와 비경상적인 거액 항목 발생 등 특이점을 파악해야 한다. 차입금 및 감가상각비 누락 등 재무제표의 분식은 없는지 사전검토하여 현장방문을 할 때 기업 재무측면에서 문의할 점을 사전에 점검해 두어야 한다.

주력제품이 속해 있는 산업과 동업계 현황을 파악하는 것도 중요하다. 심사정보시스템, 업종별 DB(데이터베이스)나 산업편람, 인터넷 검색, 간행물 등으로 정보, 기사내용 등을 수집하여 산업동향과 전망, 동업계 현황을 파악해 두어야 한다. 기존에 제출된 카달로그, 신용조사서 등에 나타난 주력제품의 특성, 생산방식, 시장 현황 등을 개략적으로 파악할 수 있다.

진행중인 설비투자나 향후 진행이 예상되는 신규 투자부문에 대한 정보를 수집해야 한다. 전기(前期)에 작성된 신용조사서, 여신상담표를 활용하여 진행중인 설비투자가 완료되었는지 여부 및 새로운 투자계획이 있는지를 파악해 두어야 한다.

간략한 질문 요약서를 작성해 두는 것도 필요하다. 거래 기업 CEO나 키맨(Keyman) 면담시 확인 또는 질문할 목록을 요점 정리하여 준비한다면 짧은 시간에 효과적인 대화가 가능하게 될 것이다.

### 나. 은행 지점장 입장에서 거래기업 방문시 사전준비 사항

거래기업을 방문할 때 추가적으로 얻을 수 있는 정보가 무엇인지 파악해 두는 자세가 필요하다. 고객을 방문하기 전에는 영업추진에 필요한 모든 정보를 파악할 수 없으므로 추가로 필요한 정보가 무엇인지를 파악하고 업무상 필요한 것에 대해서는 고객의 관심을 유도하고 좋은 관계를 맺어서 가능한 심층적인 거래기업 정보를 알아낼 수 있는 능력이 필요하다.

거래기업이 관심을 가질만한 금융외적인 다양한 정보를 사전에 수집하여 대화주제를 다양화해야 한다. 거래고객은 은행 지점장 방문시 금융에 관련된 대화주제에 한정한다면 쉽게 지루해할 것이다. 금융외적인 다양한 기업관련 정보를 사전에 준비함으로써 풍부한 대화주제를 가지고 방문해야 한다.

### 다. 거래기업방문시 효과적인 질문 방법

고객을 방문하기 전 영업추진에 필요한 모든 정보를 다 파악할 수 없으므로 추가로 필요한 정보가 무엇인지를 파악하고 업무상 필요한 것에 대해서는 고객의 관심을 유도하고 좋은 관계를 맺어서 알아낼 수 있는 능력이 필요하다. 질문에도 기술이 필요하다. 고객의 니즈를 알아낼 수 있는 질문들을 미리 준비해 질문을 하면 해당 고객에 대한 파악은 충분히 할 수 있을 것이다. 하지만 이런 질문들만 한다면 그 면담은 대화의 연결이 부드럽지 못하고 너무 딱딱하게 될 수 있다. 질문을 할 때는 "무엇을 질문 하느냐"는 것만큼 "어떻게 질문 하느냐"를 생각하는 것도 중요하다.

(1) 자연스럽게 대화의 흐름을 타고 기업운영에 진지한 관심을 표명할 것

마치 친구에게 이야기하듯 인상적이며 친근한 태도로 질문한다. 개인적인 견해를 대화 중간에 넣는다면 마치 심문하는듯한 인상을 피할 수 있다. 은행용어 및 전문적인 용어의 사용은 가급적 피하고 잠재고객의 사업에 대해 진지하게 관심을 표명한다. 해당 주제에 대한 긍정적인 언급을 많이 할수록 고객에게 긍정적인 인상을 줄 수 있는 효과적인 방법이다.

(2) 알고 있는 정보를 활용해서 질문으로 자연스럽게 연결할 것

사전 조사로 고객의 사업에 대해 알고 있는 정보를 대화에 활용하는 것이 필요하다. 예를 들면 "국내에는 주요원료 공급원이 없어서 아마도 원료를 수입하실 것 같은데 주로 어디서 수입하시는지요?", "요즈음 일반적으로 마진이 많이 감소했는데 귀사에는 어떤 영향이 있으신지요?" 등으로 접근한다.

(3) 포괄적인 질문으로 시작해서 구체적으로 들어갈 것

'무엇을'과 '어떻게'를 활용하여 포괄적인 질문을 한 후 구체적인 질문으로 들어간다. 포괄적인 질문과 구체적인 질문을 동시에 하는 것은 바람직하지 않다. 예를 들면 "수입은 어떻게 하십니까?"(포괄적) "신용장은 개설하십니까?"(구체적) 등으로 시작한다.

(4) 고객이 무엇을 어떻게 말하는지 경청할 것

잠재고객이 이야기하는데 정신을 팔면 안된다. 고객의 목소리 톤의 변화를 듣고 동시에 자세의 변화에도 주목하여 고객의 마음속에 무슨 일이 일어나고 있는가를

알 수 있어야 한다.

(5) 고객의 필요성을 파악할 때까지 미리 준비한 질문을 잊지 말 것

고객을 면담할 때 저지르는 가장 흔한 실수 중 하나는 제어능력을 잃고 고객이 대화를 주도해 나가게 하는 것이다. 대화의 기본골격을 가지고 면담 내내 그 골격 안에서 대화가 이루어지게 해야 한다. 만일 고객이 다른 분야에 대한 언급을 하면 자연스럽게 응대하지만 곧 자신의 관심주제쪽으로 대화를 계속 유도한다. 나중에 고객이 언급한 주제와 관련된 분야에 대해 이야기할 때를 대비해 참고로 그 정보를 머리 속에 기억해 두는 것이 필요하다.

(6) 마음대로 상상하지 말고 불필요한 질문은 삼가

만일 어떤 추측을 하였더라도 사실인 것처럼 말하지 말고, 다른 질문을 해서 확인하는 것이 필요하다. 대화 도중 준비한 질문이 더 이상 적합하지 않다고 생각된다면 꼭 질문을 할 필요는 없다.

### 라. 기업고객 방문시 효과적인 면담요령

기업고객을 처음 방문할 때는 가능하면 대표이사와 우선적으로 면담하여 창업동기나 위기극복능력 등에 관하여 대화하고 세부사항은 실무자를 통해 파악해 두어야 한다. 기업고객 담당직원의 태도는 상대방 입장을 이해하여 중압감이나 오만스런 인상을 주어서는 아니되며 불필요한 언동은 삼가야 한다. 거래은행에 대한 비판적인 의견을 말하더라도 상대방 입장을 고려하여 필요이상의 언쟁은 삼가야 한다.

면담과정에서 필요한 자료가 있는 경우 메모해 두었다가 일괄하여 요청하는 자세가 필요하다. 면담내용을 면전에서 일일이 기록하는 것은 쓸데없는 경계심을 유발할 수 있다는 점에도 유의할 필요가 있다. 상대방의 취향에 맞게 대화분위기를 유도하여 되도록 많은 대화를 나눔으로써 양질의 정보를 획득할 수 있는 자세를 항시 가져야 한다.

### 기업고객 면담시 판단요령에 대한 지점장 대상 조사결과

신설점포인 ○○○지점으로 발령 후 지점개설을 위한 제반 사항을 모두 마무리 하는 가운데 고객유치가 제일 큰 관건이었습니다. 지역의 각종 모임 및 단체에 가입함과 동시에 기존의 거래처, 구청의 지역상공회의소를 통한 사업자 명부 입수, 은행 내 신설법인사업자 정보제공을 통해서 기업고객에 대해서 하나 하나 알아가게 되었습니다.

특히 ○○상공회의소, ROTC○○지회, ○○동 방위협의회, 국립 ○○대학교 AMP 서울분원 원우들을 통한 신규 기업고객 소개를 한분 한분씩 받았을 때, 비록 기업내용인 대차대조표, 손익계산서 등 재무제표에 의한 판단뿐만 아니라 예를 들면 동업계 내에서의 지위, 평판, 기술력, 상품개발력, 마케팅 능력, 구조조정 및 사업전개의 방향성 등에 관해서 즉, 비계량적인 측면을 더 중시하였습니다. 경영자의 자질에 관해서는 "기업은 인간이다"라는 근본 명제로 돌아가 경영자, 임원진의 경륜, 식견, 인간성, 전문적 지식 등을 파악할 수 있도록 노력했습니다.

다양한 금융서비스를 적절한 시기에 신속하게 자금을 제공함으로써 숨통을 트게 되어 사업이 잘 되었다는 칭찬의 소리도 듣게 되었습니다. 이러한 고객과의 서로 간 도움을 주고 받을 수 있도록 파트너십을 이끌어 내는 역할을 충실히 수행함으로써 재직기간 3년 6개월 동안 기업여신 ○○○억원이라는 성과를 거둘 수 있었습니다. 이렇듯 기업고객의 발굴과 관리에서 MGM이라는 지인을 통한 소개 마케팅이 정말 소중함을 절실히 느낄 수 있었습니다.

제5절

# 개인고객 관리전략

## 1 지점의 개인고객 관리방법

### 1-1 소매금융의 추진배경

소매금융이란 개인이나 자영업자와 전문직 종사자를 대상으로 그들의 경제활동에서 발생하는 자금의 흐름을 중개하는 은행의 고유업무 중 한 분야로서 법인시장을 중심으로 하는 도매금융과 대비되는 개념의 은행거래 형태다. 개인거래는 기업고객대상 거래에 비해 규모가 작고 특히 생활과 관련된 자금흐름을 특징으로 한다.

개인거래라 하더라도 그 성격에 따라서 순수 가계거래가 아닌 경우가 많으나 개인과 관계된 제반 거래를 포괄하는 개념으로 보는 것이 타당하다. 예를 들어 법인거래나 공공기관거래에 있어 기관 자체와의 거래에 그치는 것이 아니라 소속 임직원과의 거래라면 개인거래에 속한다.

국내 금융시장은 개방화, 겸업화, 업무영역 확대 등으로 금융기관 간 경쟁은 치열해지고 있으며, 고객들의 금융기관 이용형태도 편의성과 수익성이 결부된 차원으로 변화해가고 있다. 이러한 경쟁심화 환경에서 생존하기 위해서 은행들은 종래의 보수적인 영업활동에서 벗어나 보다 진취적이고 창의적인 전략을 전개해야만 한다. 소매금융 역시 수많은 가계자금을 끌어모아 안정적인 자금원을 확보하고 이를 통해 여신고객을 발굴해나가는 전략이 중요하게 되었다.

### 1-2 지점 경영에 있어 소매금융의 중요성

불특정 다수의 개인을 대상으로 하는 소매금융은 비록 입출금이 자유로운 상품의 비중이 높지만 전체적으로 유동성리스크가 낮으며, 저코스트 수신 및 고금리 여신이어서 수익률도 높다. 은행 전체적으로 안정적인 자금확보뿐만 아니라 자금부담의 위험성을 경감시킬 수 있다. 반면 도매금융시장에서의 금리 및 여신리스크는 커지고 있는 반면 수익성은 계속 낮아지고 있는 실정이다. 특히 법인부문의 우량기업들은 직접금융에 의한 자금조달 확대로 은행에 대한 의존도가 더욱 낮아질 전망이어서 과거와 같은 기업거래에 의한 수신과 여신증대를 기대하기 어렵게 되어가고 있다. 특히 2009년 2월부터 자본시장법이 시행되면서 우량기업들의 직접금융시장인 자본시장 의존도가 더욱 높아질 것으로 예상된다.

지점 경영에 있어 안정적인 수신기반의 구축은 물론 적정 예대마진의 확보를 위해 개인고객을 보다 많이 유치하는 것이 중요한 과제가 되어가고 있다. 개인의 가계성자금은 소수의 경우를 제외하고는 법인의 예금에 비해 소액이어서 지점장 입장에서는 사소해 보일 수 있으나 가계성 수신총액이 은행의 총수신에서 차지하는 비중이 점차 증가하고 있으며, 가계성 수신은 특별한 사유가 없는 한 일시적 이동이 없는 경향이 있기 때문에 자금조달에 있어서 안정성을 보장해준다.

## 1-3 개인고객대상 영업전략

개인금융 기반을 구축하기 위해서는 고객 수 증가를 통한 거래기반의 확대노력이 선행되어야 하며, 이러한 양적인 기반 위에서 질적으로 향상시키는 전략을 구사해야 한다. 개인금융은 자금흐름에 따라 유동성(flow)자금과 고정성(stock)자금으로 구분된다. 유동성자금은 결제성 계좌 획득과 인터넷뱅킹, 텔레뱅킹, 자동화기기 등 비대면채널을 활용하는 것이 중요하다. 고정성자금은 라이프사이클에 의한 자금계획에 따라 목돈운용, 목돈마련, 필요자금 공급 등을 통해 접근하는 것이 중요하다.

개인금융의 궁극적 목표는 안정적 자금원의 확보에 있으므로 유동성자금 그 자체보다는 유동성자금에 대한 영업을 통하여 고객의 자금을 어떻게 고정화시킬 것인가에 대한 문제가 중요하다. 따라서 소매금융은 개인의 유동성자금을 유치하여 고객 주거래화를 추진하고 나아가 크로스셀링 활동을 통하여 각종 고정성 여·수신을 확보함으로써 기반을 확대할 수 있다.

### 지점경쟁력 확보에 있어서 고객관리가 갖는 중요성

최근 금융업은 자본시장법 시행과 보험업법 개정 등 금융권 법·제도의 급격한 변화로 금융업종별 '칸막이 영업'이 사라지면서 금융권 전체가 무한경쟁 체제에 돌입하였다. 은행은 더 이상 고객 위에 군림할 수 없는 시대가 되었다. 금융환경 변화에 능동적으로 대처하기 위한 새로운 고객관계강화 프로그램이 절실하다. 이제는 은행 입장에서 고객을 바라보는 것이 아니라 고객의 입장에서 무엇을 필요로 하는가를 항상 염두에 두고 업무를 처리하는 자세와 마음가짐을 가져야 한다. 무엇이 고객에게 이익이 될 것인가를 항상 염두에 두고 고객을 대하는 자세가 지점경쟁력 확보의 전제조건임을 지점장은 명심해야 한다.

미국의 16대 대통령인 Abraham Lincoln은 '할 수 있는 일과 해야 할 일을 결정하라. 그리고 길을 찾아라'고 말한 바 있다. 은행들 간에 고객을 뺏고 뺏기는 경쟁이 치열한 상황 속에서, 많은 은행들이 고객을 붙잡기 위해 무슨 일을 해야 할지, 그리고 어떻게 해야 할지 고심하고 있다. 그 답은 바로 고객들에게 있다. 지금까지의 습관과 관행을 과감하게 떨쳐버리고, 제로베이스에서 고객을 제대로 이해할 때 이들이 원하는 바를 충족시키고 경쟁력을 확보할 수 있을 것이다. 금융업의 고객은 타 산업과는 다른 독특한 특성을 가지고 있어 차별화된 고객만족 전략을 요구하고 있다. 즉, 고객맞춤형 고객관리전략이다.

금융업은 금융거래의 특성상 기업과 고객과의 빈번하고 장기적인 거래가 형성된다. 또한 기업과 고객 간의 거래내용은 어떤 타 업종보다도 다양한 형태로 나타나며, 이러한 거래내용이 모두 기록된다는 점도 타 산업과 구별되는 대표적인 특징이다. 또한 고객은 기업과 장기적인 거래관계에 있기 때문에 타 산업보다 지속적인 고객관리의 중요성이 높다. 더군다나, 금융거래 형태의 수가 고객의 수만큼이나 다양하고 복잡한 점을 고려한다면, 고객 개개인의 금융거래 특성을 감안한 고객맞춤형 고객관리 전략은 필수적이다.

## 2 개인고객 관리전략

### 2-1 지점에서 추진가능한 개인고객 관리전략

개인고객의 경우 직업적 특성에 따라 금융에 대한 니즈가 다양하다. 회사원의 경우에는 고수익성 금융상품, 세금우대에 관심이 높으며 바쁜 일과로 인해 은행선택은 지점의 인접성, 지점망 및 다양한 서비스 제공 등을 중시하는 경향이 나타난다. 공무원, 교육자 및 전문직의 경우에는 수익성보다는 이용편의성에 대한 니즈가 높다. 의사의 경우는 다양한 서비스, 지점의 인접성 및 자동화기기 보급 등 편의성 요인에 대한 니즈가 다른 직업에 비해 높다.

개인고객의 금융니즈는 각 라이프스테이지별로 차이를 보이고 있다. 20대의 경우에는 서비스와 편의성에 대한 관심이 높게 나타나고 있으며, 30대에서는 주택마련을 위한 대출니즈가 증대하는 경향이 강해진다. 40대~50대의 고객은 비교적 높은 소득으로 인해 안정된 생활을 위한 저축패턴이 두드러지나 자녀의 교육 및 결혼 등을 위한 대출니즈도 증대하는 현상이 나타난다. 이에 따라 본격적인 은행거래를 시작하는 20대에게는 신규거래 확대전략을 실시하고 30대 이후에게는 기존 거래은행과 차별화된 상품 및 서비스를 제공함으로써 고객확대를 추진해야 한다. 연령별 금융니즈에 부응하는 세분화된 상품 및 서비스 개발을 통해 각 계층별로 거래확대를 도모하는 전략이 필요하다.

소득계층별 고객 특성을 보면 저소득층의 경우 금융거래시 편의성에 대한 관심이 높은 반면 소득이 증대할수록 차별화된 서비스와 고수익 상품에 대한 관심이 증대한다.

### 2-2 개인고객 관리 예시

① 인트라넷에 있는 명함관리에 거래고객 및 업무관련 지인 450여 명을 등록 SMS를 이용하여 각종 은행관련 정보와 안부를 지속적으로 전송하는 관리방법을 기

본적으로 활용한다.

② 상품안내장, 은행거래 신청서, 인주는 상시 휴대하여 언제, 어느 곳에서라도 고객에 응대할 준비를 갖추어야 한다.

③ 고령자의 경우 외부활동이 빈번하지 않으므로 전화를 자주 드리면 아주 좋아한다.

④ 생활의 지혜, 유머 내용 등을 스크랩해서 신상품과 함께 고객에게 꾸준히 발송하여 좋은 반응을 얻는 경우가 많다. 실제로 지점장이 고객에게 필요한 금융상품 및 서비스 내용뿐만 아니라 유머 등을 정보지로 만들어 고객에게 정기적으로 제공하니 고객이 정보지가 나오기를 기다릴 정도로 인기가 있다고 한다.

⑤ 학연, 혈연, 지연을 활용하면 더욱 효과적인데, 적절한 사투리, 학창시절 및 고향이야기 등을 곁들여 고객을 응대하는 것도 영업력 증대에 도움이 된다.

⑥ 근무하는 지점마다 정말 친한 고객 5명 이상은 만들어야 한다. 진심으로 기억해주는 지점장이 되는 것이 중요하다.

### 영업점 우수 개인고객관리에 대한 지점장 대상 조사결과(1)

영업점의 많은 고객님 중 최상위 주요고객 50여명에 대해 큰 돈 안들이고 추진하고 있는 특별관리를 통한 영업점 수익증대 및 충성고객화를 기하는 요령입니다.

① 생일날 또는 회사 창립기념일 친필 축하카드 사전 발송 및 축하전화

② 삼복더위중 가급적 초복날 수박들고 방문하기, 방문하기 전 사전연락은 실례가 될 수 있다.

③ 자녀중 수험대상자가 있는 경우 찹살떡 전달

④ 자녀중 입학, 졸업예정인자가 있는 경우 축하전화

⑤ 고액 예치 또는 소개하신 고객님 친필 감사편지 발송 등

### 영업점 우수 개인고객관리에 대한 지점장 대상 조사결과(2)

평소 은행을 찾아 주시는 고마운 고객님에게 주말이나 눈 또는 비 오는 날, 특별한 날이 아니더라도 한 번씩 휴대폰 SMS를 이용한 감성메세지를 활용하니 좋은 반응이 있습

니다. 활용해 보면 효과가 있습니다.

① 등산을 가셨다가 다리를 다쳐 병원에 입원하신 고객님께서 회신이 오기를... "오늘따라 비도 오고 찾아오는 사람도 없어서 너무 무료하게 시간을 보내고 있는데 지점장님의 따뜻한 메세지를 보고서 너무 기분이 좋아 감사함을 전합니다. 빨리 나아서 예금하러 가겠습니다"

② "○○은행을 오랫동안 거래하면서 요즘처럼 은행이 고마운 줄은 몰랐다. 남편이 아파 몸져 누워 있어서 지치고 힘든 나날이었지만 지점장님의 힘내시라는 글귀를 받고나니 용기가 납니다. 감사합니다."

## 영업점 우수 개인고객관리에 대한 지점장 대상 조사결과(3)

2008년 11월 VIP고객이며 75세의 여성인 ○○○고객께서 "시골에 땅을 사신다"며 정기예금 만기자금 6억원을 해지하여 가셨습니다. 처음에는 저희 △△은행이 타행대비 금리가 낮았던 당시 상황으로 봐서 타행 고금리 상품으로 옮기시는구나 하는 생각도 들었지만, 점포에서 준비한 고객 사은품과 "큰 돈으로 불리어서 꼭 찾아 주세요" 하는 당부말씀을 드리며 정문까지 배웅하여 드렸습니다. 이후 평소 처럼 VIP고객님 관리하듯이 생일날 안부인사 및 떡 케익 발송, 명절선물 등 이벤트를 하면서도 월 1회 정도는 전화로 안부를 여쭈어 보았습니다. 남편분의 건강이 좋지 않아 걱정을 많이 하시는 사항에 대한 안부도 여쭈어 보면서 항상 관심과 정성을 쏟았습니다. 전화상으로는 "아직 땅이 팔리지 않아서 은행에 못 오신다"며 미안해 하셨지만 "부담을 갖지 않으셔도 되시며 편안하게 작은 거래라도 하시면 되십니다"라고 지속적인 관심을 보였습니다.

마침내 얼마 전 환한 미소를 지으시며 "내가 약속을 지키지 위해서라도 다른데 안가고 여기 왔다"며 10억원 수표를 내 놓으셨습니다. 평소 고액 예치 중인 고객님에게도 관심과 정성을 기울어야 되겠지만, 고액자금 인출고객님께도 따뜻한 말과 사은품 제공 등 관심과 정성을 쏟으면 '한 되의 정성과 관심이 한 말의 성과로 이어짐'을 몸소 체험 했습니다.

### 2-3 고객응대시 자세

① 항상 고객을 맞이할 준비태세를 취하고 있어야 한다.
② 복장이나 용모를 항상 청결히 하고 있어야 한다.
③ 표정은 밝게, 언행은 부드럽고 점잖게 한다.
④ 대화는 거짓됨이 없이 진실되게 해야 한다.
⑤ 친밀하다는 생각으로 예의와 도를 넘는 행동을 해서는 안 된다.
⑥ 친해지면 말이나 행동이 경박해질 수가 있으니 결례가 되지 않도록 주의해야 한다.
⑦ 응대 중 팔짱을 끼는 일, 턱을 고이는 일, 포켓에 손을 넣는 일, 뒷짐을 지는 일, 손장난 등을 해서는 안 된다.
⑧ 다른 고객이 보거나 들을 경우 그 고객마저 기분이 나빠질 언행은 금물이다.
⑨ 고객 앞에서 타 은행을 비난해서는 안 된다. 고객과 동조하여 타 은행을 험담하는 데 말려들지 않도록 주의한다.

### 2-4 고객불만 해소방안

고객의 불만을 해소하는 방안은 여러 가지로 생각해볼 수 있지만 고객들이 불만을 제기할 때 다음과 같은 자세가 필요하다.

① 불만이 나오면 우선 사과할 것
② 불만을 처리하는 것은 거래증가의 기회라고 적극적으로 생각할 것
③ 절대로 이유를 들어서 반박하지 말 것
④ 불만을 회피하지 말고 자진하여 적극적으로 활용할 것
⑤ 고객을 충분히 납득할 수 있도록 할 것
⑥ 부자연스러운 억지웃음을 짓지 않을 것
⑦ 대등한 입장에 서지 말고 고객은 항상 정당하다고 생각할 것
⑧ 고객의 불만을 최후까지 듣도록 할 것

⑨ 그때의 상황을 일시적으로(임시방편으로) 피하려고 하지 말 것
⑩ 싫어하는 표정을 절대로 나타내지 말고 성심성의껏 처리할 것
⑪ 고객이 충분히 납득할 수 있도록 설명하되 구차한 변명을 늘어놓지 말 것
⑫ 다른 고객에게 미치는 영향을 고려할 것

## 2-5 영업점 고객관리방법 실천사례

### 가. 영업점 고객관리방법 개선 및 장단점 분석 사례(1)

현재 근무지점에서는 직원별 업무 특성에 따라 직원별 약 200명에서 300명 정도 직원별 전담 고객을 배분하였다. 전 직원은 배분된 전담 고객 분석을 통하여 고객의 니즈를 충분히 파악한다. 매일 관리 전담 고객 5명이상에게 TM, SMS, 방문 등으로 고객과의 관계 강화를 도모한다. 이와 동시에 고객별 파악된 니즈에 맞는 상품 및 대안을 제시한다. 투자상품보유 고객에게는 투자상품 수익률 관리 등의 방법으로 고객관리를 하고 있다.

배분된 고객에 대한 지속적이고 체계적인 관리로 관리고객에 대한 거래가 심화되고 있다. 하지만 직원 각자가 개인별 실적에 집착하다 보니 때로는 고객의 니즈에 반하는 구걸형 세일즈가 될 수 있다. 각자 업무에 바쁘다 보니 전담 고객에 대한 충분한 분석이 이루어지지 않아 고객의 성향이나 니즈에 반하는 세일즈를 할 때도 있다. 또한 고객과의 관계 강화를 위한 TM이나 SMS가 다른 업무가 많고 바쁘다 보니 너무 형식에 치우쳐 고객과의 관계가 심화되지 못하는 경향도 있다.

따라서 직원 각자는 고객관계강화를 통한 세일즈의 중요성을 인식하고 효율적인 시간관리로 전담고객에 대한 충분한 분석을 통하여 보다 실질적인 관계 강화와 함께 진정한 고객의 니즈에 맞는 대안을 제시하여 장기적으로 은행과 고객이 상생하는 고객관리가 되도록 해야 할 것이다.

## 나. 영업점 고객관리방법 개선 및 장단점 분석 사례(2)

현재 시행중인 고객관리 방법은 다음과 같다. 기존고객 중 전담관리자를 지정하고, 고객별 각 기여도를 감안하여 세분고객별로 분류하여 관리한다. 예를 들어 A, B, C그룹으로 나누어 1인당 약 250명 내지 400명 정도의 고객을 전담관리자에게 배분해 관리를 한다. 전담자별 고객관리대장을 만들어 방문, DM, TM 등을 전개하여 접촉한 결과를 기록해 유지하고 직원 간 정보를 공유한다. 직원 개인별 전담고객을 심층적으로 분석하여 계층별, 소득별 등 단계에 맞는 니즈를 파악하여 상품정보를 비롯하여 종합적인 금융컨설팅을 제공한다.

신규 및 잠재고객 발굴을 위한 고객대상은 별도 담당자를 지정하여 유치활동을 전개하고 있다. 고객의 생일, 결혼기념일, 이자납입일, 신용카드결제일 등 상황에 맞는 DM, TM을 전개함으로써 유대관계를 형성한다. 전담고객이 영업점을 방문할 때는 전담관리자에게 연결하여 금융거래전반에 대하여 상담 및 컨설팅을 제공하여 주거래화를 유도하고 충성고객을 만드는 데 주력하고 있다..

현재 시행중인 고객관리방법은 장점과 더불어 단점이 나타나고 있다. 전담관리자를 지정해 운영함으로써 고객으로부터 자신을 관리하는 전담직원이 있다는 사실만으로도 매우 좋은 반응을 얻고 있다. 직업별 내지 계층별 특성과 거래기여도에 따라 니즈파악을 쉽게 할 수 있으며 상황에 맞는 마케팅활동이 용이하다. 종합적인 금융서비스의 제공이 가능해짐에 따라 고객과 유대관계가 돈독해져 거래이탈방지와 주거래화를 도모할 수 있다. 고객입장에서 볼 때 전담관리자를 운영함으로써 보다 자신의 세심한 부문도 상담이 가능할뿐만 아니라 시간적으로도 절약할 수 있다.

반면 현재 시행중인 고객관리방법에는 단점도 드러났다. 우선 전담고객 이외 다른 고객에 대해 다소 소홀히 응대하는 경향이 있다. 또한 전담고객이 은행을 방문할 때 전담관리자에게 연결하는 부분이 제대로 작동이 안 되어 고객으로 하여금 혼선을 야기할 수 있다. 직원의 계이동, 다른 점포로 전출 등으로 인하여 전담고객관리에 다소 공백이 있을 수 있으며, 타 직원으로 전담관리자를 변경될 경우에는 관리의 계속성의 문제가 야기될 수 있다. 전담관리자의 개인별 금융지식나 노하우에 따라 고객이 받는 서비스의 질이 다르게 나타날 수도 있다. 현실적으로 전담관리 고객을 배분함에 있어 많은 고객을 담당하고 있어 고객접촉 및 기록·유지하는 데 시간적으로 매우 어려운 애로 요인이 있다.

분기별 전담관리 대상고객을 재편성하는 과정에 있어서 전담관리자가 변경되는 사례가 발생되어 고객관리의 연속성이 문제시 되고 있다. 예를 들어 고객의 거래규모가 커짐에 따라 PB고객으로 상승될 때 전담자가 바뀌는 사례가 많다.

○○지점에서는 이러한 고객관리 단점에 대한 개선 및 보완전략을 추진해 왔다. 전담고객 관리내용을 각 개인별로 기록해 유지하고 매일 전 직원 대상 회람을 통하여 거래내용을 숙지토록 하고 주간 1회 이상 미팅을 통하여 개인별 성공사례 및 실패사례 등을 발표하는 시간을 가져 모든 정보를 공유한다. 전담고객이 영업점 방문 시 안내창구 및 텔러창구에서 우선적으로 파악하여 전담관리자에게 연결하는데 우선 집중한다. 신속하게 전화나 화상모니터의 쪽지 등을 통하여 전달한다. 직원의 인사이동이나 계이동 등으로 전담자가 변경되는 부문은 최소화해야 하며, 불가피할 경우에는 해당고객에게 충분한 설명과 양해를 구하고 즉시 후임자를 소개한다.

전담관리자는 종합적인 금융서비스를 제공하는 만큼 전문적인 지식과 노하우 습득에 게을리해서는 안 된다. 전담관리 고객수를 직급별, 업무영역별 등 상황에 맞게 관리고객수를 배분하여 형식적이지 않고 실질적으로 접촉이 가능한 적정 고객수를 운영토록 한다. 전담고객 중 PB고객 등으로 상향 선정된 고객은 별도의 관리가 불가피하나 전담관리자를 복수로 지정하여 유대관계 및 거래심화가 유지될 수 있도록 제도적인 뒷받침이 필요하다. 고객성향을 분석하여 고객관리가 효율적이고 고객에게 혜택이 되도록 관리자를 지정해 운영한다.

### 다. 영업점 고객관리방법 개선 및 장단점 분석 사례(3)

○○지점은 현재 상위 약20%의 고객을 직원 일인당 150명 내지 200명씩 전담하는 전담관리제도를 운영하고 있다. 전담고객을 관리하는 기본적인 마인드는 "인간의 행동을 결정하는 것은 이성이 아니라 감정이다"는 말의 뜻을 되새기며 고객의

마음을 얻는데 집중하하는 데 있다.

전담고객에게 은행 기여도에 따라 한 달에 1번에서 3번 정도까지 직접통화을 실시한다. 통화시에는 고객의 각종 기념일을 포함하여 일상사에 대해 논의하면서 인간적인 관계를 구축해 나가며 적어도 한 달에 한 번은 은행에 내점하여 얼굴을 보면서 이야기를 나눌 수 있도록 유도한다. 아울러 생일 등 각종 기념일이나 계절이 바뀌는 민감한 계절에는 적절한 내용의 SMS 문자를 발송하여 고객에게 지속적인 관심을 표명하고 있다. 물론 고객과의 TM내용이나 내점 시 상담내용 등 모든 영업활동은 매일매일 CRM을 활용하여 전산시스템에 기록·유지를 하여 담당자뿐만 아니라 직원누구라고 상담내용을 열람할 수 있도록 하여 모든 직원이 고객응대시 활용하고 있다.

지점장은 직원이 등록한 내용을 하루 한 번씩 점검하고 직원 개인별로는 일주일에 한 번씩 일주일 상담등록 내용을 가지고 개인별 코칭을 실시한다. 고객 개인별 자료를 같이 검토하며 다양한 고객에 대한 대화스킬 향상을 위해 같이 고민하고 더 좋은 방법을 찾아보고 있다. 코칭은 특히 입행한지 얼마 안 되는 신입행원에겐 너무나 유용하고 좋은 학습방법이다. 아울러 지점의 상위 약20%의 고객에 대해 전담관리자와 같이 리뷰하며 주요고객을 파악하여 향후 주요과목별로 타깃고객을 선정하는데 많은 도움을 받고 있다.

하지만 전담관리고객 제도를 운영하면서 어려운 점도 역시 있다. 가장 어려운 부분은 직원들이 업무가 바쁘다보니 전담고객에 대해 한 달에 적으면 1번, 많으면 3번 정도 전담고객과 접촉을 하여야 하나 이를 이행하지 못하는 경우가 있다. 고객에 대한 감성 마케팅을 위해서는 적어도 한 달에 한 번 이상은 고객과 직접 통화내지는 직접 응대를 하여야 한다는 생각에 직원들과 끊임없는 대화와 설득을 통해 직원 스스로 매일 매일 일정표를 만들어 전담고객응대에 몰입하는 것이 생활화 되도록 추진하고 있다. 직원과 고객과의 끊임없는 지속적인 접촉을 통해 고객의 머리속에 거래은행의 이미지가 새겨질 수 있도록 철저한 고객관리를 하고 있다. 이러한 관계구축으로 고객과 은행이 상생할 수 있다고 확신한다.

### 라. 영업점 고객관리방법 개선 및 장단점 분석 사례(4)

현재 지점의 실질적인 고객관리는 해당 담당자별로 분산되어 이루어지고 있다. 고객을 세분화하여 거액 수신위주의 거래처는 PB를 통하여 관리되고, 중소 자영업자는 기업고객담당자가 관리하고, 그 외 고객은 창구직원을 통하여 관리되고 있다. 지점장(BM)은 전반적인 문제와 지점의 경영방침에 따라 조언과 협조를 병행하고 있다. 또한 고객과의 상담내용이나 특이사항을 전산에 입력하여 다른 직원들이 필요할 때 참조할 수 있도록 정보를 공유하고 있다. 일주일에 한 번 정도 지점장과 직원은 전산입력한 고객접촉일지에 대하여 개선과 칭찬을 하는 상담이 이루어지고 있다. 주로 고객 접촉은 TM이나 SMS 문자를 이용하고, 내점을 권유하여 지점 방문시 전담관리자가 자연스럽게 상담을 할 수 있는 여건이 마련되어 있으며, 상품가입시 소정의 고객사은품을 제공하고 있다.

현재의 고객관리가 기존 거래고객 위주로 배정되어 관리가 되다보니 신규 고객에 대한 배려가 미흡하여 체계적인 관리가 필요하다. 전담관리자의 업무역량이나 관심도에 따라서 고객의 필요한 니즈에 시의적절하게 대응하는 데 문제점을 야기할 수가 있다. 따라서 상담 전에 충분한 업무준비를 하고 고객별로 개별적인 관심도나 선호도를 파악하여 관련되는 상품에 대한 지식을 갖출 필요가 있다고 본다.

현재의 전담관리 고객수가 250명 이상으로 1인이 관리하는데 과다한 부분이 있어서 주로 TM보다는 대량으로 처리할 수 있는 SMS문자나 DM을 사용하고 있어서 실질적인 고객관리에 취약성을 가지고 있다. 일률적인 배정이 아닌 적정한 고객수가 관리자에게 배정되어야 한다.

현재의 고객관리 기준은 수신, 여신금액 위주로 구분하여 등급별로 배정하다 보니 실질 기여도와는 별개로 고객을 분류한 상태가 되어 은행에 대한 기여도와는 무관한 고객 분류로 비효율성이 생길 수 있다. 향후에는 실질적인 고객 기여도를 기준하여 분류할 필요가 있을 것이다.

## 2-6 영업점에서 실천가능한 개인고객 관리사례

### 가. 기존 거래고객 대상 관계심화 사례 (ㅇ지점장 사례)

#### ① 단순한 예금가입자 대상 관계심화방법

한 가지 거래만 하는 고객 중에서 거래금액이 일정액 이상(예를 들어 지점의 여수신 100대 고객 등)이 되는 고객명단을 작성하고 거래를 확대하기 위하여 개별적으로 전화로 인사드린다. 고객으로 하여금 당행에 대한 호감을 갖도록 노력하며, 상담 중에 각종 정보제공이나 애로사항을 경청하고 해결방안을 조언해 드리면서 고객과 친밀감을 갖도록 노력한다. 텔레마케팅을 통한 안부전화 및 상품안내를 수시로 실시하고 지점에 방문할 때는 사은품제공과 함께 친절한 상담을 통해 친목을 강화한다.

#### ② 타행 복수거래자 대상 관계심화방법

타행 복수거래자들에 대해서는 미리 명단을 작성하여 고객의 성향분석과 애로사항에 대해 관심을 가지고 파악하고 필요한 부문이 어느 쪽인지 확인하여 접근한다. 금리에 불만이 발생할 때에는 이탈가능성이 크므로 금리문의 고객에 대해서는 대체가능한 상품안내 등 적극적인 대안을 제시한다. 절세, 증여, 자녀교육, 유학, 노후관련 등 고객의 관심사항을 미리 파악하여 대화소재를 이끌어내는 것도 필요하다. 지점에 수익기여도가 높은 만기도래 고객에 대해서는 재유치 안내전화를 미리 드린다. 실적배당상품에 대해서는 현재 상태를 꾸준히 안내드리며 고금리상품 시판 시 재빨리 정보를 제공한다.

### 나. 지점에서 활용가능한 기존고객과 관계심화방법 (ㄱ지점장 사례)

기존고객관리는 은행 영업점의 수익창출에 절대적 영향을 미친다. 기존고객을 유지하는데 소요되는 비용은 신규고객 창출비용에 비해 크게 낮다. 기존고객은 거주지역, 연령, 선호도 등 속성을 이미 파악하고 있기 때문에 지점장 입장에서도 신규고객에 비해 접근하기 쉽다.

① 관리하는 고객의 기념일 즉 생일 및 결혼기념일을 잊지 않고 챙기기 위해 매년 초에 달력에 표시한다. 새로운 달이 시작하기 전에 미리 체크사항을 점검하고, 고객을 생각하며 직접 고른 선물 및 손으로 직접 쓴 편지를 함께 선물한다. 작은 선물일지라도 고객에게 마음이 전달되어 더욱 관계가 심화되는 것을 느낀다. 고객의 애경사에는 반드시 참석한다. 특히 상(喪)을 당한 슬픔은 꼭 찾아뵙고 함께 나누며, 자녀 결혼 및 출산 등 고객님과 고객님 가족과 관련된 애경사에 참석하여 관계심화에 노력하고 있다.

② 펀드상품 이용고객을 대상으로 자산운용보고서를 꾸준히 발송하고 있다. 수익이 '플러스'든 '마이너스'든 수익현황을 설명드리고, 향후 시장전망 및 대안에 대해서도 말씀드려, 항상 고객님과 함께 결정한다. 사후관리 중심으로 성실히 고객을 관리하면 고객도 믿고 자산을 맡겨서, 관계심화에 많은 도움이 되고 있다. 새로운 상품 및 최근 트렌드에 맞는 상품에 대해서도 끊임없이 정보를 제공하고 있다.

③ 고객의 관심사항을 항상 체크한다. 고객이 세금에 대해 관심이 많은지, 아니면 최근에 어떤 부분에 대해 관심이 많은지 파악하여 관심부분에 대한 내용을 설명드린다. 토지보상에 대한 고민을 하는 고객들에게는 "채권으로 수령하는 것이 유리한지 아니면 현금으로 수령하는 것이 유리할지"에 대해 양도세 및 금융소득세까지 비교하여 고객의 궁금증 및 관심사항을 해결해 드리기 위해 노력하고 있다. 고객이 필요한 정보를 적기에 제공하는 행동이 관계심화에 도움된다.

### 다. 지점에서 활용가능한 기존고객과 관계심화방법 (ㅂ지점장 사례)

기존고객과 관계심화를 위해서는 꾸준한 관심이 중요하다. 지점장으로 발령받기 전에 팀장으로 지점에서 근무하면서 실천했던 기존고객과 관계를 심화시키는데 기여했던 사례를 소개한다.

① 고객대상 사은행사를 지속적으로 실시했다. ㅇㅇ지점은 프라이빗뱅커가 배치되

어 있는 점포라 VIP 고객들이 자주 내점을 하시는데, 이 고객들을 위해서 따로 이벤트를 준비했다. 지점에서 정기적으로 기존고객 관리를 위하여 '○○친절의 날' 이라는 행사를 실시하였는데 말 그대로 사은행사다. 그러므로 VIP실에도 다양한 종류의 차를 좀 더 구비하고, 오시는 분이 골라 드실 수 있도록 했다. 작은 사은품이라도 챙겨드렸다. 항상 고객을 기억하고, 감사하고 있다는 인상을 심어주기 위해 노력한다.

② 고객별 관리파일을 만들어 기념일을 관리했다. 고객관리 카드를 파일로 만든 후, 고객이 다녀간 후의 대화내용 및 고객의 사소한 것까지 기록하여, 직원들과 공유한다. 물론 컴퓨터에 기록하는 방법도 있지만, 손으로 쓰고 정리하는 것이 훨씬 더 기억에 많이 남으며, 직원들과 대화를 통해 좀 더 해당고객에 대한 다양한 정보를 수집할 수 있으므로 자연스러운 응대가 가능했다. 관리카드 파일로 고객의 기념일 등 중요한 날을 기억하는 것은 물론, 정기적으로 안부인사 및 재무설계 부분에 대해 궁금한 점을 물어볼 수 있도록 하여, 관계를 돈독히 했다.

③ 고객별 맞춤형 재무설계 서비스를 제공했다. 관리고객을 대상으로 정기적으로 전화를 드리는 것은 물론이고, 다이렉트메일을 보내곤 했다. 일반적인 다이렉트메일을 보내는 것이 아니라 재무설계를 해드린다. 고객과의 통화를 먼저 한 후 내점을 약속한 고객의 경우 그 고객만의 간이 인생재무설계표를 출력하여 고객이 지점을 방문하는 즉시, 고객만을 위해서 마련해 보았다며 재무설계표를 보여드리는 것이다. 개별적 자료를 마련해 응대하는 경우 호감도가 높아져 좀 더 관심 있게 상담하고 귀기울여 들으시려 하는 경향이 있어서 고객유치에 긍정적 영향을 미쳤다. 방문이 어려운 고객이라 하더라도 그대로 전화를 끊는 게 아니라, "그럼 댁으로 저희가 고객님의 맞춤 재무설계를 보내드릴테니 꼭 읽어보시라" 하고 다이렉트메일을 발송했다. 가끔 다이렉트메일을 가지고 오셔서 문의하시고, 상품에 가입하시는 고객들이 있다.

## 2-7 영업점 개인고객 이탈방지 사례

### 가. 영업점 고객이탈 방지전략 (ㅈ지점 사례)

① 이탈고객 자료분석을 통해 기존고객 관리자료로 활용

○○은행은 최근의 고객거래 자료를 이용하여 계좌해지 고객과 계좌해지 우려가 있는 고객의 명단을 추출하여 지점직원이나 타부서에 통보하고 있다. 통보하는 자료에는 이탈고객이 보유한 다른 계좌에 대한 분석이 포함되어 있다. 은행 영업점 수지에 미치는 영향도 분석해 대처방안을 강구하고 있으며, 이탈 고객이 다른 고객에게 미치는 영향도 파악하고 있다. 심층적인 분석자료를 토대로 지점에서는 이탈고객의 불만해결을 위하여 노력하고 있으며 기존고객을 유지하기 위한 자료로 활용하고 있다.

② 고객의 소리에 귀를 기울일 수 있도록 연수강화

직원들이 능동적이며 적극적으로 고객의 소리에 귀를 기울이도록 직원연수를 강화하고 있다. 예를 들어 고객이 일정 목적을 위해 적금을 가입한 후 만기해지 시 상담직원이 고객에게 자금운영계획에 대한 조언과 세금상담 등을 자신 있게 수행할 수 있도록 직원역량 강화를 위한 연수를 실시하고 있다.

③ 고객별 맞춤형 서비스 제공

○○은행은 고객이탈이 고객이 원하는 상품의 부족에 있다고 보고, 고객이 원하는 상품과 서비스 개발을 위하여 전문부서를 신설하여 운영하고 있다. 변호사, 의사 등 전문직 종사자와 자영업자들을 대상으로 하는 마케팅전략을 수립하고 니즈파악을 위한 고객여론조사를 실시했다. 그 결과 전문직 종사자들은 은행창구에서 기다리는 것을 싫어하며, 신속한 서비스가 이루어지지 않으면 은행을 이탈하는 경향이 강한 것으로 파악되었다. 고객성향에 효과적으로 대처하기 위하여 직원을 고객의 사무실에 파견하여 은행거래를 고객사무실에서 처리할 수 있도록 고객 심부름 전문부서를 신설했다.

④ 내고객 만들기 전략

고객들은 이자, 수수료 등 여러 가지 사유로 이탈하게 된다. 하지만 인간적인 유대감이 형성되면 이자, 수수료가 비록 타행에 비해 불리하다 할지라도 이탈하지 않는다. 팀장시절 '나의 고객'을 만들기 위해 사용했던 방법 중 쌀과 책갈피선물이 있다. 3~5킬로그램 정도의 아주 좋은 쌀을 들고 방문한다. 아마 은행원들이 쌀을 선물로 가지고 오는 경우는 드물 것이다. 쌀을 전달하면서 "쌀을 씻고 찰진 따뜻한 밥으로 식사하실 때 한번쯤 저를 기억해주시라"고 말씀드린다. 책갈피는 고객의 영문 이니셜을 활용해 디자인한다. 뒷면에는 고객의 첫인상이나 좋은 글귀를 적어서 내이름을 함께 적어 코팅하여 책과 함께 전달한다. 정성이 담긴 선물을 받고서 쉽게 이탈하는 고객은 많지 않았고 심지어 민원고객마저 주거래고객으로 돌아섰던 경우도 있었다.

⑤ 활동성 고객 관리 및 교차판매 증대 전략

과거 이탈고객에 대해서 조사해 본 경험이 있다. 한 가지 거래만을 하는 고객의 이탈률에 비해 3개 이상의 거래를 하는 고객의 이탈률은 6배나 낮았다. 동일고객이 복수거래를 할 수 있도록 하여 이탈률을 감소시키는 전략은 유효하다. 한편 ○○은행은 총조달 20만원 이상 보유고객 또는 여신평잔 보유고객을 활동성고객이라 한다. 고객의 평잔이 그 이하로 가게 되면 이탈로 정의한다. 이탈초기에는 재거래가 어느 정도 가능하다. 하지만 이탈이 장기화되면 재거래 유도가 쉽지 않다. 따라서 신규활동성고객 유치 평가 외에 활동성고객유지율 평가를 실시하고 있다. 활동성고객 방문 및 전화통화기록을 작성토록 하여 지속적으로 직원들이 활동성 고객에 대해 관심을 갖도록 유도한다. 리워드(reward)제도를 도입하여 은행에서 제공하는 포인트를 통해 적금 등 금융거래를 할 때는 물론 쇼핑할 때에도 활용할 수 있게 하여 지속적인 거래활성화를 도모하고 있다.

### 나. 영업점 고객 이탈방지 전략 사례 (ㅅ지점 사례)

① VIP 제도 운영 : △△지점은 직원이 12명이며 지정장과 팀장 및 팀원 등으로

구성되어 있다. △△지점을 주거래로 이용하는 고객을 담당직원 1인당 최소 30명 이상 전산에 VIP로 등록하여 언제든지 최고의 서비스를 대접할 수 있도록 전 직원이 공유하고 있다. 대출거래 시, 예금 거래 시 등 △△지점을 이용하는 상위 1%로 만들기 위해 노력한다. 그 담당직원은 해당 고객의 은행거래뿐 아니라 애경사 등에도 모든 책임을 지고 관리한다.

② 산악회, 탁구동호회, 헬스클럽이용 지원, 봉사단체 등 구성 : △△지점을 주 거래로 이용하시는 고객을 대상으로 산악회, 탁구동호회, 헬스클럽 이용지원 등을 통하여 △△지점 고객만 누릴 수 있는 혜택을 부여하고 있다.

③ 예적금 거래 시 우대 정책 : 고객이 급여, 자동이체, 체크카드, 관리비이체, 연금수령, 전자금융 등 일부 조건을 충족할 때 우대금리를 적용하여 고객이 만족을 느낄 수 있게 한다.

④ 대출거래 시 우대 : 최초거래시 변동금리를 적용하여 △△지점을 주거래로 거래할 수 있게 유도한다. 대출금리를 할인하여 주고 고객이탈 방지를 위해 장기 상품으로 거래를 유도하고 있다.

⑤ 활동비 지원 : △△지점을 거래하는 단체, 직능단체 등에 회원으로 참여하여 지속적으로 유대관계를 유지한다. 솔선수범하여 총무 등을 맡고, 자연스러운 친목을 다지며 활동비 협찬 등을 통해 이탈을 방지하고 있다.

⑥ 노인정 등 홍보 : △△지점 사무실은 대단위 아파트 내에 있어 관할 노인정이 있고 거래 또한 지속적으로 유지되고 있다. 노인정 운영비 및 각 회원의 노령연금 유치를 위해 △△지점만의 특색 있는 별도의 노령 용돈을 매년 한 차례 현금 지원하고 있어 매년 많은 노인분들의 예금이 유치되고 있다.

### 다. 대기시간 분산을 통한 고객 이탈방지 사례 (ㄱ지점 사례)

현재 근무하는 지점의 특이사항 중 하나가 대기시간의 집중문제다. 고객내점 시간대가 오후 3시에서 4시에 집중되어 대기시간이 길어짐에 따라 불만고객이 늘어나는 추세다. 한정된 직원숫자로 고객응대가 어려워 고객이탈방지 관련해 직원들

간 회의를 하여 여러 가지 방법을 시행 중이다.

① 고객내점 집중시간대를 표기하여 오전에 내점 시 업무처리를 편하게 하실 수 있다는 내용의 플래카드를 제작하여 지점 여러 곳에 부착했다.

② 예금만기 고객들 대상으로 사전에 텔레마케팅을 실시하여 미리 약식상담을 하여 지점 내점 시 좀더 빠른 업무처리를 진행키로 했다. 내점시간도 오전시간대에 많이 집중되도록 예약상담접수를 받았다.

③ 지점장을 포함해 지점의 책임자들을 집중시간대 객장에 배치해 로비매니저 역할을 수행토록 했다. 대기시간 단축효과를 거두기 위한 목적이다.

### 라. 은행 영업점 고객이탈방지 사례 (ㅇ지점 사례)

① 금리차이로 인해 이탈하는 고객은 금리를 맞춰드리기 위해 최선을 다해야 한다. 경험에 의하면 고객 이탈의 주된 요인은 역시 금리다. 금리 차이가 얼마 되지 않으면 비가격 서비스로 고객이탈을 방지할 수 있다. 금리차이가 너무 크면 서비스만으로 고객이탈을 막을 수 없는 것이 현실이다. 이럴 때에는 오히려 "저희가 금리를 맞춰 드리지 못해 죄송합니다"는 말과 함께 금리가 높은 은행으로 옮기시라고 진정성을 가지고 응대해야 한다. 다만, 금리를 맞춰 드리기 위해 최선을 다한다는 모습을 꼭 보여줘야 한다. 예를 들어 고객이 있는 앞에서 본부 금리 담당자에게 전화를 걸어 금리를 맞춰 달라고 애원하는 태도도 필요하다.

② 이탈한 다음에도 지속적인 관계를 유지하면서 재유치 기회를 탐색해야 한다. 고객이 이탈한 다음에 중요한 것은 이탈 고객의 관리다. 이탈 뒤에도 계속 연락을 취하면서 관계를 유지하면서, 금리가 높은 특판예금이 출시되면 연락을 취해서 안내를 하는 등 재유치 노력을 전개하는 것이 중요하다. 재유치 노력을 꾸준히 전개할 경우 이탈된 고객들을 재유치할 확률이 높아진다. 부득이 고객이 이탈된 경우에 영원히 떠났다고 생각하지 말고, 다시 우리고객으로 만들 수 있도록 이탈 후의 고객관리 전략 역시 중요하다. 만기에 예금을 찾아가는 고객에 대해서도 "그동안 거래해 주셔서 감사드린다"는 멘트와 함께 가입할 때와 마찬가지로

사은품을 드리면, 추후 재유치 가능성이 훨씬 높아진다.

③ 은행직원과 고객 마음속의 갭 축소

고객만족경영이 아닌 고객감동경영이 중시되고 있다. 더 나아가 고객감동에서 이젠 고객과 함께하는 '투게더(together)전략'이 필요한 때다. ○○은행은 대학생홍보대사를 선발하여 은행홍보도 하지만 젊은 대학생들이 고객입장에서 은행을 이용하면서 겪어본 불편사항들을 듣고, 개선점들을 찾고, 평생고객을 확보하기도 한다. 대학생들은 입행지원 시 가산점도 받을 수 있고 장학금혜택도 받으면서 서로 상부상조하고 은행과 고객이 더 가까워지는 계기가 되기도 한다. 또 ○○은행에서는 우수고객들을 초청한 골프행사나 직원들의 성금으로 마련한 호프데이행사도 연다. 이벤트에는 잠재고객들의 참여도 유도한다. 잠재고객들과 가까워지는 좋은 기회가 된다. 직원들도 고객과 함께 행사를 하면서 친밀감도 쌓을 수 있다. 한번은 지점에서 거래처직원들과 체육행사를 함께 했었는데 행사를 함께하는 것도 좋았지만 나중에 고객들이 창구거래를 하면서 그 때 이야기를 하면서 너무 만족스러워하면서 가족이라는 마음으로 거래도 늘려주고 여러 가지로 좋았던 기억이 있다. 고객을 대하면서 딱딱한 사이가 아닌 '함께' 하는 마음으로 한다면 "고객이 이탈되는 일은 일어나지 않을까" 싶다.

## 2-8 고객의 기대수준을 뛰어넘는 서비스 제공사례

### 가. 고객의 기대수준을 뛰어넘는 서비스 제공사례 (ㄴ지점 사례)

#### ① 고객의 기대수준을 알아야 적합한 서비스 제공이 가능

고객의 기대수준을 뛰어넘는 서비스를 어떻게 제공할 수 있을까? 지난 16년 정도의 은행생활을 겪고 영업의 최전선인 창구에서 고객을 만나면서 느낀 것은 "고객들의 평가는 정말 이해할 수 없을 정도로 다르다"는 점이다. 서비스를 제공하는 입장에서 볼 때 별 것 아닌 것 같은데 정말 너무 친절하다고 얘기해 주시는 고객들이 있는가 하면, 반면 최선을 다해 최고의 서비스를 제공했다고 생각했지만 오히려 화를 내고 돌아가시는 고객들도 있었다. 고객의 기대수준이 어떤 것인지부터 파악이 되면 그에 적합한 서비스 혹은 그 기대를 뛰어넘는 서비스가 제공될 것이라 생각한다.

② 고객의 표정과 말투를 주시

고객의 표정과 말투를 주시하는 것이 중요하다. 순번이 되어 창구에 온 고객의 표정을 보면 처음부터 느낌이 있다. 신입 때는 느낌이 오지 않지만 어느 정도 은행생활이 쌓이면 자연스럽게 느낄 수 있다. 맞이인사를 했을 때 같이 인사를 해 주시는 고객이 있는가 하면 인사는 무시하고 자기가 해야 할 업무만 요구하는 고객이 있다. 그때부터 고객의 표정과 말투를 읽어 그 사람이 어떤 성향의 사람인지를 간파하는 것은 꽤나 중요하다. 인사를 받아주는 고객의 경우는 요구한 업무 이상의 것을 제공한다면 그 고객은 최고의 서비스를 받았다고 생각한다. 그러나 자기 업무만 얘기하는 고객의 경우는 요구한 업무 이상의 것을 제공할 경우, 오히려 불필요한 얘기만 늘어놓고 있다는 생각을 하시고, 자기 업무를 신속하게 처리해주지 않는다고 느낀다. 가능한 상냥하고 친절하게 응대했음에도 불구하고 최저서비스를 받았다고 느낀다. 창구에서 고객을 만날 때는 먼저 표정과 말투로 성향을 파악한 후 어떻게 업무를 처리할 것인지 판단함으로써 고객의 기대수준을 뛰어넘을 수 있다.

③ 고객과 대화에서 실마리를 찾아 고객에게 적합한 상품 제시가 관건

지점장이 되기 전에 창구에서 근무할 때 겪은 경험으로 볼 때 고객과의 대화내용에 귀를 기울이는 것이 관건이다. 고객이 지점에 내점했을 때 보통 날씨얘기부터 하며, 주말 취미생활 등에 관한 이야기를 많이 꺼낸다. 책임자 시절에 젊은 여성고객이 창구에 내점하여 통장정리를 요청하신 일이 있었다. 그 고객에게 “어디에 다녀오시는 길이냐”고 여쭈었다. 허리가 아파 병원에 다녀오는 길이라는 말씀에, 그 고객이 현재 어디가 아픈지, 얼마나 고생했는지 이야기를 경청해 주면서 자연스럽게 실손보험에 대해 이야기를 꺼내게 되었다. 마침 그 고객은 실손보험에 가입하지 않아 물리치료 받는 비용이 꽤 발생되고 있던 상황이었다. 실손보험에 대한 필요성과 실손보험이 고객에게 주는 혜택에 대해 자세히 설명해 드렸다. 비록 가입은 하고 가지 않으셨지만 통장만 정리하러 왔다가 궁금했던 점에 대해서 많이 알고 간다

며 다시 방문하겠다는 말을 남겼다. 그날 저녁 퇴근 전에 다시 한 번 전화 드리면서 실손보험상품들이 계속 개정되고 있으니 고객님에게 가장 알맞은 상품이 나왔을 때 다시 연락드리겠다는 말을 건넸다. 그 고객은 다시 한 번 감동 받은 듯, 몇 번이나 신경써줘서 고맙다는 얘기를 했다. 내가 그 고객에게 진심으로부터 나온 감사인사를 받을 수 있었던 것은 대화내용을 흘려듣지 않았기 때문이다.

### ④ 친절하게 응대하고 고객의 말에 공감하는 태도가 중요

모든 업무를 수행할 때 친절하고 감사하는 마음으로 행동하고 고객의 말에 공감하는 것이 중요하다. 은행원으로서 경력이 쌓이다 보니 솔직히 지점에 들어서는 고객의 얼굴만 봐도 지점 이익에 도움이 되는 사람인지 그렇지 않은지 판단이 선다. 머릿속 판단은 결국 내 행동과 어투에 고스란히 묻어날 수 밖에 없다는 생각이 든다.  친절함 앞에 침 뱉을 수 없듯이 친절은 서비스의 출발이다. 친절한 모습이 고객의 마음을 열고 이를 통해 충성고객으로 발전할 수 있다. 고객의 기대수준을 뛰어넘는 서비스는 어찌보면 가장 어려운 일 같아도 친절한 응대부터 탄탄하게 뒷받침이 되어준다면 가장 쉬운 일이다.

### ⑤ 진심에서 우러나오는 사소한 서비스가 고객의 마음을 사로잡아

고객은 항상 타행과 비교한다. 타행의 서비스 수준을 뛰어 넘어야만 한다. 지점에 근무하는 대부분의 은행직원들은 형식적인 인사를 건넨다. 조금 친해지면 커피나 음료수를 제공한다. 현재 근무하고 있는 지점의 부하직원인 김과장은 출입구에서 보면 정중앙에 자리가 있었고 대출담당자였다. 대출담당자는 대부분 야근에 지쳐 딱딱한 표정으로 시종일관 고자세를 유지하는 경우가 많다. 하지만 김과장은 상담을 시작하기 전 집에서 보온병에 담아온 차를 대접한다. “제가 마시는 ㅇㅇ차인데요 ㅇㅇ에 좋데요~” 하고 말을 건네면 대부분의 고객들은 내가 마셔야 할 좋은 차를 드렸기 때문에 미안해 하시면서 기뻐하신다. 당연히 상담은 부드럽게 진행되고 또한 내가 부탁하는 신용카드며 적금, 방카도 비교적 자연스럽게 유치가 가능했다. 사소하지만 남들과 다른 서비스는 고객의 기대수준을 뛰어넘어 만족감을 느끼게 한다.

⑥ 구전커뮤니케이션을 통한 고객의 기대수준 높이기

고객들의 기대를 형성하는데 가장 강력한 원천이 구전이다. 고객관계뿐만 아니라 은행 영업점에서 가장 중요한 것이 MGM(입소문 : Member gets member.)이다. 고객은 주위 사람들의 경험과 구전에서 전해지는 이야기를 신뢰한다. 누가 뭘 어떻게 해서 수익을 많이 올렸다는 이야기를  들었다면서 실제 지점에 와서 가입을 하고 싶어서 방문했다는 사람들도 있다. 입소문의 중요성으로 봐서 고객들 간에 퍼지는 구전의 내용을 긍정적인 의견으로 채워질 수 있도록 노력해야 한다. 고객과 접점에서 고객을 응대하는 시간이 많은 직원은 바로 지점의 창구직원이다. 고객은 창구에서 "어떠한 응대를 받았느냐"에 따라 기대가 형성된다. 고객은 단돈 1만원 찾으러 왔더라고 대접받길 원하고 자신을 알아봐 주길 바란다. 직원들은 고객을 응대할 때 진심을 다해서 응대해야 한다.

⑦ 시간의 제약성을 극복하고 고객기대를 충족시키는 서비스 제공

요즘은 맞벌이 부부가 많다. 박지점장이 근무하는 지점은 사무실 밀집지역이다. 점심시간을 이용하거나 잠시 짬을 내서 은행을 방문하는 고객이 많은 점포다. 시간 제약이 있는 고객들은 빠른 업무처리를 기대한다. 그래서 △△지점은 점심식사를 3교대하고 있다. 11시 30분부터 한 시간 단위로 교대해서 점심시간 공백을 최대한 줄였다. 자동화 코너도 확장했다.

### 나. 고객의 기대수준을 뛰어넘는 서비스 제공사례 (ㅎ지점 사례)

① 상품판매직원의 지식함양을 위해 자체연수 실시

펀드와 같은 실적배당상품의 판매가 늘면서 상품의 불완전 판매를 방지하기 위해 △△△지점에서는 일주일에 한 번씩 자체 연수를 실시하고 직원들을 행내 연수에 적극 참여시키고 있다. 상품에 대한 풍부한 지식은 판매를 촉진시키고 불완전판매를 예방한다. 더 나아가 고객의 기대수준을 뛰어넘는 만족으로 이어진다.

② 고객의 입장에서 절세 방안 제시

주민번호가 말소되지 않은 국민인 비거주자 고객인 경우 국내 금융거래 시 기존 주민등록증으로 거래를 해온 고객들이 있다. 상담 중 고객이 실질적으로는 세법상 비거주자임을 알게 되어 비거주자로 바꾸어 드려 절세를 할 수 있도록 도와 드렸다. 더 나아가 과거 2년 동안 납부한 원천징수세액 중 5백여만원을 경정신청을 통해 환급해 드렸다. 그 고객은 N지점장의 서비스에 감동하여 추가로 50억의 자금을 예치시켜 주셨다.

③ 고객의 개인정보를 챙겨드리면서 주거래은행으로 이용하게 만들기

새로 부임한 영업점에 요구불계좌 잔액이 1억원 정도의 평잔을 유지하였던 20대 후반의 젊은 고객이 있었다. 계속적인 관심과 전화를 통해 친밀해진 다음에 그 고객이 인터넷쇼핑몰의 대표임을 알게 됐다. 각종 세무정보를 제공하며 지속적으로 응대한 결과 현재 20억 정도의 자산을 맡겨주고 계신다. 그 고객은 3년 동안 1억원 정도의 잔액을 유지하였음에도 은행직원으로부터 아무런 정보를 받지 못했다고 한다. 지점장이 바뀐 다음, 관심을 가져 줘서 고맙다는 말씀을 전해주시며 기대보다 많은 도움을 받았다면서 주거래은행도 변경해 주셨다.

다. 고객의 기대수준을 뛰어넘는 서비스 제공사례 (ㅊ지점 사례)

① 가족, 친구와 함께 지점방문 시 자부심을 느낄 수 있도록 고객을 치켜 세워줘

아파트거주자나 직장인의 경우 가족이나 친구와 함께 지점을 방문하는 때가 종종 있다. 이때는 보통 때 보다 더 칭찬을 많이 한다. 물론 평소에도 친절하게 서비스 하려고 노력한다. 하지만, 중요한 사람들과 함께 있을 때 서비스 제공 효과가 높아지는 경우가 많으므로, 딸이나 아들과 함께 왔을 때는 "이런 어머님이, 또는 아버님이 있으셔서 좋으시겠어요,," 하던지, "역시 선택이 남다르시다는지", 고객의 올바른 선택에 대해서 더욱 칭찬을 해 준다. 친구와 함께 방문했을 때도 더욱 반갑고 고객의 장점을 치켜 세워준다. 고객이 우리지점과 거래를 하고 있는 것에 자부심이 들 수 있도록 한다. 사은품을 친구 것까지 같

이 챙겨줘서 고객의 체면을 살려 주는 것도 고객유치에 좋은 방법이다.

② 금융상품의 이해를 돕는 만화를 코팅제작해 대기시간에 읽을 수 있도록 배려

환경개선 전략으로 객장을 수시로 점검하여 깨끗하게 유지하고 있다. 대기시간 중에 고객이 잡지를 빼어드는 것은 생각보다 그렇게 많지 않다는 점에 착안하여, ○○지점의 경우 회의를 한 끝에, 금융에 관한 짧은 만화를 코팅하여 짧은 시간에 보실 수 있게끔 하였다. 잠깐 기다리는 고객들은 알기 쉬운 만화를 통해 금융상품을 이해하고, 창구에서 질문을 던지는 경우가 있다. 고객과 상담이 시작되면 창구에서는 야쿠르트를 비치해 두었다가 드리면서 설명을 시작하면, 고객들은 적어도 그 야쿠르트를 먹는 동안은 설명에 주의를 기울이는 경향이 있다. 그리고 업무를 처리하고, 조금 전 설명드렸던 리플렛을 챙겨서 사은품을 명함과 함께 드렸다. 고객들은 야쿠르트를 마시면서 상품설명도 들으니 좋더라는 의견들이 많았다. 커피는 부담스럽다는 고객들을 위해서 야쿠르트를 활용했는데, 오히려 인기가 많아서 지점의 중요한 서비스 제공방법으로 자리잡았다.

③ 로비매니저 배치로 고객기대를 충족시켜 드리면서 충성고객도 만들어

△△지점은 어르신들이 많이 거주하는 임대아파트를 배후단지로 갖고 있는 영업점이다. 정부에서 지원하는 보조금이 나오는 날이면 지점은 북새통을 이루었고, 온 종일 어르신들의 업무처리에 바빴다. 어르신들이 대기하는 지점로비에는 로비매니저를 배치해 어르신들의 말벗도 되어드렸다. 로비매니저는 고객들의 소소한 일을 지원해 드리는 청경의 역할을 넘어 지점가족 같은 분이셨다. 하루는 고객이 몸이 불편하셔서 지팡이를 짚고 은행에 지원금을 찾으러 오셨다. 청구서작성부터 댁에 모셔다드리는 부분까지 로비매니저의 몫이었다. 도움을 받은 어르신들은 그분께 고마움의 표시로 쌈지돈을 은행에 맡겨주셨고, 입소문이 퍼져 지점직원들은 더 바빠졌다. 고객이 없어 텅빈 영업장보단 그분들이 채워주시는 북적함이 은행에 따뜻한 기운을 감돌게 했다. 로비매니저의 적극적인 친절함과 세심함은 타의 귀감이 되어 특별승격으로 인해 신분의 변화를 가져왔다. 매스컴에도 보도가 되어 은행의 이미지홍보에도 기여했다.

# 3 고객수익성분석을 통한 기존고객 관리방안

## 3-1 고객수익성분석의 목적

고객수익성분석은 은행과 고객 간의 거래에 따른 손익을 종합적으로 분석하는 것으로 은행이 개별 고객과의 거래에서 얻은 총수익에서 동 거래에 관련된 비용을 차감하여 고객별로 이익에 공헌한 실적을 계산, 비교하는 일련의 과정을 포함하고 있다.

고객수익성분석은 수익중심의 은행경영활동을 위해 고객별 수신·여신, 외환, 기타 거래의 은행기여도를 분석하는 것을 목적으로 한다. 고객의 은행에 대한 수익기여도에 따라 대출금리, 수수료 등의 가격을 차등 적용하는 등의 방법으로 은행기여도가 높은 고객에게는 은행이익의 일부를 환원해줌으로써 주거래고객화를 도모할 수 있다. 또한 고객별로 은행기여도에 따라 거래조건을 제시할 수도 있을 것이다.

이를 위해서는 우선 고객이 은행에 기여하고 있는 총수익, 이에 대한 자금원가 및 업무원가, 순이익 등을 산출할 수 있는 시스템을 갖추어야 한다.

## 3-2 고객수익성분석을 활용한 고객차별화

거래고객 중 수익성분석 대상고객에 대해서는 주기적으로 분석을 하여 은행이익에 기여도가 높은 고객을 선별한다. 이들은 경쟁 금융기관의 주요 확보대상이므로 여타 고객의 서비스를 훼손시키지 않는 범위 내에서 양질의 서비스를 제공하고 마케팅활동을 집중시켜 고객이탈을 방지하고 이익극대화를 추구해야 한다.

신규거래 시에도 기여도가 클 것으로 기대되는 고객에 대해서는 고객수익성분석을 실시하여 금리우대 등의 차별화조치를 취함으로써 시장확대를 꾀할 수 있을 것이다. 한계고객에 대해서는 다른 상품을 교차판매 함으로써 수익성을 확보할 수 있으며 이를 위해서는 고객에 적합한 상품집합에 대한 분석이 필요하다. 그리고 은행에 기여도가 없거나 낮은 고객에 대해서는 해당 고객의 은행거래에 대한 표준화된 원가를 제시하여, 최소한 업무원가 이상의 수익을 얻을 수 있는 정도의 부수거래를 요구하거나 저비용 딜리버리 채널을 사용하도록 거래관습을 변화시키기 위한 방안을 마련할 필요가 있다.

즉 각종 수수료를 현실화하고 '거래금액'이 아닌 '이익기여도'에 따라 각종 수수료 및 서비스 수준을 차별화함으로써 비용을 절감하고 이익을 제고하기 위한 노력을 기울여야 할 것이다.

### 3-3 고객수익성분석을 활용한 마케팅

마케팅은 적정이윤을 얻기 위하여 고객의 니즈를 파악하고 이를 만족시키는 상품 및 서비스를 개발하여 효율적으로 고객에게 전달하는 것이다. 수익성에 기초하지 않은 마케팅은 손실을 가져오는 교차판매(cross-selling), 수수료 감면이나 고이율의 예금상품 판매 등을 통한 신규고객 유치, 고수익 고객의 이탈 방지 실패 등과 같은 문제점을 가지고 있다. 고객의 은행수익성 기여도에 대한 분석결과는 그동안 고객의 은행수익성 기여도와 관련되어 잘못 알려진 사항을 시정할 수 있는 계기가 될 수 있다.

은행의 장기적인 수익성확대를 위해서는 고객관계를 계속 유지하여야 한다고 알려져왔으나, 수익성확대에 기여하는 올바른 고객을 대상으로 하지 않을 경우 오히려 비용이 증대될 우려가 있다. 또한 상품의 교차판매를 많이 할수록 수익성을 확대할 수 있다고 알려져왔으나, 고객이 새로운 상품(계좌)을 구입하였으나 이용하지 않을 경우 은행의 상품(계좌)유지비용이 증가할 수 있다. 부유한 고객이 은행수익성 기여도가 높다고 알려져왔으나, 수익성 기여도 분석결과 모든 소득계층에 대해 비슷한 비율로 수익성이 높은 고객과 낮은 고객이 존재한다. 그리고 예금잔고가 많을수록 수익성이 높다고 알려져 왔으나, 예금잔고와 은행수익성 기여도가 밀접하게 관련되어 있지 않으며 예금잔고가 많은 고객도 고비용 전달채널을 많이 사용할 경우 비용이 높아진다.

앞으로는 이러한 문제점을 잘 인식하여 고객수익성분석 자료를 기초로 수익성과 고객의 은행거래 관습을 기준으로 고객을 세분화한 후 이 정보를 다시 사회·경제학적 특성과 연관시킴으로써 마케팅전략을 수립해야 할 것이다.

### 고객기반확대를 위한 조사결과(1)

고객의 거래확대를 위해 실질적인 영업활동을 전개하고 기입표를 통한 점검을 항시 실시하여 성과를 거두어 왔습니다. 예를 들어 전담관리고객 1일 1고객 방문하기, 전담관리고객 1일 3고객 안내장 등 발송하기, 전담관리고객 1일 5고객 TM 하기 등을 꾸준히 실시해 왔습니다.

고객과 접점에서 고객에게 당행으로 모든 은행거래를 집중하면 할수록 고객에게 현금으로 돌려주는 패키지상품 서비스를 활용하고 있습니다. 전담고객이 타행 거래비중을 줄이고 당행으로 거래집중을 유인하기 위한 목적입니다. 이때 고객이 은행을 이용하면 할수록 많은 혜택이 돌아가는 것을 확인시켜주는 것이 중요합니다. 전담고객이 당행과 거래비중을 늘릴수록 많은 혜택이 돌아가는 것을 알 때 자연스럽게 거래비중이 늘어나게 될 것입니다. 고객에게 이익이 되는 점을 적극 홍보하는 것이 필요합니다. 예를 들어 주택마련세트 판매시 번들관리로 실제 지급되는 금액을 고객에게 제시하여 고객이 모든 은행 거래를 집중할 수 있도록 유도하고 있습니다. 고객에게는 구체적인 숫자로 이익을 제시해야 마음이 움직입니다.

고객중심영업을 위하여 고객의 라이프스테이지(Life-stage)별 번들 상품을 제시해 판매하고 있습니다. 이는 한 명의 고객에게 3개 상품이상 판매한다는 교차판매(Cross selling) 전략과 일치합니다. 당점은 아파트 밀집지역으로 주택마련세트, 자산관리세트, 목돈마련세트 등 팔기 좋은 세트로 선정해 집중적으로 판매하고 있습니다. 고객이 처음 창구에 왔을 때 통장 신규하고, 인터넷뱅킹에 가입하고 더 나아가 조금 발전하면 신용카드 가입하고 적금도 가입하고 하는 절차를 거치면서 수익기여도가 높아지게 됩니다. 전담고객을 대상으로 SMS 발송 등으로 사전 패키지 상품에 대한 흥미를 유발시켜 영업점 내점시 혹은 판매시도 용이하게 합니다. 창구 신규고객 대상으로는 월급통장세트 등 기본적인 번들 판매기회는 절대 놓치지 않고 있습니다. 창구 도우미인 청경이 대기고객에게 패키지 상품에 대한 팸플릿을 전달하여 사전적으로 흥미를 유발시키고 있습니다. 이를 통해 고객접점직원이 바로 패키지 상품 소개 및 판매가능하게 함으로써 판매시간을 단축시키고 있습니다.

주기적인 상품연수로 직원의 상품에 대한 지식을 강화하고 있는데, 이는 고객응대시 자신감 배양으로 연결됩니다. 영업점 내에서 주2회 패키지상품 판매사례를 공유하는 것도 유익합니다. 성공사례 및 실패사례에서 판매시 발생하는 여러 상황에 적합한 대처방안과 효과적인 응대방안 체득하여 전 직원의 판매역량을 강화시킬 수 있었습니다. 교차판매 시도시 고객응대 요령 롤플레이(Role-play)를 주 1회 실시하고 있습니다.

## 고객기반확대를 위한 조사결과(2)

기존고객 내점고객에 대하여 미 보유 상품 신규가입 유도하고 있습니다. ○○지점에서는 인근 소재 고객 중에서 타행만을 거래하고 있는 고객을 타깃으로 정했습니다. 신규고객발굴을 위해서는 당점 거래를 유도하는 것이 매우 중요하다고 판단했습니다. 신규고객은 모기지론, 요구불성 예금, 방카, 펀드, 카드, 외화환전 등 다양한 상품에서 발생될 수 있으므로 다양한 가능성을 제시하여 당점거래를 유도하고 있습니다. 최초 거래가 중요하기 때문입니다. 현재 우수 거래 고객에게 한 분이상의 소개를 부탁하여 소개받은 고객에 대한 접촉 및 성과에 대한 자체 이벤트 실시하고 있습니다. 특히 개별상품 이외 서비스항목 예를 들어 자동이체, 인터넷뱅킹 등 자동화기기 이용, 현금카드 등에 집중하며, 전담고객별 서비스 이용현황 을 파악하여 개별권유를 실시했습니다.

신규고객 신규상품 가입시 최소 2개 상품이나 서비스를 반드시 동시에 가입하도록 전 직원 교육 및 롤 플레잉을 실시하고 있습니다. 전 직원에게 고객만족도 평가의 중요성을 인식시키고 있으며, 내점고객에게는 지점 방문고객 대상 설문조사가 있다는 것을 설명드리고 설문항목을 소개 및 지점 평가시 9점 이상 부탁합니다. 영업점 접수 민원에 대한 즉시 처리 및 불만고객을 최소화하는 데 주력하고 있습니다.

제6절

# 지점 창구관리

## 1 창구관리의 기본사항

고객과의 대면을 통해 금융서비스를 제공하는 창구는 은행의 간판임과 동시에 수익을 창출하는 장소이므로 다양한 서비스를 제공하여 고객을 최대한으로 확대하여야 한다. 다양하고 차별화된 고객서비스의 제공을 위해서는 고객 특성별로 선호하는 서비스에 대한 분석이 선행되어야 한다. 획일적인 창구서비스에 의한 단순한 친절성 제고는 고객이탈을 방지하는 기본적인 사항에 불과하다.

고객은 개인적 욕구와 실제적 욕구라는 두 가지 유형의 욕구를 가지고 은행을 방문한다. 개인적 욕구란 자기의 존재를 알아주고 자신을 잘 대접해주길 원하며, 자신이 중요한 사람이라는 것을 나타내고 싶어하는 욕구다. 실제적 욕구란 고객이 은행을 찾아오는 근본적인 이유로 은행에서 처리해야 할 업무와 관련되어 있다. 이 욕구를 충족하기 위해서는 직원의 신속하고 정확한 업무처리와 함께 은행원으로서의 전문가적인 소양과 세련된 응대매너가 요구된다.

고객의 금융기관 선택태도가 다양화되고 있는 환경하에서 철저한 고객지향의 자세와 실천이 중요하다. 고객과의 신뢰관계는 은행원 각자의 끈기 있는 노력이 축적되어 형성되는 것으로 고객의 입장, 고객의 눈높이에서 대응하는 것이 중요하다. 대화시에도 내용은 정확하게, 발음도 정확하게, 은행용어는 알기 쉽게 상대방에게 적합한 언어로, 상대방의 입장을 생각해서 상대방에게 기분좋게, 결론을 분명하게 말해야 한다.

창구에 대한 지점장의 관심강화가 필요한데, 지점장은 단순히 후선에서 업무결재만 하는 것이 아니라 창구에서 일어나는 모든 상황에 항상 관심을 가져야 한다. 창구 직원은 항상 '예, 고객님의 의견이 맞습니다'만을 하도록 하고 '아니다'라는 말은 책임자급 이상으로 넘기는 것이 바람직하다. 지점장이 고객에게 설명할 경우 고객에게는 '예'가 되기 위한 방법을 제시하는 것이 중요하다. 예를 들어 은행 지점에서 창구 직원의 착오로 고객이 큰 소리로 호통을 치는 경우가 발생할 수 있다. 이때는 응접실로 안내한 후 우선 사과하고 사정설명을 들은 뒤 어떻게 하면 기분좋게 돌아갈 수 있는가를 강구한다.

점주특성 및 입지특성을 반영하여 계 배치 및 창구 레이아웃 개선에 주의를 기울여야 하며, 창구를 은행상품 홍보공간으로 활용하는 전략도 구사한다. 지점의 입구에 현수막, 지점 내에 게시판, 창구 등 고객의 동선 및 시선이 머무는 순서대로 은행 및 상품소개코너를 적절히 배치하면 홍보효과가 배가된다. 고객의 시선을 잡기 위하여 고객들이 자주 보는 잡지의 표면에 대표상품의 홍보문안을 첨부하여 홍보하는 방법도 좋다.

### 창구마찰 해소를 위한 지점장 대상 조사결과

패밀리 레스토랑에 가면 창구마찰을 해소할 수 있는 힌트를 얻을 수 있습니다. 고객의 입장에서 패밀리 레스토랑을 방문하여 음식을 주문하면 종업원은 다음과 같은 말을 합니다. "주문을 확인하겠습니다. △△△와 ▽▽▽을 주문하셨지요?"하고 반복확인하고 돌아갑니다. 또 주문한 음식을 가지고 와서는 "이것으로 다 나왔습니다. 더 주문하실 것은 없습니까?"라는 확인의 말을 합니다. 종업원은 정확하고 신속하게 마무리 짓습니다. 과연 은행창구에서는 이런 확인의 말을 확실히 행하고 있는지 생각해보아야 합니다. 은행 지점의 창구에서 발생할 수 있는 창구마찰도 따지고 보면 이러한 반복확인을 정확하게 하지 않는 데서 일어나지 않았는지 생각해볼 필요가 있습니다. 은행 직원의 입장에서 문제의식만 있으면 언제, 어디서나, 누구에게든지 배울 수 있는 것입니다.

## 2 창구마케팅 실천사례

창구마케팅이란 고객을 대상으로 은행의 금융상품을 홍보하는 것으로서 보다 유리한 자금운용방법, 보다 편리한 은행이용방법뿐만 아니라 고객에게 도움이 되는 서비스에는 어떤 것이 있는지를 고객의 입장에서 생각하고 조언하는 활동을 의미한다. 창구마케팅은 고객의 잠재적인 욕구를 새로운 거래로 연결시켜나가는 구체적 활동이다. 창구마케팅에서 성공하기 위해서는 평소 고객과 신뢰를 축적하는 것이 중요하다. 상품설명을 열심히 하더라도 평소에 업무착오가 빈번했거나 고객에게 불쾌감을 주는 응대가 있었다면 해당 지점창구에 대한 인상이 흐려져서 세일즈가 성공을 거두기 어렵다.

금융상품에 대한 지식 배양이 창구마케팅 성공의 관건이다. 세일즈하고자 하는 금융상품의 특징이나 이점 등 제반 내용을 충분히 이해하고 있으면 자신 있는 세일즈활동이 가능하다. 금융의 겸업화가 심화되면서 은행의 금융상품뿐만 아니라 증권, 보험 등 다른 업종의 금융상품까지도 상호비교하여 고객이 이해하기 쉽도록 자세히 설명할 수 있는 실력을 갖추어야 한다.

고객에게 진정으로 필요한 상품을 권유하는 자세가 필요하다. 세일즈에 성공하기 위해서는 고객의 현재 욕구와 장래계획에 적합한 금융상품을 선정하여 이를 중점적으로 권유해야 한다. 고객이 필요로 하는 상품에 대한 정보는 통장거래내역을 살펴보거나 대화 도중에 수집이 가능한 경우도 많다.

세일즈에 성공을 거두기 위해서는 적절한 시기포착이 중요하다. 창구에서의 세일즈는 업무처리 도중에 이루어지므로 무엇보다도 간단명료한 것이 생명이다. 창구상황 및 고객의 형편 등을 감안하여 가장 효과적으로 세일즈할 수 있는 시간대를 잘 포착하여 실시해야 한다. 평소에 알기 쉽고 정확하게 세일즈할 수 있도록 직원 상호간 대화연습을 해두는 것도 좋은 방법이다.

세일즈는 거절된 때부터 시작되는 것이라고 생각하고 한 번의 실패로 쉽게 포기하지 말아야 한다. 단 한 번의 세일즈로 즉시 성과를 내기는 어렵다. 열심히 세일즈하였음에도 불구하고 반응을 보이지 않거나 거절한다고 하여 결코 체념해서는 안 된다. 대부분의 고객은 은행용무만을 위해 방문하기 때문에 창구 직원으로부터 갑작스런 세일즈를 받았을 때 즉시 상품에 가입하는 것은 자제하게 된다. 따라서 한 번 대화를 나눈 바 있는 유망고객에 대해서는 반복하여 끈기 있게 재도전하는 열의와 근성이 필요하다.

은행상품 세일즈에 성공하였다고 해서 세일즈의 모든 것이 끝났다고 생각하면 오산이다. 고객은 일반적으로 예금이나 적금을 가입하고서 한동안 불안한 마음을 갖는 것이 보통이다. 세일즈는 고객에게 권유한 상품이 고객에게 진정으로 이익을 줄 것이라는 확신을 심어줄 수 있을 때 비로소 성공할 수 있다. 고객이 확신을 가지고 만족하게 되면 창구 직원을 믿고 협조하게 되므로 새로운 세일즈가 가능하다. 고객만족은 단순히 세일즈를 함으로써 얻어진다기보다는 세일즈 이후 직원의 끊임없는 관심으로 획득가능하다.

세일즈 이후 끊임없는 고객관리를 통하여 새로운 고객을 창조할 수 있다. 세일즈 이후 2~3일 이내에 감사의 인사를 표시하여야 하며, 이후에도 정기적으로 고객을 방문하여 고객불만을 파악하고 정보를 수집하여 고객욕구에 신속하게 대처함으로써 신뢰감 형성을 유도해야 한다. 상품만기고객은 특별관리가 필요한데, 수신만기고객은 1주일 이상 전에 연락하여 상품의 교차판매기회를 탐색해본다. 정기적인 방문 이외에도 명절, 생일, 병문안 등 가급적 방문기회를 많이 만들고 업무 이외의 사항에 대해서도 상담의 기회를 가져 인간적으로 고객과 가까워질 수 있도록 노력한다. 고객관리 방법은 직원에 따라 다르기 마련인데 중요한 점은 개성 있는 방법을 사용함으로써 그 인상을 깊게 그리고 좋게 남겨야 한다는 것이다.

창구에서 고객과 대화를 나누는 것은 만만한 일이 아닌데, 이는 고객에 따라서는 적합한 상품을 추천하더라도 직원의 말투 하나를 가지고도 기분나빠하기 때문이다. 지점장의 입장에서 창구 직원들로 하여금 먼저 고객의견을 충분히 경청하도록 지도해야 한다. 중간에 고객의 말을 섣불리 자르거나 결론을 내리지 말아야 한다. 고객에 따라 제안형으로 대화를 해야 할 고객이 있는 반면 확신형으로 대화해야 할 고객도 있다. 응대 커뮤니케이션 유형에 따라 결과가 차이를 보이므로 주의해야 한다. 대화방법의 차별화로 고객응대시간을 단축시킬 수 있으며 업적향상에도 기여할 수 있다. 특히 고객과의 대화주제를 풍부하게 하기 위해 직원들에게 건강상식, 부동산시장 분석방법, 재테크요령, 세무법률지식 등에 관련된 자료를 제공할 필요도 있다.

### 고객대기시간을 편안하게 하기 위한 좌석배치

S지점에서는 창구를 방문하는 고객들이 기다리는 시간을 불만 없이 보낼 수 있도록 고객용 좌석을 창구 쪽이 아닌 다른 벽면에 설치된 TV를 향하도록 배치하였다. 대부분의 지점은 고객좌석 배치가 창구 쪽을 향하도록 즉, 창구에서 업무하는 직원들을 바라보게 되어 있다. 이때에는 고객들이 창구 직원들에게 시선이 머물게 되므로 창구 직원 입장에서도 부담이 될 수 있다. 고객들의 시선이 창구 쪽이 아닌 다른 벽면을 응시할 때는 창구 직원들의 부담이 없어져 업무를 훨씬 더 편안하게 수행할 수 있다고 한다. 고객은 TV 모니터에 나타나는 순번대기표에 자기 번호가 뜨면 창구 쪽으로 이동하여 업무를 보면 된다.

#### 창구마케팅에 대한 지점장 대상 조사결과

창구 방문고객은 은행상품 구매력이 가장 강한 제1의 타겟고객입니다. 따라서 이들에 대한 적절한 마케팅 수행이 무엇보다도 효과적이라 생각됩니다. 은행상품의 다양화와 고객들의 높아진 니즈를 충족시키기 위하여서는 고객을 설득할 수 있는 탁월한 업무지식이 요구됩니다. 창구 담당직원들에 대한 지속적인 직무연수 실시, 적극적인 자기계발 유도, 실적우수직원의 노하우를 여타 직원에 전수시키고 고객과 은행의 이익에 부합되는 주 타겟상품을 정하여 마케팅역량을 집중하고 있습니다.

#### 창구대기시간 관리에 대한 지점장 대상 조사결과(I)

대기고객의 창구 분산이 필요합니다. 업무의 특성상 대출업무 같은 경우에는 대기시간이 길어진다고 하여 일반창구로 유도하여 업무처리를 할 수 없습니다. 하지만, 입출금 업무를 처리하는 창구에서는 대기시간이 길어질 경우 다른 창구로 고객을 안내하여 처리가 가능하기 때문에 다른 창구에서 고객이 없는 경우에는 입출금 업무를 처리하기 위해 내점한 고객들을 유도하여 처리한다면 고객들의 만족도 또한 좋아질 거라 생각합니다. 제가 근무중인 영업점은 1층과 2층을 사용 중이고 입출금 등 단순 업무처리고객은 1층에서 업무를 처리하고 있습니다. 대기 고객이 많아 시간이 지연 될 경우에는 2층 상황을 파악하여 고객 분산을 하고 있습니다.

### 창구대기시간 관리에 대한 지점장 대상 조사결과(2)

장시간 대기고객 발생 시 적절한 조치가 필요합니다. 예를 들어 대출 상담시간이 길어질 경우 대기고객을 처리할 수 없습니다. 때문에 대기고객에 관계없이 처리 중인 고객만을 생각하여 열심히 상담하면 대기 고객이 창구에 차례가 되어 업무처리를 할 때 기분이 상하여 짜증을 많이 낼 수 있습니다. 처리 중인 고객의 상담이 길어질 때는 잠시 양해를 구하여 대기 중인 고객의 업무를 확인하여 다른 창구에서도 가능한 간단한 업무라면 다른 창구로 유도합니다. 만약 계속해 대기를 해야 할 경우에는 예상시간을 설명하고 음료를 제공해 드립니다. 대기고객은 예상시간과 자신을 인식하고 있다고 느껴 상담시에도 기분 좋게 업무처리를 할 수 있게 됩니다. 잠시 시간을 내어 대기고객에게 관심 표현을 하는 것이 필요합니다.

## 3 창구텔러의 활용방법

### 3-1 창구텔러 활용의 중요성

국내 은행들은 IMF시기 이후 감량경영의 공백을 최소화하고 인력관리의 효율화를 도모하기 위해 시간제 임시직원인 창구텔러의 채용을 확대해왔다. 창구텔러 채용 초기에는 사고발생우려가 적은 서무보조, 전화응대, 조회·상담업무 등의 보조업무에 투입되었으나 최근에는 창구텔러 업무가 주류를 이루고 있다. 은행 지점에서 창구텔러는 중요한 역할을 수행하고 있으나 일손부족을 메우거나 비용절감에 초점을 두기 때문에 장기적으로 업무의 효율성이 저하되고 은행 지점에 대한 고객

불만 요인으로 나타나는 경우도 발생한다. 창구텔러는 인생경험, 생활상식, 빠른 손놀림 등에서 신입행원보다 훨씬 유용한 경우가 많으며, 더구나 갈수록 노동시장이 유연화되어 전문적인 창구텔러도 많이 등장하게 될 것으로 예상되고, 계약직 창구 직원의 정규직화가 이루어지고 있다. 지점에서는 단순업무를 창구텔러에게 맡긴다는 기존의 시각을 버릴 때 창구텔러 운영의 최대효과를 얻을 수 있을 것이다.

### 3-2 창구텔러 활용법

현재 창구텔러는 지점에서 중요한 역할을 수행하고 있는데 활용방안을 지점장 스스로 정립해놓아야 한다. 다음의 내용은 개별 은행이나 지점마다 모두 적용될 수는 없지만 창구텔러의 중요성이 점증하고 있는 시기에 지점장 입장에서 주지하고 있어야 한다.

① 계약직원인 경우 스스로를 정규직원과 동등하게 생각토록 유도한다.

지점의 창구텔러는 지점 경영에 있어 중요한 존재이기 때문에 계약형태에 따라 서무계를 맡기는 것도 고려할 만하다. 창구텔러에게 지점의 안살림을 맡기고 가정주부의 감각으로 예산집행과 경비절감을 도모하도록 독려하는 자세가 필요하다. 계약직원의 경우 스스로를 정규직원과 동등하게 생각할 때만이 지점의 영업력을 극대화할 수 있다는 점을 명심해야 한다. 유능한 지점장은 창구텔러를 항상 정규직원과 동등하게 대우한다.

② 지점 내의 정규 커뮤니케이션에 참여시킨다.

지점 내의 직원회의, 문서공람에는 반드시 창구텔러를 참여시켜 지점의 커뮤니케이션 흐름에 동참케 한다. 직원회식에 함께 가는 것만이 커뮤니케이션은 아니며 직원회의중 참석자의 의견을 물을 경우에는 반드시 창구텔러에게도 질문을 던지도록 해야 한다. 토의안건에 대해 누구보다 객관적인 시각을 가질 수 있다. 고객의 입장에서는 창구 직원이 창구텔러인지, 정규직원인지를 가리지 않고 누가 얼마나 신속·정확·친절하게 응대해주느냐에 관심을 갖는다. 창구텔러에게도 업무와 관련된 충분한 정보를 제공하고, 더 나아가 연수에 참여시키는 것이 당연하다.

③ 제안을 독려하고 제안사항은 반드시 수용한다.

작은 것이라도 반드시 의견을 발표토록 하고 개선안을 수용해주어야 한다. 제3자의 눈으로 보면 무엇이든 아쉬운 점이 발견되기 마련이고 자신의 제안사항이 경영에 반영되면 누구든지 조직에 대한 참여의식이 고조되기 마련이다. 예를 들어 아파트단지 부근 지점의 창구텔러가 '객장에 아이들을 위한 그림책이 있으면 어린이를 동반한 주부고객에 편리할 것이다'라는 제안을 했는데, 이를 수용한 결과 고객반응도 좋고 창구텔러도 한층 적극적인 사고방식을 갖게 된 사례가 있다.

④ 일지(日誌)를 쓰게 하여 의사소통채널을 구축한다.

말로 하기 어려운 것도 글로 쓰게 하면 본심이 나오기 때문에 업무적인 요망사항, 개선점 등을 일지로 작성하여 제출토록 하면 창구텔러의 생각을 알 수 있을 것이다. 지점장이나 관리책임자의 의견도 말보다 일지의 회신란에 글로 적어 되돌려주는 것이 바람직하다. 지점장 입장에서는 창구텔러가 우선 스스로 해결책을 찾도록 유도하거나 제도적으로 개선책을 찾아보도록 해야 한다.

⑤ 가끔씩은 시간외근무도 부탁한다.

사람은 남이 자기를 믿으면 능력을 발휘하는 법이기 때문에 시간외근무는 '당신을 정규직원과 마찬가지로 신뢰합니다'라는 의사표시로 받아들여질 수 있다. 시간외수당이 지불되기 때문에 지점 내 창구텔러가 여러 명일 경우에는 시간외근무가 특정인에게 치우치지 않도록 해야 한다. 월말이나 명절 전후에 자발적인 시간외근무를 유도하면 지점의 생산성향상에 기여할 것이다.

⑥ 재계약은 단호하게 처리한다.

지점의 입장에서 볼 때 재계약시기는 평소의 요망사항을 가장 확실하게 요구할 수 있는 기회이기 때문에 '이런 점을 개선하고 이런 점은 더 해주세요.

그리고 앞으로 이런 일은 하지 않아도 좋습니다'라고 분명하게 말할 수 있어야 한다. 재계약시기에 보여주는 은행측의 분명한 맺고 끊음은 창구텔러의 평상시 업무태도에도 영향을 미치므로 매우 중요하다.

⑦ 업무능력 개발을 위해 계 이동을 시킨다.

창구텔러라도 최소한 두 가지 종류의 업무를 처리할 수 있도록 해야 한다. 계 이동은 창구텔러 본인에게도 만만찮은 부담이 되므로 업무능력이 뛰어난 창구텔러에 대한 발탁인사라는 느낌을 주도록 해야 한다. 이를 통해 계 이동을 하는 창구텔러 본인도 심리적으로 만족할 것이며 다른 창구텔러의 의욕도 높이는 효과를 얻을 수 있다. 계 이동은 지점 전체의 인력운용을 보다 원활하게 하는 효과를 얻을 수 있다.

⑧ 한 사람을 영웅으로 만들지 않는다.

인간이기 때문에 창구텔러 간의 능력차는 필연적이지만 그렇다고 너무 우수한 사람을 치켜세우면 다른 사람의 질투로 연결되어 전력을 극대화하기가 어렵다. 만약 실적에 따라 보수가 차별지급된다면 한두 명의 뛰어난 영웅이 필요할 수도 있으나 그렇지 않다면 창구텔러 전체의 업무능력을 제고하는 것이 훨씬 더 중요하다. 직원 상호간의 상부상조나 전체의 이익을 위해 노력하는 자세가 부족한 사람은 재계약시 그 점을 보완해줄 것을 짚고 넘어간다.

⑨ 규정을 어기면 반드시 지적한다.

일손이 부족하다고 무조건 치켜세우는 것만이 능사는 아니다. 규칙을 위반하거나 게으름을 피우는 일이 있어도 어차피 창구텔러이니까 하고 아무런 소리를 하지 않다가 계약을 갱신하지 않는 것도 옳은 방법이 아니다. 잘못한 일이 있으면 정규직원과 마찬가지로 꾸짖고 냉정하게 타일러야 한다.

⑩ 지점성과는 모두가 골고루 나눠 갖는다.

지점이 특정 캠페인이나 분기말 실적평가에서 좋은 결과를 얻으면 정규직원은 물론 창구텔러 전원을 대상으로 노고를 치하해야 한다. 포상이나 상품이

나오는 경우라면 아무리 적은 것이라도 창구텔러와 동일하게 나눠야 한다. 이를 통해 지점은 창구텔러에게 '함께 일해서 좋았다'라는 치하를 하는 것이 되고 창구텔러는 '여기에서 일할 수 있어 기쁘다'라는 마음을 갖게 된다.

## 4 만기고객 관리방안

### 4-1 만기고객 관리의 중요성과 실행방안

지점 창구에서 기존고객 관리의 첫걸음은 수신·여신상품 만기관리이며, 만기관리의 노력과 관리체계의 확립에 따라 지점실적의 성패가 좌우된다. 만기관리를 소홀히 하는 지점은 인근 경쟁은행으로부터 공격을 당하기 쉬울 뿐만 아니라 지점성과를 지속적으로 향상시키기 힘들다.

지점장은 만기관리체계를 점검하고 만기관리에 철저히 임해야 한다. 대출만기고객의 경우 만기시 업종에 대한 분석을 철저히 하여 디마케팅 대상인지를 파악하고 고객 교차판매 가능성에 따라 만기관리를 한다. 월초 당해월 만기 리스트를 작성하고 담당자별로 소지한다. 본부에서 실시하는 DM과 별도로 담당자가 사전(2주전)에 전화로 기일을 통지하여 기일에 상환 또는 기한 갱신에 대비토록 조치한다. 신용등급 하락업체에 대해서는 만기 2개월 전에 통지하고 사전협의를 갖는다.

수신만기 고객에 대해서는 만기도래 이전 재가입 권유 및 신상품 소개 등 지속적인 고객접촉이 가장 중요하다. 권유자가 있을 때에는 권유자를 전담관리자로 지정한다. 매월 말 다음 달 기일도래 명세를 작성하여 1개월 전에 기일을 예고하고, 일정표에 기재해야 한다. 일주일 전 추가통보하고 상품을 설계하여 추가유치 및 갱신을 유도하는 것이 바람직하다. 기일 하루 이틀 전까지 재유치를 확정토록 하고 고액 수신고객은 지점장이 전화, 심방 등 적극적인 활동으로 재유치를 지원해야 한다. 기일 당일 이행내용을 점검하는 것도 필요하다.

## 4-2 지점의 만기고객 관리체계

만기고객 관리를 위해서는 먼저 자료의 사전준비가 필요하다. 만기고객 리스트를 준비하고 충분한 시간을 두고 계획을 수립한 다음 메일, 전화, 방문 등 고객접촉을 실행한다. 이때에는 최초 권유자를 추적하여 재유치 전략을 수립한다. 직원이 이동한 경우에는 새로이 담당직원을 정한다.

만기고객은 4등급으로 구분하여 관리할 필요가 있다. 1등급은 갱신확실, 2등급은 다소 확실, 3등급은 불명확 혹은 미교섭, 4등급은 인출 혹은 상환확실로 구분한다. 만기관리를 조기에 착수할 경우 1, 2등급의 비율을 크게 증가시킬 수 있다. 대상등급을 면밀히 분석하여 방문여부 및 방문횟수를 정한 후 종합적으로 관리한다.

한편 창구에서의 만기고객 관리도 중요하다. 만기도래 고객에 대해서는 창구 직원이 숙지하여 지점 창구방문을 할 경우 반드시 책임자 등이 적극적으로 섭외할 수 있도록 체제를 구축해둔다.

### 여신고객 만기관리 방안에 대한 지점장 대상 조사결과

대출만기 고객의 경우 만기시 업종에 대한 분석을 철저히 하여 디마케팅 대상인지에 대해 파악하고 고객 교차판매 가능성에 따라 만기관리를 하고 있습니다. 매월 초 월중 만기대상자 리스트를 전산추출하여 담당자가 집중관리합니다. 본부에서 실시하는 DM과 별도로 담당자가 사전(2주 전)에 전화로 기일을 통지하여 기일에 상환 또는 기한갱신에 대비토록 조치하고 있습니다.

### 수신고객 만기관리 방안에 대한 지점장 대상 조사결과

만기도래 고객에 대한 사전 재가입 권유 및 신상품 소개 등 지속적인 고객접촉이 가장 중요하다고 생각합니다. 일반예금은 개인고객 담당자, 여신고객 관련 예금은 여신업무 담당자, 권유자가 있을 때에는 권유자를 전담관리자로 지정합니다. 매월 말 다음 달 기일도래 명세를 전산추출하여 1개월 전 기일을 예고하고, 만기 일주일 전 추가통보하면서 상품을 설계하여 추가유치 및 갱신을 유도한 후 만기일 하루 혹은 이틀 전까지 재유치를 확정토록 합니다. 고액 수신고객은 전담관리자뿐만 아니라 지점장이 전화, 심방 등을 통해 재유치를 지원합니다. 만기일 당일에는 이행내용을 점검하고 있습니다.

## 5 창구직원의 역량강화 방안

고객과 대면을 통해 금융상품과 서비스를 제공하는 곳이 영업점 창구다. 금융기관의 간판임과 동시에 수익을 창출하는 장소다. 창구내점고객은 상품구매력이 가장 강한 제일의 타깃고객이다. 영업점 방문고객에 대한 적절한 상담수행은 영업점 경쟁력 강화에 가장 효과적이다. 하지만 창구방문고객중 상담을 원하는 고객은 많지 않으며, 상담을 원하는 고객들도 실제로 상담을 받지 못하는 경우가 많은 것으로 조사됐다.

'IBM비즈니스컨설팅서비스'에서 조사한 결과에 의하면 대출고객의 16.5%, 자산운용고객의 10.6%만이 상담을 원하는 것으로 나타났다. 이들 상담을 원하는 고객들도 "예금액이 적어 상담하기 어렵다", "바쁠거 같아 천천히 상담할 수 없다", "설명이 어려워 잘 이해할 수 없다", "대기시간이 길다", "은행영업시간에 맞춰 상담하러 갈 수 없다" 등의 요인이 은행직원과의 상담에 장해요인으로 드러났다.

한편 은행창구에서 상품구입자의 대다수는 은행 창구직원의 능력과 태도 등 인적대응 수준을 평가하여 상품을 구입하는 비율이 높은 것으로 조사됐다. 은행에서 예금, 펀드 등 상품을 구입하고 있는 고객이 재구입을 할 때 중요시하는 것도 직원에 대한 신뢰, 창구담당자의 풍부한 지식과 빈번한 연락, 창구담당자의 적절한 조언 등이라고 조사결과 밝혀졌다.

창구영업력 강화를 위해서는 무엇보다 업무지식이 중요하다. 매일 1시간 이상 신문이나 인터넷 등을 통해 전반적인 시장동향 파악이 필요하다. 금융상품 지식도 중요한데 상품특징, 세일즈포인트, 세율, 경쟁상품 비교능력 등이 요구된다. 신문, TV, 정기간행물 등을 통해 풍부한 상식을 갖추어야 한다. 은행판매상품의 다양화와 고객들의 높아진 니즈를 충족시켜주기 위해서는 고객을 설득할 수 있는 탁월한 업무지식이 요구된다. 실적우수 직원의 노하우를 여타 직원에게 전수시키고 고객과 은행의 이익에 부합되는 주타깃 상품을 정하여 세일즈 역량을 집중해야 한다.

창구세일즈는 거절로부터 시작된다는 말이 있듯이 정신무장을 갖추는 것은 창구세일즈 활동에서 가장 요구된다. 은행을 대표한다는 주인의식과 책임의식을 갖추는 것이 필요하다. 적극적 세일즈마인드와 목표의식도 중요하다. 또한 당당하게 권유하고 거절을 극복할 수 있다는 마음가짐을 의미하는 자신감이 필요하다. 고객의 'NO'는 상담이 끝난 것이 아니다. 즉 'ON'의 상태인 것이다. 미국 소매상 협회의 조사결과에 의하면 물건을 팔 때 세일즈맨 중 48%는 단 한번 권유하고서 포기하고 두 번 권유하는 사람은 25%, 세 번 권유하는 사람은 15%라고 한다. 12%만이 네번 이상 권유한다고 응답했는데 이들이 전체 판매량의 80% 이상을 차지한다고 발표했다.

창구세일즈의 성패는 행동의 습관화에 달려 있다. 세일즈 성공의 비결은 모두 알고 있다. 다만 중요한 것은 실천하느냐, 안하느냐의 문제다. 일정기간 동안의 목표를 세워 놓고 매일 시스템처럼 움직이는 것이 성공의 비결이다.

제7절

# 고객만족경영과 직원만족경영

## 1 고객만족경영

### 1-1 지점 고객만족경영의 중요성

향후 은행업에 있어 고객만족(CS; Customer Satisfaction)경영의 활용은 경쟁우위를 좌우하는 가장 중요한 요소다. 금융시장의 겸업화와 외국 금융기관의 국내진출이 진전됨에 따라 국내 금융기관 간 고객유치경쟁이 가열되고 있다. 각 금융기관은 양질의 서비스 제공을 통한 고객만족경영을 통하여 우수고객 확보에 주력해야 한다.

고객만족경영이란 기업이 제공하는 상품, 가격, 서비스 및 기업 이미지 등에 대한 고객만족도를 정기적, 계속적으로 측정하여 만족도를 계량화하고 그 결과를 바탕으로 고객의 불만족요인을 즉각적으로 개선하여 보다 높은 고객의 만족을 추구하는 경영활동이다. 고객과 함께 생각하고 행동하며 고객에게 만족을 주는 경영을 의미한다. 고객만족을 결정하는 요소는 상품과 서비스 및 기업 이미지 등을 들 수 있는데, 과거에는 지점 환경, 지점구조, 자동화기기 등을 중시했으나, 점차 현장서비스, 인간미 느끼는 서비스, 상품브랜드, 편리성 등을 더욱 중시하고 있다.

### 1-2 지점 고객만족경영 추진시 유의사항

은행 지점의 창구서비스는 고객만족의 출발점인 동시에 은행 경쟁의 중요한 무기라고 할 수 있다. 은행의 창구 직원이라고 해서 단순히 창구에서 고객을 응대하는 텔러(teller)라는 입장을 떠나 은행을 대표하는 사람이요, 은행의 얼굴인 동시에, 자점의 마케팅 리더라는 마음가짐을 가져야 한다.

고객이 처음 지점에 방문해서 느끼게 된 첫인상이 어떤가에 따라 은행과의 거래 여부가 결정되는 경우가 많다. 첫인상의 80%는 3~4초 이내에 빠르게 결정되며 첫인상의 결정요소는 표정, 용모와 복장, 자세와 동작, 인사, 말씨이며 이 중 어느 것 하나라도 고객의 눈에 거슬린다면 고객에게 좋은 인상을 남길 수 없다. 특히 밝은 표정과 미소는 첫인상에 영향을 주는 중요한 요소이므로 지점장은 창구 직원들이 항상 이 점을 유념하면서 고객응대에 임하도록 한다. 미소(smile)란 밑천이 들지 않을 뿐더러 계속 제공해도 쪼들리는 가계부처럼 쥐어짤 필요가 없는 무한대의 자원이다. 보내는 사람은 순간이지만 받는 쪽 마음속에는 오랫동안 잔상으로 스며드는 마력을 가진 것이 또한 미소이다. 미소는 이자가 붙은 부메랑이 되어 언젠가는 반드시 되돌아온다는 것을 명심하여 응용하면 좋을 것이다.

그러나 일반적으로 고객만족이라 할 때 친절, 웃음, 빠른 응대 등 기본적인 것들에 치중하여 거래고객들이 어떠한 특징을 가지고 있는가를 간과하기 쉽다. 고객만족에 대한 평가는 바로 고객이 평가한 결과인 것이다. 고객이란 은행에 이윤을 가져다주는 존재, 은행이 의존해야 할 존재이다. 고객의 욕구를 파악하여 고객에게 더 나은 가치를 제공하며 고객이 해결하고자 하는 문제를 사전에 파악하여 적시에 해결해주는 것이야말로 고객만족의 기본이라고 할 수 있다.

그런데 영업을 하다 보면 지점에 대하여 여러 가지 고객불만이 제기되는 것은 불가피하다. 직원들도 사람이기 때문에 그중에는 미숙한 사람, 말씨가 거친 사람, 태도가 세련되지 못한 사람도 있을 수 있다. 그러므로 고객의 불만이 언제 어떠한 형태로 발생할지 예견하기 어려운 만큼 평소에 정보가 지점장에게 신속히 전달되도록 하는 체제와 분위기를 점내에 만들어놓아야 한다. 그리고 불만이 생겼을 경우 원칙적으로 그날 안에 대응할 수 있도록 노력한다. 특히 신규거래처에 대해서는 솔선해서 전면에 나서는 마음가짐이 요구된다.

**지점의 고객감동 점검표(S은행 ○○○지점 사례)**

**관심과 열정으로 CS 일등 지점을!**
**고객에 대해 항상 자신감을 갖고 응대합시다**

① 맞이인사, 배웅인사를 밝은 표정으로 크게 한다.
② 고객에게 눈을 맞추고 밝은 표정을 짓는다.
③ 친절한 말씨로 고객 호칭을 적절하게(5회 이상) 부른다.
④ 고객업무를 우선 처리하고 업무지연시 양해의 말을 꼭 사용한다.
⑤ 전화, 신분증 복사 등을 할 때 양해의 말을 꼭 사용한다.
⑥ 고객에게 알기 쉽게 설명하고 상품안내장 등을 이용한다.
⑦ 전화는 작은 소리로(외부로 들리지 않게, 업무시간에 사적인 전화 억제), 가급적 짧게 이용한다.
⑧ 책임자는 적극적인 관심을 갖고 창구 직원의 업무를 지원한다.
⑨ 업무시간에는 이석을 억제한다.
⑨ 창구 정리정돈을 잘하여 청결을 유지한다.
⑩ 업무시간에는 직원 간에 잡담, 지나친 반말, 부적절한 호칭은 금지한다.

우리 모두 직원 간에 칭찬과 격려를 하루에 한 번씩은 합시다.

S은행 ○○○지점

## 1-3 고객개념의 변화 : 고객은 '왕'이 아니라 '파트너'

### 가. 지점의 현실

은행의 수신상품뿐만 아니라 대출상품 역시 아무리 공급이 많더라도 수요가 없는 시대가 도래했다. 은행업에서는 제조업의 제품과 마찬가지로 공급자가 원하는 대로 팔리지 않는 시대에 접어든 것이다. 팔리지 않는 시대임에도 불구하고 팔아야 하는 것은 은행 지점장의 변함없는 고충이다. 경기가 좋건 나쁘건 본부에서 주어지는 목표를 달성해야 하기 때문이다. 그런데 목표달성을 위해 함께 노력해야 할 지점의 직원들은 어떤가. 하나의 목표에 도전하려 하고 있는가. 대부분의 경우 지점장의 고충 따위는 전혀 아랑곳하지 않는다. 목표달성은커녕 열심히 일하려는 자세조차 보이지 않는다. 지점장의 입장에서 다음과 같은 고민을 털어놓는 경우가 많다.

"부하직원이 생각대로 움직여주지 않습니다. 이달도 목표미달이고 지역본부에서 매월 개최하는 영업회의에 참석하는 것이 괴롭습니다."

지점 실적이 오르지 않는 것이 부하의 태만 때문일까, 아니면 지점장의 무능력함 때문일까, 지점장의 고민은 끝이 없다. 그렇다면 어떻게 해야 부하직원들이 지점장의 기대에 부응하는 행동을 취해줄까? 이에 대해 생각하기에 앞서 먼저 "왜 부하의 실적이 오르지 않는가"에 대해 파악할 필요가 있다. 실적부진의 원인은 개인의 역량이나 업계 동향에서 찾을 수 있다. 하지만 가장 큰 이유는 종래의 영업방식이 현재 시대에 맞지 않고 후배 젊은 직원들의 마인드와도 맞지 않기 때문은 아닐까.

### 나. 영업모델의 변화

과거에는 소위 '머슴모델'이 마케팅관리의 주류였다. 머슴모델이란 생계를 유지하기 위한 급여를 위해 일하는 사람을 말한다. 대량생산, 대량소비의 시대에 있어 영업스타일은 심부름꾼이었으며 발로 뛰기, 근성, 지인에 대한 부탁 등으로 실적을 올렸다. 이때는 "고객은 왕이다"라는 시대였다. 그후 어린이모델의 인간관계론 관리시대가 왔다. 어린이모델은 사회 속에서 자신의 위치를 찾는 것이 기쁨이다. 일하는 동기는 출세나 명예, 내집을 가질 수 있는 정도의 여유 있는 생활을 하는 데 있다.

하지만 이제는 파트너모델의 경영관리시대를 맞이하고 있다. 파트너모델에서 일하는 동기는 보람이다. 자기발견, 자아성장을 추구하는 일하는 사람들이 대다수를 차지하는 시대다. 고객들도 자주 찾아오거나 접대받기보다는 오히려 고객이 필요로 하는 사항에 대해 문제해결 제안을 들고 오는 컨설턴트다운 은행 직원을 가장 반긴다.

일하는 직원들의 의식이 변하고 고객들의 마인드가 변하는 시대에 맞게 지점 매니지먼트 방식도 바꾸어가지 않으면 안 된다. 그러나 대부분의 지점장들은 본부의 실적독촉에 지점 직원들을 상대로 말에게 당근을 주는 꼴로 "이만큼 실적을 거두면 인사고과에 가점을 주겠다"는 식의 어리석은 접근을 하는 것이 문제다. 매니지먼트가 바뀌지 않는 것, 지점장의 의식이 바뀌지 않는 것이 과거의 영업방식을 답습하는 커다란 원인이라고 할 수 있다.

### 다. 컨설턴트적 매니지먼트

과거에는 고객의 요구와 상관없이 은행이 상품을 만들어 직원들에게 팔게 했었다. 발로 뛰는 근성영업은 여기서부터 시작됐다. "손님은 왕이라고 생각하라" 혹은 "무릎을 꿇어서라도 팔아오라"는 방식의 사고였다. 지금 생각하면 농담같은 이야기가 과거에는 실제로 존재하였다. 고객에게 구매를 구걸하는 것에 지나지 않았던 것이다.

이후 경영학에서도 인간관계론이 중시된 것처럼 마케팅에서도 관계성을 중시하는 방식으로 바뀌었다. 교제, 접대, 선물을 통해 영업이 이루어졌다. "만든 만큼 판다"는 대량생산의 시대의 마케팅은 통용되지 않게 되고 "손님의 요구에 응하겠습니다"라는 캐치프레이즈가 주된 영업방식이었다.

하지만 자아실현이 우선인 21세기에는 시장은 포화상태에 있는 데다 고객의 안목이 높아진 점, 인터넷 발달의 영향으로 관계성에만 의존하는 영업은 통용되지 않게 됐다. "고객님의 요구에 응하겠습니다"보다 "고객님은 이것이 필요하시군요. 이렇게 해결해보시지 않겠습니까"라는 제안형 영업이 중시되는 시대에 진입했다. 은행 지점 직원들도 단순히 발로 뛰는 영업, 그저 고객의 말에 따르는 영업에 그칠 것이 아니라 고객의 고민을 이해하고 함께 해결하는 컨설턴트가 되어야만 하는 시대에 접어들었다. 컨설턴트 수준의 업무를 수행할 수 있게 되려면 모든 직원이 창조적이 되어 아이디어를 내고 고객의 잠재적인 욕구를 이해하고 해결해야 한다.

## 2 지점의 고객만족요소

고객만족을 위한 지점 서비스는 인적, 물적, 환경적 요소로 구분된다.

**지점의 고객만족요소**

| 구분 | 개념 | 주요 서비스 내용 |
|---|---|---|
| 인적요소 | 직원에 의해 제공되는 서비스 | 고객응대태도(인사성·친절성), 업무처리방식, 직원의 자세·용모·말씨, 직원의 업무지식·상품지식·고객지식, 책임자의 업무지원, 전화응대자세, 청경의 친절한 안내 |
| 물적요소 | 사무기기에 의해 제공되는 서비스 | 현금자동입출금기, 통장정리기, 공과금수납기, 무인자동화코너 |
| 환경적 요소 | 편의시설을 통해 제공되는 서비스 | 지점레이아웃, 지점내외설계, 조명밝기, 고객편의시설(공중전화·의자·필경대·자판기·식수대 등), 지점의 청결도, 주차장 |

### 2-1 인적서비스

인적서비스란 사람에 의한 서비스를 말하는 것으로 사람과 사람의 관계를 통해 제공되는 대면서비스다. 창구 직원의 고객응대태도나 업무처리방식, 자세, 용모, 말씨뿐만 아니라 창구 직원의 업무지식, 상품지식, 고객지식 등이 있다. 서비스업인 은행의 입장에서 보면 인적서비스는 고객만족 혹은 불만족의 핵심요소다. 매일 아침 개점시에는 전 직원이 기립하여 정중하게 인사한 후 업무를 시작하고, 고객혼잡시 또는 전산장애시에는 안내방송을 수시로 실시해야 한다. 고객과 인사할 때는 악수를 병행하여 고객과 빠른 시간 내에 가까워질 수 있도록 한다.

### 인적서비스 부문에서 영업점 고객만족요소 실천사례

**① 고객응대 시 철저한 인사**

모든 고객들에게 친근감을 심어주기 위해서는 인사가 무엇보다 중요하다. 가능한 시간에는 지점장이 영업점 로비에서 직접 인사를 담당하고 있으며, 청경을 포함한 모든 직원들이 고객응대 시 친절한 인사에 중점을 두고 있다. 청경은 영업점 보안을 주로 담당하지만 고객과의 관계에 있어서도 매우 중요한 역할을 수행한다. 지점장 입장에서 영업점 모든 직원들의 고객응대업무도 적극적으로 수행하도록 독려해야 한다.

**② 창구 방문고객의 특성을 고려한 추가적인 상담 실시**

지점장 입장에서 고객이 창구 방문 시 단순업무 처리, 예를 들어 인터넷뱅킹 가입, 타행송금 같은 업무를 처리하러 창구를 방문할 경우 추가적으로 은행업무에 관한 전반적인 상담을 할 수 있도록 직원교육에 노력하는 것이 필요하다. 고객이 객장에 들어오는 순간 청경직원이나 로비매니저가 고객에게 다가가 지점에서 처리하기 원하는 업무를 물어보는 것이 기본이다. 창구방문 시에는 고객 연령이나 직업 등에 비추어 현재 필요해 보이는 상품을 추천해 드린다. 고객은 단순한 업무처리 이상의 상담을 받고 평소에 생각하지 못했던 만족을 경험하게 된다. 단순히 고객이 요구하는 것만 응답해 드릴 수도 있지만 더 나아가 미리 생각하지 못했던 부분까지 서비스를 제공해 드릴 때 고객의 만족감은 높아진다. 친절한 응대는 기본이며 이에 더해 전문적인 업무지식을 갖춘 직원들의 상담서비스가 최고의 고객만족이 된다.

**③ 고객성향 반영한 상담실시**

K지점장 경우 '나만의 고객 리스트'가 있다. 관리고객의 가족사항이 어떻게 되며, 은행상품에 대해 어떤 성향을 가지고 있는지 등 대화 중에 나온 상세한 내용까지 기록하며 기억한다. 고객은 자신의 문제를 해결하고 도움을 받고자 지점장을 찾는다. K지점장은 항시 고객의 입장에서 고객에게 이익이 되는 방향으로 일처리를 한다. 물론 지점실적을 중요하게 생각한다. 직원입장에서 K지점장이 정말 내 가족의 일처럼 고객의 일에 신경 쓰는 것을 보면, 정말 대단하다는 생각이 든다. 진정한 고객만족을 위한 서비스를 하고 있다고 매번 느끼게 되고 배우게 된다.

④ **전문적인 상담역량**

각 은행에서 취급하는 업무내용과 서비스가 유사한 상황에서 고객들이 은행을 평가하는 기준은 은행직원들의 자질에 크게 의존한다. 은행권의 이슈가 고객의 기여도나 라이프사이클에 따른 차별화된 서비스를 제공하는 것으로 바뀌면서 전문적인 상담역량 강화는 중요해지고 있다. 이제 고객들은 기능별로 서비스를 제공받는 것이 아니라 한 곳에서 모든 상품을 구매하고, 한 직원한테 모든 설명을 듣는 원스톱뱅킹서비스를 원한다. 지점장의 전문적인 상담은 고객으로부터 신뢰를 얻을 수 있고 잠재고객 확보와 은행거래를 심화시킬 수 있는 요인이다.

⑥ **세심한 배려**

영업점에서 고객만족을 위해 고객니즈에 적극적으로 부응하는 것이 중요하다. 인적 서비스 차원에서 사소한 것이라도 고객과 밀접한 관계를 맺을 수 있도록 노력하는 것이 필요하다. 예를 들어 기업거래처의 키맨의 생일이나 기념일 등을 챙기는 것뿐만 아니라 정월대보름, 초복·중복·말복 등의 주요 절기, 발렌타인데이, 화이트데이 등 기념하거나 축하할 수 있는 날에 대해 미리 직원들과 상의하여 우수고객 대상으로 상징적인 작은 선물 등을 준비함으로써 고객에게 더욱 가깝게 다가갈 수 있다. 날씨가 춥거나 더울 때 따뜻한 커피나 아이스크림 등을 준비하여 거래처를 방문함으로써 보다 친근해질 수 있는 기회를 만들 수 있다.

⑦ **고객의 문의사항에 대한 즉각적인 피드백**

영업점 인적 서비스 제고를 통한 고객만족을 위해서는 고객접점에서 직원들의 응대능력이 가장 중요하다. 고객응대 직원의 태도와 매너, 상담역량, 상품 및 서비스에 대한 지식 등이 인적 서비스 수준을 결정짓는 요인이다. 단순한 친절성보다는 직원의 상품 및 서비스에 대한 알기 쉬운 설명과 고객의 문의사항에 대한 현장에서의 즉각적인 대응능력이 고객만족에 큰 영향을 미친다.

**⑧ 주변 경쟁은행 점포 벤치마킹**

고객만족을 위해서는 근무하고 있는 은행의 주변 지점뿐만 아니라 인근의 타행 점포를 주기적으로 방문하여 경쟁점포가 고객만족을 위해 어떤 다양한 서비스를 제공하는지를 살펴보는 것도 필요하다. 실제로 타행의 객장로비에 앉아서 경쟁점포의 직원이 내점고객에 대한 응대태도나 업무처리방식을 제3자의 객관적인 눈으로 관찰했다. 타행 직원들의 고객응대 시 장단점도 모니터링했다. 그런 결과를 직원들과 토론하고 공유함으로써 지점입장에서 벤치마킹해야 하는 개선방안을 찾도록 노력했다. 주변 경쟁은행 점포를 모니터링하여 얻은 우수한 점을 실제 고객응대에 적용했다. 벤치마킹 결과는 고객과의 유대관계 증진에 많은 도움이 되었다.

**⑨ CS평가결과 활용**

서비스 기업에서는 CS를 평가하는 모니터링 제도를 운영한다. CS모니터링 조사는 단지 친절하고 상냥한 마음으로부터의 응대뿐만 아니라 타행과 차별화된 그 무언가를 평가하는 것도 모니터링의 목적이어야 한다. 지점의 장단점을 파악하여 고객이 타행으로부터 느끼는 서비스의 질과 어떻게 다른지, 차이점이 무엇인지 등을 파악하여 가장 최고의 서비스를 제공할 수 있도록 타행을 방문하여 서비스 실천 모습을 벤치마킹하는 것도 필요하다. 물론 타행 뿐아니라 자행의 CS평가 우수지점을 방문하여 고객만족을 위한 방법을 찾고 논의하는 방법도 좋다. 고객을 알기 위해 직원 스스로 고객이 되어 고객의 눈으로 체험해 보는 것이야 말로 가장 쉽게 고객만족을 위한 방법을 찾을 수 있는 해법이 될 수 있다.

### 인적서비스 개선에 대한 지점장 대상 조사결과

제가 직원들에게 늘 사용하는 말이 있습니다. 바로 "진심과 정성"입니다. 은행업무도 사람과 사람이 행하는 것이고, 고객을 진심과 정성으로 대하면 고객은 반드시 이에 감동을 받는다는 확신이 있기 때문입니다.

## 2-2 물적서비스

물적서비스란 은행 내 각종 하드웨어적인 사무기기에 의한 서비스를 의미하는데, 지점 내외의 ATM, 통장정리기, 공과금수납기 등이 포함된다. 은행의 대표적 물적서비스인 자동화기기는 이용고객이 증대하면서 고객거래의 최대접점이 되고 있다. 지점장은 ATM 관리에 솔선수범하며, 무인자동화코너의 경우 용역정비업체에만 맡기지 말고 수시로 돌아보며 관리해야 한다.

**물적서비스 부문에서 영업점 고객만족요소 실천사례**

**① 신형ATM기기 도입**

H지점장이 근무하고 있는 ㅇㅇ지점은 30년 이상된 오랜 역사를 가진 영업점이다. 다른 지점에 비해서 내방하는 고객 숫자가 많은 편이다. 충성고객이 많아서 수신기반은 어느 정도 유지되고 있다. 금리 때문에 타행으로 이탈하는 고객도 적었다. H지점장은 부임해서 고객들을 만나서 불만사항을 들어보니 ATM기에 대한 불만이 제일 많았다. 그래서 본부 관재팀에 공문서로 요청하였으나 자본예산의 책정이 끝나서 안 된다는 답변이었다. 고객의 요청과 본사의 정책 사이에서 고민하던 중 일일(一日) ATM기 사용량 및 금액을 조사하여 본사의 논리를 논리로 맞서 ATM기 2대를 교체했다. 신형ATM기 도입으로 고객들은 자동화기기 이용할 때 만족도가 크게 제고됐다.

**② 자동화코너의 청결도 유지**

ATM 등 자동화기기의 설치는 인력감축으로 인한 비용절감 효과와 더불어 고객에게는 창구대기 시간 단축에 따른 편의를 제공해 준다. 자동화기기를 활용해 고객만족도를 높이기 위해서는 고객이 조작하기 쉬운 화면을 도입하고 장애인이나 고령자도 쉽게 사용할 수 있도록 항시 지원인력을 배치해 적시에 어려움을 해소해 드려야 한다. 자동화코너는 고객이 가장 많이 애용하는 곳이므로, 청결에 항시 유념해야 하고, 항시 깨끗함을 유지해야 한다. 실제로 얼마전 대학가 앞에 자동화코너를 찾았을 때 지저분한 환경에 놀라움을 금치 못했다. 음료수캔이 바닥에 나뒹굴고 화장지가 지저분하게 널려 있는 환경은 아무리 편리한 기능이 있는 ATM이 있더라도 사용을 꺼려하게 된다.

③ **자동화기기의 청소**

은행 영업점에서 ATM기기가 설치돼 있는 자동화코너는 최일선 영업창구다. 자동화기기는 기름걸레를 사용하여 항상 깨끗함을 유지해야 한다. 직접 청소를 담당하지 않는 직원들의 관심도 중요하다. 영업점 인근에 거주하는 직원들의 경우 일요일이나 공휴일에 한번쯤 청결상태를 확인하는 행동도 요구된다. "지저분한 환경으로 인해 고객에게 불쾌감을 주고 있지는 않는지", "자동화기기의 가동이 중단되지는 않았는지", "장애발생시 즉시 처리가 되는지" 등을 확인해 보는 자세를 가져야 한다. 직원들의 세심한 관심이 고객들에게 좋은 인상을 준다. 은행 영업점의 간접적인 광고효과도 자연스레 거둘 수 있다.

## 2-3 환경적서비스

환경적서비스는 은행 지점의 내부 및 외부시설을 통해 제공되는 서비스를 의미한다. 고객들이 은행에 기대하는 것은 단순한 거래업무 처리만이 아니라 거래환경이나 다양한 편의시설에 대한 부분도 존재한다.

지점장 부임시 가능하면 공사를 하여 지점을 깨끗하게 유지하는 것이 필요하며, 전기공사와 페인트칠은 반드시 실시하는 것이 요망된다. 특히 레이아웃 공사시 차별화된 인테리어로 특색 있는 지점을 유지하는 것이 좋다. 꽃 등 화분관리, 잡지관리, 포스터관리에 철저하며 지점이 바쁠 때에는 주차장관리를 지점장이 손수 하는 자세도 필요하다. 예를 들어 단순한 안내문이나 안내장이라고 하더라도 독창적이고 간결명쾌하게 만들어 고객들이 보기 수월하게 비치하는 것이 중요하다. 특히 계절에 어울리는 꽃과 나무 등의 장식으로 지점 분위기를 쇄신하는 것도 신경을 써야 한다.

### 환경개선 부문에서 영업점 고객만족요소 실천사례

**① 노령층 편의성 제고**

△△지점을 이용하는 고객 중에는 60대 이상의 노령층이 많다. 하지만 창구가 높은 창구 위주로 배치되다 보니 기력이 약한 고객들은 하이카운터 이용을 불편해 하였다. 노령층 고객의 편의성제고를 위해 하이카운터를 로우카운터로 교체하였고 영업점 내의 고객편의성 향상을 위하여 정수기를 설치했다. 음료를 원하시는 고객들을 위해 커피와 다양한 국산차, 종이컵을 비치하여 서비스의 질을 높였다. 일부 직원들은 지점의 거래량이 많지 않은 고객들이 국산차와 커피를 무료로 먹거나 가져가는 것에 대한 우려도 많았다. 하지만 이는 기우에 불과했다. 오히려 고객을 배려하는 지점으로 알려졌으며, 고객에게도 가깝게 다가갈 수 있었다. 지점장 신규 부임 후에 서비스가 좋아졌다고 점주지역에서 평판도 좋아졌다.

**② 고객지향적 환경개선**

영업점의 환경개선과 고객만족도 점수평가와 분석을 통해 개선사항을 실천함으로써 고객을 만족시키는 서비스를 제공할 수 있다. 영업점 환경은 고객이 발을 들여놓는 순간부터 평가된다. 고객만족도 조사를 해보면 창구의 레이아웃, 고객편의시설 등이 불편사항으로 지적되기도 한다. 상품과 서비스를 제공하는 고객접점인 영업점을 고객지향적으로 재편하여 고객들이 편리하게 점포를 이용할 수 있는 환경조성에 힘을 기울여야 한다. 아파트밀집 지역의 경우 고객이 영업점 체류시간이 길다는 점에 착안해서 지역밀착 영업을 강화하기 위한 전략의 일환으로 영업점 공간을 다양한 문화공간으로 활용할 수도 있다. 은행업무 처리뿐만 아니라 안락함을 제공하는 휴식공간의 역할을 수행할 수 있도록 각종 편의시설 설치도 필요하다. 예를 들어 놀이방, 대여금고, 거래업체제품 진열공간 등을 확보하여 고객의 관심을 끌어들이고 만족도를 높일 수 있다. 영업점 주변 환경관리도 중요하다. 계절에 따라 염화칼슘과 양탄자, 우산 등을 미리 준비하고 간판, 창문틀 등 보기 흉하거나 지저분한 곳을 청소하는 모습을 보임으로써 홍보효과도 거둘 수 있다. 항상 고객만족도 평가와 분석을 통해서 개선점을 찾고 대안을 모색해야 한다. 고객이 느끼는 불편사항과 불만사항을 확인해 즉시 처리하고 개선방안을 모색해야 한다.

③ **스마트폰전용창구 마련**

△△지점은 고객의 기대수준을 뛰어넘기 위하여 전자금융 전용 임시창구를 설치해 운영했다. 주변 타행 지점에서는 인터넷 뱅킹과 스마트폰 뱅킹 고객유치에 총력을 기울이고 있을 때였다. 인터넷뱅킹이나 스마트폰뱅킹 고객확보보다 이용방법을 직접 설명해 드리면서 고객을 확보하자는 동기에서 출발했다. 전자금융 임시창구는 인터넷뱅킹이나 스마트폰뱅킹 이용에 어려움을 느끼는 고객들이 많기 때문에 호응이 좋았다. 특히 스마트 폰의 경우 금리가 높은 적금들이 가끔 나오는데, 노년층고객들은 이용이 어려우니까 일부러 지나치시곤 하였다. 스마트폰뱅킹 이용의 어려움을 해소하기 위해서, 전담창구에 배치된 직원이 고객의 전자금융 접속을 도와드리고, 적금가입까지 해 드린다. 매우 호응이 좋아서, 동네 아주머니들이 친구들을 데리고 오시고 홍보를 해 주시기도 하여 스마트폰뱅킹 이용고객수 증대에 기여했으며 지점의 실적증대에도 연결됐다.

④ **지점 자투리공간에 카페설치**

L지점장이 근무하고 있는 곳은 △△광역시의 비즈니스 센터면서, 신시가지가 형성되어있는 곳이다. 금융기관이 즐비하게 늘어서 있고, 지점을 나서면 경쟁기관 지점만이 눈에 들어올 정도로 대전(大戰)이 벌어지고 있는 금융격전지역이다. 고객이 찾아오기 전에 먼저 찾아가는 영업을 해야 하는 곳이었기 때문에 고객을 끌어들일 수 있는 방안을 모색하던 중 지점 안에 작은 카페를 만들어보자고 의견이 모아졌다. 영업점 한 쪽 부분에 고객들이 부담 없이 찾아와 차를 마시며 만남의 장소로 이용할 수 있도록 음용대를 설치하고 금융정보들을 제공하며 내집처럼 편안한 장소를 제공하는 것에 초점을 맞췄다. 지점고객도 카페이용으로 영업점이 머무는 시간이 늘어나면서 부가적으로 크로스셀링 기회를 갖게 됐다. 영업점도 활력이 넘치게 됐다.

## 3 지점의 CS 실천사례

① CS 으뜸지점을 목표로 매주 화요일을 고객사랑의 날로 지정하여 전 직원이 와이셔츠를 화려한 색깔로 통일하고 무스 등으로 멋을 부린 '화려한 변신' 후 단합된 모습으로 근무

② 제안서 표지에 고객 홈페이지에서 복사한 경영자 사진을 첨부하고 회사명 앞에는 최상급 수식어를 사용

③ A지점장의 경우 주상복합형 지점에 근무할 당시 동전교환전동차를 몰고 한 달에 한 번 점주를 돌기도 하고, 지방 도심형 지점에서는 파출수납도 하다 보니 자연스레 지점장에 대한 인식이 바뀌는 것을 알게 되었고 또한 친근한 은행 이미지를 부각시킬 수 있었다.

④ 지점장이 오전 시간에 어깨띠를 패용하고 로비매니저를 함으로써 창구응대 모범 실시

⑤ 각 창구별로 팀원사진을 부착하여 업무처리 만족여부를 사진 하단에 스티커로 부착하도록 유도

⑥ 우수고객에게 직원별로 매주 자체 제작한 엽서에 감사내용 보내기 운동 실시

⑦ CS 우수직원들에게 매월 도서상품권, 기념품 등 수여

### 고객만족경영에 대한 지점장 대상 조사결과(1)

역지사지(易地思之)라고 항상 상대방의 입장에서 응대한다면 무리가 없을 것으로 생각합니다. 직원 자신이 타 기관에 업무를 보기 위해 갔을 때를 생각하며 항상 고객의 일을 내 가족의 일이라 생각하고 업무에 임할 것을 직원들에게 강조하고 있습니다.

고객의 귀중함을 깊이 인식해야 합니다. 전혀 인적 관계가 없는 고객을 내점케 하려면 그 고객을 통상 평균 3회 이상 찾아가야 합니다. 하지만 섭외경력이 없는 창구 직원들은 내점고객의 고마움을 알지 못합니다. 이를 개선키 위해 직원들에게 점주활동으로 자기 손님 모셔오기 캠페인을 했는데, 그후 직원들이 고객에 대한 고마움을 인식하였는지 창구응대 태도가 많이 나아진 걸 보았습니다.

### 고객만족경영에 대한 지점장 대상 조사결과(2)

창구 직원관리는 CS관리에서부터 시작됩니다. 따라서 고객만족기록부 관리를 통해 매일 아침 고객에 대한 다짐을 하도록 하고 매주말 한 주간의 CS에 대한 점수평가를 통해 이를 되돌아보는 계기를 마련하고 있습니다. 또한 창구에서 아무것도 하지 않고 기다리는 고객이 없도록 상품안내장 등을 수시로 제공토록 하고 있습니다.

## 4 직원만족경영

### 4-1 직원만족경영의 의의

고객만족경영이 제대로 추진되기 위해서는 직원만족이 먼저 이루어져야 한다. 그러기 위해서는 근무환경, 상하 직원 간의 상호관계, 복리후생, 자아발전 측면에서 직원 스스로 만족해야 한다. 고객만족경영이 성과를 거두기 위해서는 지점 직원의 역할이 가장 중요하다. 실제 지점 직원 간의 신뢰감이 조성되어 있으며 업무협조가 잘 이루어지고, 자발적으로 업무에 임하는 직원이 많은 지점의 경우 고객만족 점수가 높은 것이 일반적인 현상이다.

국내 은행들의 경우 업무성과에 따른 보상의 차이가 크지 않기 때문에 직원들의 솔선수범을 이끌어내기가 쉽지 않다. 따라서 지점 구성원들이 각자의 역할에 만족하고 자발적으로 업무를 수행할 수 있는 분위기조성에 책임자급 이상 직원들이 솔선수범하는 자세가 직원만족을 위해 무엇보다 필요하다.

### 직원만족을 위한 지점장대상 조사결과(1)

직원만족을 위해서는 불만족, 불편함, 스트레스 등을 먼저 헤아리는 것이 우선이라고 생각합니다. 평소 대화를 통해 직원들이 원하는 것이 무엇인지를 파악하고 자연스럽게 진행될 수 있도록 서포터 역할을 하고 있습니다. 지점장 중심이 아닌 직원들이 실질적인 중심이 될 수 있도록 최대한 배려하고자 합니다. 전직원 참여 행사로는 영업점 MT, 회식

(축하할 일 발생시 이벤트성), 생일축하 등을 실시하며, 직원별 개인행사로는 가정에서 가족들과 영화보기, 문화, 스포츠 행사 티켓 전달 등을 실시하고 있습니다.

### 직원만족을 위한 지점장대상 조사결과(2)

과거 지점장의 역할은 촘촘한 관리가 중요했습니다. 하지만 이제 관리형 스타일, 짜내는 영업에서 탈피하는 것이 필요합니다. 젊은 부하직원들의 능력은 뛰어나기 때문에 지점장은 직원들의 피로도를 줄이고 건설적 미래를 지향할 수 있는 분위기를 마련하는데 노력해야 합니다. 직원들이 일을 잘 할 수 있도록 만드는 멍석깔기가 중요합니다. 비전을 제시하고 이를 직원들과 같이 공감하고 직원 각자의 역할을 수행할 수 있는 분위기를 조성하는 것이 중요한 지점장의 역할입니다. 긍정적 문화를 조성해주는 역할이 핵심입니다. 지점장 스스로 비전을 갖고 움직일 때 지점의 성과향상 기반이 마련됩니다. 직원들이 느끼는 압박감을 최소화하는 것 즉, 업무적 스트레스를 줄여주는 것이 직원 간 팀워크 향상에도 도움이 됩니다.

## 4-2 직원만족경영 실천사례

지점 내부에서 시행하는 작은 이벤트가 효과적이다. 문화상품권과 공연관람권으로 포상을 실시하는 것이 분위기를 높이는 데 기여한다. 주로 지점 전체회식에 앞서 많은 직원이 대상이 되도록 하고, 모두 축하하는 분위기를 조성한다.

직원만족을 위해 지점장은 명확한 포상제도를 마련해야 한다. 업적평가 1등, 고객만족도 조사 1위 등 확실한 목표를 제시한 후 이에 따른 업적을 이루었을 경우 이에 따른 포상은 확실하게 하는 것이 중요하다. 평가에 따른 성과급이나 포상금이 주어졌을 때 전 직원회의시 이를 공표하고 전 직원에게 골고루 나누어주는 것보다는 실적 창출에 가장 공이 큰 직원에게 가장 큰 포상과 인사평점을 주는 것이 타당할 것이다. 전 직원에게 하는 두루뭉술한 포상보다는 확실한 '논공행상(論功行賞)'을 통해 열심히 일한 직원이 우대받고 이에 미치지 못한 직원에게는 어느 정도의 자극을 줌으로써 지점 전체적인 영업력 향상과 선의의 경쟁을 도모한다.

직원만족을 위해 근무시간 정상화에도 적극 동참하는 것이 필요하다. 이를 위해 불필요한 보고 및 회의를 자제하고 구두보고 장려와 팀장에 대한 권한위양, 업무효율화를 위한 인프라구축 등 직원들이 빨리 업무를 마치고 가정과 자기계발에 충실할 수 있도록 지점장이 앞서 지원하는 자세가 필요하다.

**지점 내 직원만족경영 실천사례(예시)**

○ 직원 생일파티 및 선물증정
○ 본인 및 가족애경사 적극 참여
○ 결혼기념일 축하(꽃바구니, 케이크, 샴페인 선물)
○ 직원 회식: 월 1회 실시
○ 직원 단합대회: 골프, 등산, 낚시, 영화관람, 각종공연관람 등
○ 전 직원 가족동반 식사 및 이벤트 행사

제8절

# 지점 홍보전략

## 1 지점 홍보관리

### 1-1 지점 홍보의 중요성

은행 간 경쟁이 격화되면서 고객들의 은행 선택기준도 다양화되고 있다. 지점별 특성에 적합한 은행 이미지 홍보여하에 따라 업적신장에 격차가 나는 시대로 접어들었다.

은행의 홍보전략은 은행의 이미지 제고에 중점을 두어왔고 상품·서비스에 대한 홍보는 주로 팜플렛, 안내장 등에 의존하고 있어 고객이 상품·서비스 정보를 접할 수 있는 기회는 제한적이라 할 수 있다. 이에 따라 지점에서는 상품, 서비스의 홍보를 위한 매체별 홍보활동 계획과 창구상담 강화방안을 마련해야 한다.

지점장은 지점 홍보를 위해 많은 노력을 해야 하는데 가장 중요한 것 중의 하나는 지점 지명도 향상이라고 할 수 있다. 지명도란 은행의 이미지나 평판을 의미한다. 예를 들어 "○○은행 직원들은 친절하다", "○○은행 지점장은 아주 열심이다" 등의 평가는 인편으로 전달되는 것이고, 그와 같은 평가의 누적이 지점의 이미지가 된다. 또한 반대로 나쁜 평판도 인편으로 전달되기 쉬운 것이어서 지명도란 정말로 하나하나가 누적됨으로써 구축되어가는 것이라고 할 수 있다. 지점 내에서는 고객에게 '또 오고 싶은 은행'이라는 생각을 갖도록 영업 체제를 강화하고, 지점을 점주에 알리는 다이렉트메일과 텔레마케팅, 각종 이벤트를 개최한다. 외적으로는 지점장이 현지의 각종 행사에 적극적으로 참가한다든지 유력자, 오피니언 리더와의 교제에 의해 지점장 자신을 알리는 방법을 강구한다.

## 1-2 지점 홍보관리 방법

메일이나 전화를 활용하는 다이렉트마케팅은 은행 지점의 가장 유용한 홍보수단이다. 지점에서는 상품, 서비스의 홍보를 위하여 고객 특성별로 선호하는 매체를 세분화하여 다양한 홍보활동을 자체적으로 계획하고 추진해야 한다. 이와 더불어 창구상담을 통한 정보습득을 선호하는 고객도 있으므로 창구상담을 강화하기 위한 창구 직원의 자질향상도 필요하다.

다이렉트메일은 주로 자동화코너를 이용하는 고객과 은행을 방문할 시간이 부족한 고객을 효과적으로 관리할 수 있어 고객유치뿐만 아니라 기존고객의 이탈을 방지할 수 있는 장점이 있다. 대중매체를 통한 광고전략에 비해 효과가 가시적으로 나타나고 비용 면에서도 저렴하여 지점에서 적극적으로 활용할 필요가 있다. 다이렉트메일을 이용하여 효과적으로 홍보하기 위해서는 고객에게 알맞은 상품을 선택해야 한다. 정확한 대상고객의 명단을 입수하여 고객들이 쉽게 접근할 수 있는 방법을 제시할 수 있어야 한다.

또한 고객이 다이렉트메일을 읽어볼 수 있도록 유도하는 전략을 강구할 필요가 있다. 이를 위해서는 창의적인 내용으로 구성하되 타이밍을 맞추는 것이 중요하다. 일상적으로 제목만 읽고 버리는 경우가 많기 때문에 헤드라인의 작성에도 아이디어를 결집해야 하는데, 이때 경쟁상품의 이름을 거론하는 것은 금기사항이다.

다이렉트메일을 보내는 시기는 은행의 창립기념일, 대고객 서비스 강조기간, 신설지점 및 출장소 개점 등과 같이 특별한 이벤트가 있는 경우가 좋으며 졸업·입학시즌, 추석 또는 설 등과 같이 많은 사람이 한곳에 모이는 때도 효과적이다.

### 지점의 효과적인 다이렉트메일 발송을 위한 전략

① **티저(미끼)카피를 활용하여 겉봉의 개봉률 제고:** 겉봉이 무성의하면 고객은 개봉조차 하지 않는다. 고급스러운 분위기를 창출하거나 적절한 티저카피를 활용하여 고객의 호기심을 자극한다.

② **발송대상자를 세분화하여 관리:** 다이렉트메일의 목적에 따라 발송대상자를 명확히 한다.

③ **다이렉트메일 효과를 측정할 수 있는 이벤트를 활용:** 발송된 다이렉트메일을 은행창구에서 제시할 경우 사은품 증정 등 이벤트를 함으로써 고객이 다이렉트메일 내용에 관심을 가지고 창구를 방문할 수 있도록 유도한다.

④ **발송주기의 정례화:** 월 1회 등 정기적인 주기를 정하여 목표고객을 대상으로 메일링을 실시함으로써 고객들로부터의 신뢰획득 가능성을 높인다.

⑤ **발송자 명의는 방문이나 문의시 응대할 직원으로 함:** 모르는 직원에게 말을 걸어야 하는 고객의 심리적 부담을 경감시킬 수 있다.

⑥ **발송자의 실력과 경험을 알리는 프로필을 기재:** 경험 많고 실력 있는 직원이 보낸 다이렉트메일이라는 느낌을 부여한다.

⑦ **명함 첨부:** 고객은 다이렉트메일은 버려도 명함은 습관적으로 간직한다.

다이렉트메일을 발송할 때에는 반드시 전화를 이용한 텔레마케팅도 병행하는 것이 효과적이다. 텔레마케팅은 일반적으로 고객이 광범위한 지역에 산재해 있고 정보습득 욕구가 다양한 데 반해 홍보인력의 부족, 교통사정 등의 이유로 방문활동이 여의치 않을 때 실시한다. 고객에 대한 직접적인 정보수집 및 축적이 가능하고 은행 및 자점의 이미지 향상에 기여할 뿐만 아니라 편의성도 향상시킬 수 있다. 그러나 텔레마케팅은 전화상으로만 통화하는 것이기 때문에 상대방에게 불쾌감을 주거나 전화공해를 유발할 수도 있어 이에 대한 세심한 주의가 요망된다.

지역밀착화 사업의 추진은 지점을 점주권에 알리는 유용한 홍보수단이다. 은행

특성을 살린 지역밀착화 사업의 추진은 이미지를 제고하고 미래의 잠재고객을 확보한다는 측면과 아울러 은행 수익의 지역환원이라는 사회적 책임을 함께 수행할 수 있는 전략이다. 예를 들어 지역밀착화 사업은 지점별로 장학회 또는 체육팀 후원, 각종 세미나 개최, 교양강좌 등을 실시할 수 있다. 단, 지역 특성에 맞고 차별화된 방법을 모색하여 적극적으로 실시하는 것이 중요하다.

## 2 고객조직화를 통한 홍보활동

### 2-1 고객조직화 활동의 중요성

고객조직화란 고객과의 접점기회를 지속적으로 유지하기 위한 노력의 일환으로 고객을 한 가지 공통점으로 조직화하여 네트워크를 만드는 작업이다. 네트워크를 활용한 조직화전략은 효과적인 영업추진 수단이 되며 또한 지점에서 외부정보를 수집할 수 있는 좋은 기회다. 조직화를 통한 세일즈활동은 각종 이벤트를 통해서 단기간 내에 고객과의 교류, 친목, 정보의 교환을 이룰 수 있다는 이점이 있으며, 고객 간의 상호교류로 인한 거래의 알선, 소개 등의 효과를 볼 수 있다. 조직에 가입하고 이벤트에 참가하는 데에서 일종의 선민의식을 느낄 수 있으므로 입회 희망자가 증가하여 힘들이지 않고도 신규고객 확보가 가능하다. 이때 주의할 점은 고객의 재산상태나 거래상황을 노골적으로 반영시키지 않아야 하며 일부 계층 위주로 구성하는 것은 금물이다. 특히 구성원들에게 스스로 주최자임을 인식시키기 위해 은행 직원들이 너무 전면에 나서지 않는 것이 바람직하다.

고객조직화 전략은 고단수의 마케팅전략이지만 유망고객을 확충하고 거래기반을 공고히 할 수 있는 수단이 되어 금융기관 입장에서는 그만큼 활용가치가 높다. 조직화에 필요한 고객은 '내가 하고자 하는 일을 나의 의도대로 할 수 있도록 힘을 모아주는 사람'이라고 할 수 있다. 이들은 주로 자점 직원들과 친분관계가 두터운 고객, 다른 고객을 불러와 소개를 해준 바 있는 고객, 고액의 금융거래를 하는 VIP 계층 등이다.

새로운 고객을 소개받기 위해 기존고객의 협력을 얻기 위해서는 고객과 수시로 연락을 취하면서 정기적으로 방문하여 착실한 인상을 심어주도록 하고 각종 기념일에 선물이나 축하인사를 건네거나 지점 이벤트 등에 우선적으로 초대하는 등 고객과 유대관계를 돈독히 해야 한다.

또 하나는 자점과 친밀한 관계에 있는 거래처를 주축으로 하여 조직화하고 각종 행사를 개최하는 방법이 있다. 이 방법을 통해서는 단시간 내에 고객과의 교류, 친목, 정보교환이 가능하며, 고객 상호간의 소개나 교류에 의해 거래의 알선·소개·중재를 도모하는 역할을 할 수 있다는 장점이 있다. 하지만 거래처의 경영상태나 거래상황을 너무 노골적으로 반영시킨다든지, 특정그룹에 편중된다든지, 지점장의 개인적인 취미나 기호를 너무 내세운다든지, 은행측이 너무 전면에 나서는 일 등은 주의해야 한다.

고객을 소개받을 때에는 소개해주는 사람에게 지명해줄 것을 부탁하고 소개는 위에서 아래로 부탁하는 것이 바람직하다. 물론 함께 가서 고객을 소개받는 것도 아주 좋은 방법이다. 이때에도 소개자(기존고객)와 소개받는 사람(신규개척 기대고객)과의 관계를 소상하게 알고 있어야 하며 소개받는 사람의 정보를 충분히 조사해 두어야 한다. 소개받은 후 인사도 적절하게 해야 계속 거래가 유지된다. 고객조직화 전략은 신규개척 활동에도 중요하지만 기존 거래고객을 방어하는 전략도 될 수 있기 때문에 그만큼 주의 깊게 실행되어야 한다.

### 2-2 고객조직화 실천사례

최근 주 5일 근무와 지점의 소수인력화가 정착됨에 따라 고객과의 접촉기회 포착과 고객에게 어필할 수 있는 노력의 일환으로, 고객을 조직화하고 자점과 친밀한 관계가 있는 거래처를 주축으로 거래처 네트워크를 만들어 활용하는 방법을 생각해볼 수 있다.

조직화를 추진할 경우에는 우선 조직의 성격과 목적을 명확히 해두어야 한다. 될 수 있는 한 은행으로서 얻을 수 있는 이점을 전략적으로 분명히 정리하고 목표를 세워놓고 시작해야 한다.

조직의 운영형태로서는 은행주도형과 은행은 사무국으로서 뒷전에 물러앉고 회원이 자주적으로 운영하는 형태로 구분되지만 후자가 회원의 참여의식을 높이고 성공하는 경우가 많다. 후자의 경우라면 비용 또한 전액 회비로 충당하기가 용이하다.

거래처를 조직화할 경우 운영목적으로는 다음과 같은 예를 들 수 있다.

① 회원 상호간 친목도모만을 위한 것(예컨대 골프, 테니스, 등산, 테니스 등)

② 다른 업종 간 교류, 매매알선, 정보교환 등 사업에 직접 도움이 되도록 상호만남의 장소를 제공함을 목적으로 하는 것

③ 경제강연회, 환리스크설명회, 경영정보제공 세미나, 공장견학 등 회원에게 시의 적절한 지적 서비스를 제공함을 목적으로 하는 것

### 거래업체 키맨(Keyman)관리 사례

고객조직화를 위해 가장 중요한 것은 거래업체 키맨관리를 효율적으로 수행하는 것이다. 거래업체 중간관리자 대상 모임을 결성하는 것도 지점장의 입장에서 고객조직화를 위해 필요하다. 기업고객 전담지점의 경우 최고경영층과의 접촉도 중요하지만, 점차 권한위양이 이루어지면서 키맨관리의 중요성이 높아지고 있다.

기업고객 전담지점인 D은행 H지점은 '짱나회'를 조직하여 매일 은행을 찾는 키맨들을 대상으로 지점 특성에 맞는 기업고객 밀착세일즈 활동을 전개하고 있다. '짱나다'는 짜증이 난다, 열받는다는 의미의 네티즌들이 사용하는 신조어인데, 짱나는 현실을 뒤집고 바꾸자는 의미로 사용되고 있다. 따라서 짜증을 기쁨으로 혹은 어려움을 즐거움으로, 스트레스를 활력의 에너지로 바꾸어보자는 취지의 소모임이다.

짱나회는 은행 각 지점별로 기업의 대표자모임은 많지만 경리책임자 등 키맨모임이 활성화되지 않은 점에 착안하여 결성됐다. 모임취지는 키맨과 유대를

통한 거래처와의 우호관계 강화에 두고 있고, 매월 1회씩 정기모임을 가지며, 인터넷 카페도 운영하여 회원 간의 친목을 도모하고 있다. 지점 거래업체 키맨들 상호간 활발한 정보교류로 고객들의 호응도가 높으며, 동종업종의 직무뿐만 아니라 이업종 직원들 간의 교류를 통해 다양한 문제해결을 도모하고 있다. 예를 들어 법인세 절세요령 등 각종 세무관련 정보를 공유함으로써 회원 간 시너지효과를 기대할 수 있으며, 지점의 입장에서도 이미지 제고를 통한 각종 마케팅상품의 홍보증대 효과를 기대할 수 있다.

### 고객조직화 모임에 대한 지점장 대상 조사결과(1)

지점의 우수고객대상 골프모임을 활성화하고 있습니다. 거래업체 대표 중 비교적 은행 충성도가 높거나 거래유치가 가능한 우량기업 대표를 회원으로 영입하여 유대를 강화함으로써 거래를 심화시키고, 이들을 정보원 및 마케터로 활용하여 영업정보를 얻고 MGM마케팅을 전개하면 좋은 성과를 거둘 수 있습니다. 특히 회장단이 앞장서서 은행의 마케팅에 참여하고 여타 회원을 동참토록 유도하면 효과가 배가됩니다. 실례로 금년 상반기 지점의 수신고에 막대한 점유비를 차지하고 있던 고액예금의 이탈로 상반기 목표달성은 고사하고 전년도 실적회복도 어려운 실정에 놓였을 때, 골프모임의 회장이 전 회원들에게 '십시일반'하는 심정으로 '지점을 돕자'는 제안을 하였고 그 결과 회원기업들로부터 수십억 원이 모여서 어려움을 극복할 수 있었습니다.

### 고객조직화 모임에 대한 지점장 대상 조사결과(2)

고객을 조직화하는 모임은 지점에서의 활용여부에 따라 업무수행에 훌륭한 도구가 됩니다. 따라서 각종 업무를 수행할 때 마케터로 활용하고, 각종 정보 요원으로 활용하는 등 유익한 측면이 있습니다. 고객조직화 모임을 활성화하기 위해서는 각 구성원에 대하여 애경사 참여, 각종 기념일 챙기기 등 지속적인 관심과 배려가 있어야 하겠고, 회장단 및 회원 중 은행에 우호적인 사람을 이그나이터로 활용, 자발적으로 은행의 입장을 회원들에게 이해시키고 거래활성화 등에 참여토록 유도할 필요가 있습니다.

### 고객조직화 모임에 대한 지점장 대상 조사결과(3)

'완소고객데이'행사를 진행하였습니다. 완소고객이란 요즘 유행하는 단어인 "완전소중한 고객님"의 준말로 그날 하루 각종 판촉물과 다과를 제공하면서 고객에 대한 지점의 관심을 표현한 행사였습니다.

### 고객조직화 모임에 대한 지점장 대상 조사결과(4)

거래처 CEO 및 실무자 간담회는 대면 마케팅의 일환으로써 많은 효과를 거둘 수 있어 장점이 큽니다. 반면 자주 모임을 갖게 될 경우 자칫 사업에 소홀할 수 있고 과거 수요 초과로 은행이 '갑'이던 시절의 관행이 남아 강제 동원의 인상을 줄 수 있어 이를 꺼려하는 고객들이 종종 발생합니다. 이에 대한 대안으로 친목모임 성격의 조직체를 구성하여 고객 간에도 업종별 지역별 자연스런 모임을 갖도록 주선하는 것도 좋습니다. 하지만 그러나 고객 간의 모임을 자주 하다보면 고객 간 금리비교 등 고객별 차별화 전략에 차질을 가져올 수 있으며, 일종의 압력단체의 성격을 가질 수 있습니다.

## 2-3 지점의 홍보활동 실시 방안

### 가. 지역모임 운영

지점 주요고객 위주로 지역모임을 구성하여 고객을 조직화하는 것은 자점의 우량고객 충성도강화 및 홍보활동에 효과적이다. 고객조직화는 장기적인 안목에서 거래처 간 유대를 강화하고 취미활동을 공유함으로써 공고해진다. 특히 일정수준 이상의 우량고객을 대상으로 하는 골프회는 지점마다 활성화되어 있는 경우가 많고 고객들의 요청 및 호응도가 높다. 되도록 다양한 계층의 구성원을 포함시킴으로써 고객조직화 이상의 인적네트워크를 염두에 두고 구성해야 한다. 특히 의사, 변호사, 회계사 등의 전문가집단과 기업체 임원, 퇴직 기관장, 개인사업가, 자산가 등 다양한 네트워크를 구성함으로써 모임 상호간의 사회적 이익을 고려하는 것이 효과적이다.

**지역모임을 통한 고객조직화 실천내용 예시(○○은행 △△지점 사례)**

① 저금리 시대의 투자전략 세미나 개최 : 지점의 우수거래고객 25명을 초청하여 효율적인 분산투자, 자산배분을 통한 위험관리, 성공 가능성을 높이는 투자전략 등에 관련한 세미나를 개최
② 우수고객 대상 소규모 그룹 미팅 실시 : 지점의 우수고객 15명을 지점장실로 초청하여, 최근 주식시황 및 재테크에 관한 상호 의견을 교환하고, 오찬을 함께 함.
③ 우수거래기업 직원 초청 메이크업 강좌 실시 : 지점과 거래하고 있는 고객 중 기여도가 높은 기업의 여직원을 초청하여 피부관리 강좌를 실시하고 참가기념품을 증정
④ 병원로비를 활용한 음악회 개최 : 지점과 거래중인 병원의 로비에서 환자 및 가족들을 위한 실내악 음악회를 개최함. 은행 본부에서 운영 중인 '○○은행 실내악단'을 활용
⑤ 찾아가는 금융교실 개최 : 지점과 거래하는 학교교실을 방문하여 학생들을 대상으로 효율적인 용돈 관리 및 금융상식에 대한 강연을 실시
⑥ 고적지 답사 실시 : 우수고객 30명을 초청하여 낙안읍성, 송광사, 벌교지역 답사를 실시함. 역사 및 문화재 전문 가이드를 초빙하여 단순 관광이 아닌 역사를 이해하는 의미 있는 행사가 되었음.
⑦ 떡 만들기 체험 행사 실시 : 우수고객 20명을 초청하여 화기애애한 분위기 속에서 떡을 만들고, 이를 참가한 고객이 서로 나누어 먹으면서 우의를 돈독히 함.

### 나. 가두캠페인

가두캠페인은 직접적인 판매활동이라기보다 홍보활동이다. 지점에 대한 고객의 평가는 창구에서의 적극적인 영업활동과 더불어 외부활동인 가두캠페인, 다이렉트 메일, 텔레마케팅 등 지속적인 영업활동에 의한 깊은 인상에서 나온다. 장소는 점주권을 대상으로 유동인구를 파악하여 선정하고, 대기업이나 단체 등 특정건물을 대상으로 실시하는 것이 효과적이다. 가두캠페인에서 가장 중요한 것은 절도 있고 품위 있는 자세와 씩씩하고 자신감 있는 인사용어를 사용해야 한다는 점이다.

안내전단은 본부에서 제작하는 팜플렛을 활용하고 지점 자체적으로 실시할 경우 컬러로 인쇄된 상품안내장을 사용한다. 실시시간은 유동인구가 많은 출퇴근시간을 이용하되, 가급적 아침시간에 실시한다. 지하철 역주변 등 유동인구가 계속 있는 상권의 경우 근무시간중에 직원들이 교대로 실시하는 것도 효과적이다. 고객들이 받은 안내장은 길거리에 버려지거나 쓰레기통 위에 쌓이기 십상이므로 뒷정리를 깔끔히 한다. 이는 은행 이미지와도 연결되며, 뒷정리를 하지 않은 경우 주변 거주자나 상가로부터 불만과 민원의 원인이 되기도 한다.

### 다. 명예지점장 위촉 행사

영향력이 큰 지역언론의 원로 또는 규모 있는 거래업체 회장을 명예지점장으로 위촉하는 행사를 대대적으로 개최하는 방법도 생각할 수 있다. 실제 사례로 명예지점장이 지정하는 경제력 있는 지인들에게 사전에 초대장을 보내 동 행사에 참여케 함으로써 신규예금 자원확보에 소기의 성과를 거둘 수 있었다.

A은행 S지점에서는 고객들이 자행에서 자부심을 느껴 주거래고객이 되도록 유도하기 위해 지점 인근소재 가장 영향력이 있는 우수고객을 명예지점장으로 선정하였다. 관련 고객과 직원들이 참석한 가운데 명예지점장 명패를 교부하는 임명식을 거행하여 성과제고에 기여하고 있다. 임명식 행사 사진을 확대하여 액자에 넣어 참석한 관련고객과 명예지점장에게 직접 전달하면서 자행에 대한 홍보를 적극적으로 부탁함으로써 동사가 거래중인 하청기업 대다수를 신규유치할 수 있었다.

### 라. 나눔의 행사

신설지점 개점시 화환 및 화분 대신 쌀을 기증받아 관내 소재의 고아원과 무의탁노인 양로원 등에 기증한 사례도 있다. 이 사실이 미담으로 언론에 공개되어 은행 이미지를 개선하였을 뿐만 아니라 신규고객 창출에도 많은 도움이 되었다. 그후 개설하는 신설지점에서도 이를 벤치마킹하여 은행 이미지 개선 등에 활용하였다.

### 성공적인 고객감사 대축제 행사에 대한 조사결과

○○지점은 일평균 30명 정도의 고객이 내점하고 있는 소형지점입니다. 행사를 준비하면서 행사 당일 내점고객 부족으로 행사가 실패할지 모른다는 불안감 속에서 행사를 준비하였습니다. 하지만 악천후에도 불구하고 내점고객이 평일의 4배 이상 내점하여 실적향상과 전 직원의 자신감 및 열정이 한껏 높아졌습니다. 성공원인은 여러 가지를 지적할 수 있습니다. 일체감 형성을 위해 청경을 포함하여 전 직원이 합심하여 지점 환경미화 등 행사를 준비했습니다. 계획대로 실천하는 실행력을 중시했습니다. 예를 들어 행사 전에 SMS 문자 3회 발송, 전담고객 대상 내점 TM 실시, 창구직원 내점 고객대상 리플릿 교부 등 전 직원에게 부여된 역할을 성실히 수행했습니다. 또한 행사 준비의 일환으로 세일즈 화법 등 롤플레이를 철저히 실시했으며, 행사 당일을 위하여 준비기간 중 거절극복 훈련도 반복적으로 실습했습니다. 방카권유대상 가망고객명단을 작성하고 지속적으로 관리했습니다. 결과적으로 아무리 내점 고객이 적고 경쟁이 치열하지만 전 직원이 합의한 영업방향을 정하고 열정을 가지고 도전하면 성공할 수 있다는 자신감을 얻었습니다.

### 영업점의 불리한 입지 극복방안에 대한 조사결과

○○지점의 점주권은 좁은 지역에 많은 금융회사가 소재하고 있어 고객이 거래은행 외에 다른 곳에는 관심이 없는 듯 보였습니다. 또한 ○○지점은 눈에 띄지 않는 곳에 입지하여 △△은행을 찾기가 어렵다는 인식도 있었습니다. 이를 극복하기 위해 우선 지점 365 코너 앞 도로에서 당점 안내 및 당행 강점 상품을 홍보했습니다. 지점 인원을 4개조 편성 매일 2명씩 상품 및 지점위치를 홍보했습니다. 당점 인근 분양 아파트단지(○○마을 2단지, 3단지, 7단지, 8단지)를 집중적으로 공략했습니다. 아파트 단지 내 주민 출입이 빈번한 장소에서 파라솔 영업도 실시했습니다. 지점직원을 4개조로 편성하여 매일 2명씩 상품 및 지점위치 홍보했습니다. 지점 알리기 차원에서 매월 첫 번째 월요일에는 점주주변 청소를 실시했습니다.

### 방문고객수가 적은 지점의 극복방안에 대한 조사결과

○○○지점에 부임해 보니, 지점 내점 고객 수가 극히 적었습니다. 일일 내점 고객 수 50명 이하인 날도 많았습니다. 이를 극복하기 위해 캐릭터데이 등 고객감사이벤트 분기당 1회 실시하여 지점 및 은행을 홍보하였습니다. 고객상담실을 고객에게 개방하였습니다.

예를 들어 네일 아트 등을 활용하여 MGM 영업의 수단으로 활용했으며, 신규 및 기존고객에게 소개 마케팅 도구로 삼았습니다. 기존 거래고객이 신규고객을 소개해 줄 때는 소정의 사은품을 증정했습니다. 점주 4개 구역으로 분할해 영업활동 전개했으며, 기다리지 않고 방문하는 영업으로 고객을 유인했습니다.

## 2-4 고객조직화를 통한 지점홍보활동 실천사례

### 가. 지점의 우군을 육성하는 다양한 고객조직화 활동 실천사례

고객조직화 활동은 지점 내 여러 개를 만들어서 펼치는 것이 필요하다. 예를 들어, 지점장은 지역 유지와 VIP 고객을 상대로 하여 고객조직화 활동에 참여해야 하며, 책임자급은 주로 업체의 키맨을 대상으로 고객조직화 모임을 구축해 나간다. 행원들은 업체의 경리담담자 또는 주변거래처의 단골고객을 상대하여 고객조직화 활동을 전개하는 방식이다. 회원은 직업이나 재산상황, 연령, 생활수준이 비슷한 계층으로 구성하는 것이 바람직하다.

○○은행 △△지점은 거래기업과 지속적인 유대관계를 구축하기 위해 '정을 쌓고 추억을 공유'하는 모임을 활성화했다. 거래기업 키맨들의 이업종 교류 모임인 신천지(신나게 직장생활하는 천가지 방법)를 구성하여 은행제도 및 신상품설명회, 세무사 초청 강연회, 증권강좌, 부동산투자 설명회 등을 정례적으로 추진했다. 또한 거래기업 CEO들의 친목도모를 위한 올레길 등산, 래프팅, 수상스키, 번지점프 체험 등도 계절이 바뀔 때마다 실시했다. 지점 내 다양한 고객조직화 활동은 키맨들과 거래기업 CEO들이 지점의 우군이 되는데 크게 기여했다.

둘째, 지역에서 화합하는 공동체를 구성하기 위해 노력했다. 점주 내 고객대상으로 운영하는 합창모임인 '사랑의 하모니'는 우수거래고객뿐만 아니라 거래하고 있지 않은 지역주민들도 참석했다. 연말에는 지역노래자랑 행사도 개최해 지역주민들에게 한바탕 노래를 통해 즐거움을 창출하는 놀이마당이 되도록 했다. 합창모임과 노래자랑 행사는 지점을 홍보하는데 크게 도움이 되었다.

셋째, 지점의 우수고객 대상으로 '골프 친목회' 조직을 운영했다. 충성도가 높고 우량기업 CEO를 대상으로 매월 3개팀을 만들어 모임을 구성했다. 회원은 상호 간 공감할 수 있도록 연령대를 비슷하게 구성하였다. 연말에는 모임회원과 지점 직원 전원이 참석하는 시상식과 송년회를 개최하여 친목을 도모했다. 골프친목 모임회원들은 끈끈한 정과 의리로 뭉쳐 지점의 홍보대사 역할을 수행하였다. 반면 타행과 복수거래처도 있어서 금리와 제도를 비교하는 등 일부 부작용도 발생했다. 하지만 대부분이 오랫동안 거래해 온 충성고객들이기 때문에 신규유치가 많았고 거래이탈은 일부 고객에게서만 발생했다.

넷째, 정례적인 모임이 아닌 일시적인 이벤트행사 형태를 갖춘 고객조직화 모임도 실시해 효과를 보았다. 예를 들어 지점직원과 고객이 참석하는 '지역 지체장애인의 집 봉사활동'과 아파트 부녀회와 구청직원, 지점직원이 모두 참가하는 '어버이날 행사'를 개최했다. 최우수 고객 중 다섯 분을 '명예지점장'으로 임명해 일주일씩 지점장을 체험하는 행사도 열었다. 명예지점장은 실제 은행 지점장을 동반해 판매처와 구매처를 방문하는 이벤트도 개최했는데, 이는 지점의 고객기반 확보에 연결되는 성과로 이어졌다.

### 나. 아파트 부녀회장과 관리사무소 여직원 모임을 통한 고객조직화 사례

신도시 아파트 밀집지역 단지 내 지점에 근무할 때 아파트부녀회장과 관리사무소 여직원 대상 모임을 각각 운영해 도움을 받은 사례다.

부녀회장 모임은 지점인근 10개 단지 부녀회장 모임에 정기적으로 참석하여 친목을 도모하고 은행 이용 시 불편한 점과 개선점에 관한 의견을 수렴하여 직원들에게 전달하고 교육시켰다. 아파트 단지별로 알뜰시장이 열리는 요일정보를 받아 신상품 광고 전단지를 배부하였다. 알뜰시장이 열리는 때에는 부녀회의 도움으로 무료로 파라솔을 설치하여 금융상담을 실시했다. 직원들은 아파트별로 전담팀을 편성하여 참여했는데, 상담회에서 얼굴을 익힌 고객들이 지점을 방문할 때 낯설어 하지 않았으며, 알뜰시장 상담회에서 만난 직원을 기억하며 계좌를 개설하는 등 고객기반 확대로 이어졌다.

한편 관리사무소 여직원 대상 모임도 효과적이었다. 당행을 주거래은행으로 삼고 거래를 해 온 지점인근의 6개 단지 관리사무소 여직원들의 모임을 은행 주최로 만들어 서로 교류하게 해 주고 정기적으로 점심식사를 대접했다. 새로운 사은품이 나오면 여직원들에게 먼저 챙겨주며 친목을 도모하였다. 이들은 아파트 단지 내 정보를 제일 먼저 알려주었다. 예를 들어 관리사무소 예금유치 시 타행 금리 정보까지 받아볼 수 있어 지점에서는 금리네고 시 유리한 고지를 차지할 수 있었다. 각 아파트단지의 자금운용계획이나 변동사항이 있으면 먼저 알려주어 당 지점에서 대처할 수 있도록 해주어 업무추진에 많은 도움이 되었다.

### 다. 자수성가한 1세대 모임과 창업세대와 후계자를 통합한 모임 운영사례

○○○시장을 사랑하는 고객모임 운영사례다. 의류시장의 메카라 할 수 있는 ○○○시장은 각 건물마다 4평 규모의 상가점포로 구성되어 있고, 자영업자들이 자신들이 만든 의류를 전국 각지의 소매상들에게 공급하는 것이 핵심사업이다. △△지점과 동거동락을 했던 1세대 고객들은 사업장을 자식에게 물려주고 은퇴를 하였거나 은퇴를 고려하고 있는 고객들이 많은 상황이었다.

1세대 고객들은 지점 직원들과 유대관계가 깊어 연결고리가 강하나, 2세대는 △△지점에 대한 충성도가 약하기 때문에 향후 사업을 물려받을 경우 타행으로 이동할 가능성도 높았다. 이런 판단하에 1세대의 영향하에 있는 현재 2세대와의 교류채널의 강화가 필요하다고 판단했다. 이에 따라 고객조직화 모임을 2원화체제로 운영했다. 1세대만의 단독모임과 창업세대와 후계자들의 통합모임이다.

△△지점은 1세대 단독모임을 운영할 수 있는 공간을 제공했다. 1세대가 은퇴하였어도 대부분 재산권은 가지고 있어 은행거래를 위해 지점을 종종 방문하였기 때문에 이들이 지점을 편리하게 이용할 수 있도록 지점 내 상담실 중 한 곳을 사랑방 형식의 모임장소로 개방했다. 지점 지하에는 인근지역에 널리 알려진 맛집이 소재하여 정기적 또는 회원 개별적 모임장소로 최적이라 판단했다. 1세대 고객 대부분은 자수성가형 고객들로 비록 은퇴는 하였지만 자신의 젊음이 배어 있는 ○○○시

장에 대한 향수가 남달라 많은 은퇴자들로 북적거렸다. 아직 은퇴를 하지 않은 1세대들도 서로 안부를 묻기 위해 자주 상담실에 들르게 되었다. 특히 지점과 거래가 없는 고객들로 종종 방문을 하였는데, 이때에는 지점장이나 부지점장에게 자연스럽게 소개를 해주어 일부는 신규고객으로 만드는데 성공했다. 1세대를 위한 공간을 제공한 결과는 기대이상이었다.

지점 인근의 상권은 상가별 재개발 및 재건축으로 관련 보상자금이 많이 집행되어서 신규자금의 유치에도 효과를 보았다. 예를 들어 은퇴자 중 일부는 예금이 만기되는 시점에 정기적으로 동대문시장에 내오게 되어 서로 정을 나눌 수 있다고 말하며 재건축 보상자금을 지점에 예치하는 사례도 있었다.

한편 1세대와 2세대 통합모임의 주제는 주기적인 경영설명회, 상속 및 증여세 등 절세관련 강의 진행, 두 세대 간 상호교류 증진 등으로 구성하였다. 1세대들은 기존 고객으로 통합모임을 진행하는데 큰 어려움은 없었으나 2세대들은 자기주장이 강하여 초창기 통합모임을 진행하는데 어려움이 많았다. 하지만 아직도 부모로부터 완전히 독립한 상태가 아니었기 때문에 1세대인 부모의 영향력 하에 있어 부모를 많이 의식하였다. 이에 따라 본부 임원이 모임에 참여하여 ○○은행 조직의 비전과 경영현황 설명회를 개최하여 당행의 존재감을 인식시켰고 1세대와 동거동락하며 함께 성장한 한 가족이라는 이미지를 각인시키려고 노력하였다. 또한 지속적으로 개별방문으로 친밀감을 형성하여 주거래은행 관계를 유지하였다.

운영상 애로사항도 많았다. 처음에는 창업세대 고객의 친목모임을 주선하는 방식으로 진행되었고 서로 필요에 의해 구성되고 운영되었다. 자수성가형 1세대는 서로 시장에서 사업을 하며 인간적 친밀도는 높았으나 본인의 재산상황이 노출되는 것을 기피하는 경향이 있었다. 따라서 정례모임의 내용은 은행상품과 서비스의 직접적인 소개가 아닌 친목모임의 형식을 유지하는 데 중점을 두었다. 지점과의 거래 심화는 모임 후 개별방문을 통해 이루어졌다. 이때 은행의 상품과 서비스를 소개하고, 본격적인 유치활동을 전개했다.

### 라. 고객조직화 활동이 지점경영에 부정적 영향을 미친 사례

과거 지점에서 근무할 때 우량고객들을 위주로 골프모임을 만든 적이 있다. 목적은 이업종 교류를 목표로 하여 MGM마케팅을 강화하고자 시도한 것이었다. 초기에 지점장을 포함해 8명의 회원을 모아 시작하였으며 주변의 다른 지점 모임에서 회칙이나 규정 등을 참고하여 조직화하였다.

처음에는 목표한대로 방카나 여러 부문 실적에 상당히 기여했다. 모임은 점차 커져서 1년 후에는 회원이 12명까지 늘었으며 분위기도 좋았다. 하지만 "가지 많은 나무에 바람 잘 날이 없다"는 속담처럼 회원들 간에 서서히 알력이 생기기 시작했다. 나이차이, 학력차이, 재력차이 등으로 골이 조금씩 깊어지더니 일부 회원은 탈퇴하였고, 그 모임은 지점에 실적은커녕 압력을 행사하는 단체로 변질되어 갔다.

고객조직화가 처음에는 의도한대로 흘러가나 어느 정도 세월이 흐르면 오히려 은행을 곤란하게 만드는 내부의 적으로 돌변할 가능성도 상당히 많다. 이런 일이 발생하지 않도록 잘 관리해야 하는데 정말 어려운 일인 것 같다.

### 마. 영업점에서 운영하고 있는 고객조직화활동 실천사례

#### ① 기존 거래처 원로(회장)모임

당행의 20년 내지 30년 이상 오랜 거래관계를 형성하여 왔던 충성고객으로 구성되어 있다. 비교적 사업 기반이 탄탄한 회사의 경영자들이 주요 회원이다. 회원들은 창업세대 경영진이 물러나고 후계자로 승계시기에 도달한 기업들이 많아 경영승계에 대한 자문이 필요한 상황이다. 당 지점은 회원들을 대상으로 본부의 지원을 얻어 경영승계문제뿐 아니라 기업경영에서 필요한 여러 분야에서 자문활동을 수행해 왔다. 회원들에 대한 자문활동을 통해 기업과 지점 간의 유대관계는 강화되고 있다. 월 1회 모임을 원칙으로 운영한다.

#### ② 거래처 대상 다양한 연령대의 골프서클

회원들은 거래업체 사장들을 연령대별로 구분해 구성되며 월 1회 정기모임을 운영하고 있다. 고객조직화 활동은 회원 간 공감대 형성이 가능한 동일 연령대로 구성해 역동적인 모임으로 자리매김하고 있으며, 지점 실적제고에도 크게 기엽하고 있다. 모임 결성 후에 회원들은 신용카드, 수익증권, 방카 등 프로모션을 진행할 때 지점실적 제고에 큰 도움을 주고 있다.

### ③ 은행(지점) 이미지 제고 및 지역 주민을 위한 봉사활동 모임

당점 영업권내 ○○지역노인회를 대상으로 월 1회 이상 정기봉사 활동을 수행하는 모임이다. 영업권 지역 내 주민센터 건물에 소재한 노인회의 시설청소 및 각종 행사 지원 등을 수행한다. 모임활동은 지점직원들의 자발적 참여를 원칙으로 하고 있다. 지역 내 이미지 제고로 지역밀착화에 상당한 효과가 있으며, 인근 경쟁은행과 차별화하는데 크게 기여하고 있다.

제9절

# 방문세일즈전략

## 1 방문세일즈의 필요성과 진행방법

### 1-1 방문세일즈의 필요성

ATM, 인터넷뱅킹, 텔레뱅킹 등 비대면 채널의 이용비중이 증가하면서 고객을 직접대면할 기회가 줄어들고 있다. 하지만 고객니즈를 파악하고 고객을 유치하기 위해서는 고객과의 대면을 통한 세일즈활동의 중요성은 간과될 수 없다. 기존고객의 유지 및 거래심화와 신규고객 창출을 위해서는 고객의 요구가 무엇인가를 생각하고 수요를 창출할 수 있는 고객중심의 사고가 필요하다. 이를 위해 지점장에게는 점주분석하에 체계적인 계획수립을 통한 방문세일즈 활동이 요구된다.

지점의 근간은 점주구역이므로 점주에 기반을 둔 지역밀착화를 통하여 점주권 내 고객의 니즈를 파악하고 대응하는 것은 필수적이다. 신규고객 개척 및 기존고객과의 거래심화를 위해서도 방문세일즈 활동은 지점장의 핵심적인 업무다.

**세일즈활동에서 가장 중요한 고객중심적인 사고**

고객의 니즈를 수용하기 위해서는 무엇보다도 고객이 원하는 것이 무엇인지를 파악하여 이를 충족시킬 수 있는 방법을 모색해야 한다. 항상 고객의 입장에서 문제해결을 구하고 고객을 만족시킬 수 있는 전략을 수립해야 한다. 세일즈활동은 창의적인 연구의 연속이라는 것을 명심하고 금융상품 지식, 경제전반에 대한 지식을 지속적으로 갖추어 고객에게 유익한 정보와 아이디어 등 양질의 서비스를 제공할 수 있도록 전문가가 되어야 한다.

## 1-2 방문세일즈의 진행방법

고객방문활동에서 성과를 거두기 위해서는 충분한 계획과 준비를 해야 한다. 어디에 어떤 고객이 있는지, 그 고객의 니즈를 파악하기 위해 어떠한 접근을 해야 성과를 거둘 수 있든지, 더구나 시간이라는 제한된 자원을 유효하게 사용하기 위해서는 어떤 행동을 하면 좋을지 등을 충분히 고려하여 방문계획을 세운 다음 진행해야 한다.

지점장의 입장에서 방문세일즈 활동은 목표시장의 실태파악, 경쟁 금융기관의 세일즈 수준 및 고객의 실태파악에서 출발해야 하며, 수집된 자료를 기초로 고객특성에 적합한 세일즈방법을 사용해야 한다. 목표시장의 실태파악은 해당 지역의 역사, 관습, 생활양식과 상점 및 공장 등의 특성 및 현황을 파악하는 것으로 경쟁 금융기관의 세일즈 역량과 방법에 대한 조사도 병행되어야 한다. 고객파악을 위해서는 고객의 성별, 연령, 직업, 소득, 취미, 가족사항, 출신지, 출신학교, 소속단체 등에 대한 자료를 수집하여야 한다.

방문세일즈를 효과적으로 진행하기 위해 지점장에게는 적극적인 정신자세와 세련된 응대기술, 풍부한 업무지식 등이 요구된다. 이러한 준비가 되어 있어야 잠재고객을 적극적으로 찾아내고 점주권 내의 고객을 자행고객으로 만들 수 있다. 고객이 가지고 있는 문제점과 거래저해 요인을 분석하여 진단하고 그 요인을 극복할 수 있는 서비스를 제공하는 것도 필수다.

또한 방문세일즈 활동에서 중요한 것은 기존고객에 대한 거래심화다. 기존고객을 정기적으로 접촉하면서 고객의 욕구를 심층적으로 파악하고 추가판매활동을 수행하여 거래를 심화시켜야 한다.

### 방문세일즈 활동시 유의사항

**① 키맨을 목표로 접근**

지점장은 처음 방문시에 누가 최종결정자이며, 누가 의사결정에 영향을 미치는 사람인가를 확실히 해둘 필요가 있다. 은행거래를 결정하는 실질적인 권한을 가지고 있는 키맨이 누구인지, 인맥을 충분히 조사하여 접근하도록 한다.

② **접수계 여직원을 소홀히 하지 말라**

수위나 접수계 여직원과 친하게 지내면 사내 및 키맨과 관련된 여러 가지 비공식정보의 입수가 가능하게 되므로 출입시 수위나 여직원에게도 예의바른 감사의 말을 전하거나 간단한 선물을 주어 인상을 좋게 해두어야 한다.

③ **자신감을 가지고 여유 있게**

지점장은 고객의 이익이 되는 상품이나 서비스를 권유하여 유익한 정보를 제공하는 위치에 있다. "바쁘신데 방해해서 죄송합니다"라고 사과의 말을 자주 사용할 필요는 없다. 오히려 "귀중한 시간을 할애해주셔서 감사합니다"라는 정도의 감사의 말을 하면서 자신감과 사명감을 가지고 접근해야 한다.

④ **두 번째 이후 방문에도 철저한 준비가 필요**

재차 방문할 경우 첫 번째 방문시보다 긴장감이 덜해서인지, 준비를 소홀히 하는 경우가 있다. 하지만 계속적으로 방문할 경우에는 고객의 관심이 높은 정보나 이익에 관계가 있는 제안 또는 고객과 관련된 주변화제 등 매번 새로운 화제를 준비해야 한다. 물론 수위나 접수계 여직원도 지속적으로 관리해야 한다.

## 2 효과적인 방문세일즈 방법

### 2-1 방문세일즈 실천방법

세일즈활동을 효율적으로 진행하기 위해 지점장은 에티켓이나 매너는 물론 고객의 욕구를 정확하게 파악할 수 있는 분석력과 고객이 원하는 정보를 제공하고 상담할 수 있는 전문지식, 추진력, 적극성 등을 겸비해야 한다. 이를 위해서 자금운용, 세무, 투자에 관한 지식과 더불어 기업경영분석에 관한 지식 등도 갖추고 있어야 한다. 세일즈는 방문시의 기법이 상당히 중요하므로 대화의 실마리를 효과적으로

풀어갈 수 있는 사례연구가 필요하다. 또한 고객별로 특성에 맞게 방문요일과 방문시각을 계획표로 작성해두는 것이 중요하다.

세일즈에 성공하기 위해서는 끊임없이 방문을 시도하는 것이 최선이다. 좌절하지 않고 끈질긴 프로근성의 세일즈맨십을 발휘한다면 성공적인 세일즈는 보장될 것이다. 중요한 것은 세일즈가 이루어진 후에 방심하지 말고 계속된 관심과 정성으로 고객단골화를 유도해나가는 것이다. 계속적으로 고객을 관리하기 위해서는 전·출입 및 사무분장 변경공백을 최소화하고 직원 간에 고객에 관한 정보공유체제를 확립해놓아야 하며, 고객정보를 독점하는 직원에 대해서는 엄중경고 조치해야 한다.

지점 세일즈활동에 있어 무엇보다 중요한 것은 매일 방문세일즈 일지를 작성하는 것이다. 지점 특성별로 특별히 형식을 갖추어서 작성하는 경우도 있고, 은행 내 전산망으로 제공되는 포맷을 통해 작성하는 경우도 있을 것이다. 특별히 정성들여 쓰지는 않더라도 방문처, 대화의 포인트, 그 밖의 관심 사항에 대한 것을 기록하여 지점 차원에서 정리하여 남겨두는 것이 중요하다. 지점장의 입장에서 밖으로 나가는 것은 귀찮은 일이지만 오늘날의 은행 경쟁환경에서는 자신이 세일즈의 적진으로 쳐들어가지 못한다면 지점은 생존이 불가능하다.

### 방문세일즈에 대한 지점장 대상 조사결과(1)

무엇보다도 중요한 세일즈전략은 우수 거래처의 이탈을 방지하고 주거래화를 위한 기존고객 관리입니다. 따라서 거래처를 소재지별로 구분하여 정기적인 심방으로 고객의 니즈를 파악하여 대처하고 업체의 현안 발생시 사안별로 수시 방문세일즈 활동을 시행하고 있습니다.

### 방문세일즈에 대한 지점장 대상 조사결과(2)

고객관리기록부를 통하여 매일 고객과의 상담내용을 작성하는 것이 저의 가장 중요한 방문세일즈 활동기법입니다. 기존에 어떤 대화를 나누었는지, 이 고객의 성향이 어떠한지를 기억하는 것이야말로 섭외활동의 기본이라고 생각합니다.

## 2-2 세일즈 후 고객관리 방법

고객에게 세일즈에 성공했다고 해서 세일즈의 모든 것이 끝났다고 생각하면 커다란 오산이다. 세일즈는 고객에게 권유한 상품이 진정으로 이익을 줄 수 있다는 확신을 심어줄 수 있을 때에 비로소 성공하는 것이다. 고객이 확신을 갖고 만족하게 되면 그 고객은 은행 지점장을 적극 믿게 되고 또한 협조하게 되므로 새로운 세일즈가 가능해진다. 고객의 만족은 단순히 세일즈를 함으로써 얻어지기보다는 세일즈 후 끊임없는 고객서비스에서 얻어진다고 할 수 있다.

세일즈 후에는 2~3일 이내에 감사의 인사를 전하고 고객으로 하여금 '잘했다'는 확신을 갖도록 해야 한다. 또한 정기적으로 고객을 방문하여 불만이나 정보를 수집하여 고객의 욕구에 신속하게 대처함으로써 신뢰를 쌓는 것이 중요하다. 우수고객에 대해서는 정기적인 방문 이외에도 명절, 생일, 애경사 등 가급적 방문기회를 많이 만들어 업무 이외의 사항에 대하여도 대화의 기회를 가져 인간적으로 가까워질 수 있도록 노력해야 한다.

고객관리방법은 지점장 스타일에 따라 다르기 마련이다. 중요한 점은 고객에 따라 지점장 자신의 성격에 맞는 개성 있는 방법을 사용함으로써 그 인상을 깊게 그리고 좋게 남기는 것이다. 진심이 깃든 문안전화, 축전, 정보의 제공 등으로 고객과의 관계를 다져갈 수 있다.

## 2-3 세일즈활동 성과배가를 위한 판촉물 제공

판촉물은 고객관리에 유용하게 활용할 수 있는 프로모션 수단이다. 고객대상 판촉물은 마케팅경비를 탄력적으로 운영하여 '내가 받고 싶은 판촉물'을 선정한다. 지점장의 입장에서 직원들의 의향도 확인하는 것이 필요하지만, 직원들에게만 맡기면 바쁜 업무 와중에 생각할 여유가 없다 보니 판촉물 안내책자에 나오는 볼펜이나 우산, 골프공 등 식상한 아이템을 고르기 일쑤다.

섭외활동시 고급품, 중급품, 하급품 3종을 비치하여 거래의 중요도에 따라 예금 신규 또는 거래처 심방시에 교부토록 하는 것이 바람직하다. 신규유치 기업, 사업장 신축·이전 기업 등은 반드시 이전식 등에 참석, 축하하여주는 동시에 사은품을 전달한다. 우수고객의 생일 등 경사에는 꽃바구니 및 떡 케이크를, 회사의 창립기념일 등에는 오후 4~5시쯤 심방하여 축하와 아울러 간식용 떡을 선물하여 효과를 극대화시키는 전략도 필요하다. 단, 경비제약이 있기 때문에 지점에 이익을 가져다 주는 고객위주로 사은품을 제공한다. 신규업체 개척시 조그마한 소품을 준비해서 방문하면 사장이 부재중이더라도 향후 방문일정을 잡기가 유리하다. 소품을 주면 매우 호의적으로 나오는 경우가 많다.

우수고객이나 교차판매대상고객, 신규고객이 아니면 소품제공 대상고객에 포함하지 않아야 한다. 의미 없는 판촉이야말로 광고선전비의 부적절한 활용이기 때문이다. 따라서 판촉물의 경우 최고급과 중급, 하급으로 나누어 적절한 고객에게 전달하는 것이 중요하다.

### 판촉물 제공에 대한 지점장 대상 조사결과(1)

매년 연말에 회사경영진, 키맨, 타겟고객 등 약 300명을 선정하여 고객 성명이 인쇄된 포켓수첩을 선물하고 있습니다. 또 매년 2월 초에는 고로쇠물을 선물하고 있는데, 초봄 세일즈판촉물로 최적입니다.

방문세일즈시 매일 3~4명의 중요고객 및 타겟고객을 선정하여 꽃 도매시장에서 구입한 꽃을 선물로 제공하고 있습니다. 방문공포증을 극복하고 고객의 마음을 여는 데 효과적입니다.

### 판촉물 제공에 대한 지점장 대상 조사결과(2)

환전고객이나 해외출장이 잦은 고객에게는 '트래블어댑터'를 선물하였습니다. 전기콘센트를 꽂는 모양이 US규격, UK규격, 유럽규격, 중국규격이 모두 달라 전기면도기나 헤어드라이어 또는 휴대폰 충전시 콘센트구멍이 맞지 않아 낭패를 본 해외출장자들이 많은데, 이들에게 트래블어댑터는 아주 인기 있는 판촉물입니다. 이때 판촉물 포장지에 '해외에서 100만원 이상 사용한 당점 신용카드 매출표를 가져오면 추가선물을 드립니다'라고 적어 신용카드 이용대금 증대를 유도하는 효과를 거둔 경험이 있습니다.

## 3 방문세일즈 역량강화 방안

영업사원을 의미하는 '세일즈맨'과 은행원을 의미하는 '뱅커'는 은행업에서 다른 이미지를 가진 직업으로 인식되어 왔다. 이 둘의 영역에서 각기 요구되는 자질은 상반된 점이 많다. 영업사원에게는 활동적이며, 감성적이고 리스크를 감수하려는 성향이 중시되나, 은행원에게는 분석적이며 이성적·논리적이고 리스크를 가능한 회피하려는 성향이 강조된다.

이미 타 산업에서는 영업성과가 그 기업을 판단하는 잣대로 작용하게 되면서 기업에서 영업부서의 영향력이 증대되었고, 나아가 CEO를 비롯한 기업 구성원 전체가 '세일즈'를 담당하고 있다. 은행권은 타 산업분야에 비해 '세일즈'문화의 정착이 늦은 편이었다. 수동적인 영업방식에도 불구하고 독점적이고 우월적인 시장을 가질 수 있었기 때문이다. 은행 간 경쟁이 심화되어 본격적으로 영업력 확대의 총력전을 펼치기 시작한 이후에도, 은행직원들은 '세일즈'에 대한 노출과 자극에 둔감하였다. '은행원은 세일즈맨이 아니다'라는 고착된 의식 또한 변화에 대한 적응을 저해하는 요소로 작용했다. 세일즈는 거래에서 불리한 측이 의지하는 방편이며, 은행의 입장과 맞지 않는 일이라는 생각을 가지고 있었기 때문이다.

최근 들어 직원공채에서 각 은행은 각종 응시제한 규정을 철폐하는 대신, '영업력을 갖춘 인재'를 은행원으로서 최고의 자질로 손꼽았다. 일부 은행은 영업담당 인력과 본부 지원인력을 아예 나누어 채용하기도 한다. 영어성적 제한을 없애고, 영업력을 평가하여 신입행원을 선발하는 방식을 채택했다. 영업력있는 직원을 선발하는 것만큼 중요한 일은, 기존의 직원들에게도 이러한 바뀐 인재상을 널리 인지시키는 것이다. 영업력을 주무기로 하는 새로운 인재를 조직에 영입함과 동시에 기존 직원에게도 은행이 세일즈중시 방향으로 변화하고 있다는 점을 주지시켜야만 전체적으로 빠른 효과를 볼 수 있다.

은행 직원의 세일즈 역량은 다소 부족하고 사람에 따라 부침(浮沈)이 심한 것으로 평가된다. 또한 개별상품에 대한 단순설명이 아닌 경제전반을 읽어낼 수 있는 능력이 상대적으로 부족하고, 무엇보다 고객의 필요한 요구에 적절히 대응할 수 있는 상담능력이 미흡하다는 지적이 많이 제기된다. 그 이유는 지점장이 바뀔 때마다 세일즈 방법이 변하고, 상담직원들의 업무에 대한 전문지식이 부족한데 기인한 것이다.

실제 영업점 직원을 대상으로 한 조사에서 세일즈능력은 직원간 갭이 큰 것으로 나타났다. 예대마진 축소에 따라 대체수익 확보차원의 교차판매(cross selling) 필요성에 공감하고는 있으나 상품권유시 고객의 거절에 대한 두려움 또는 고객을 귀찮게 한다는 인식이 잠재되어 있어 창구판매가 쉽게 이루어지지 않고 있는 실정이다. 무엇보다도 상품별 셀링포인트, 셀링기법 연마 등 지속적인 교육이 선행되어져야 하고, 고객에 대한 판매부담감을 덜 수 있는 마인드 전환교육이 필요하다고 지적했다.

세일즈 역량은 인적요소 외에 다양한 요인이 영향을 미친다. 우선 고객과의 접점구축이 중요하다. 고객들은 은행을 거래할 때 접근가능성과 남다른 대접을 받는다는 느낌을 중시한다. 개인거래에 있어서는 사은품이나 부가서비스 보다는 지리적으로 가까운 곳이 가장 좋다고 생각하고 있다.

세일즈활동의 기반으로서 점포는 중요하다. 맥도날드 가맹점은 절대 망하지 않는다는 이야기가 있다. 이는 맥도날드가 가맹점을 내어줄 때 어떤 방식으로 하느냐를 살펴보면 잘 알 수 있다. 맥도날드는 점포전략을 세움에 있어 철저한 사전조사와 시장분석으로 가맹점의 평수와 위치, 종업원의 수까지 직접 지정해 준다고 한다. 이는 통계적으로 증명된 점포전략에 관한 툴(Tool)을 가지고 있기 때문이다. 세일즈에서도 점포 전략은 매우 중요하다. 아무리 뛰어난 세일즈 능력을 가진 직원이라 할지라도 외진 곳에 점포를 세워서는 제대로 된 영업이 힘들다.

기업고객의 경우에는 경영전반에 대한 자문 및 정보제공과 어려울 때 해결방안을 제시해주는 역할을 은행 지점장에게 기대한다. 비즈니스솔루션을 원하는 것이다. 이업종 교류회 등 정보교류 및 인맥지원, 회사의 잉여자금 활용방안, 법인세 절감방안, 회사를 홍보할 수 있는 방법에 대한 지원 등을 원한다. 기업고객이 필요로 하는 정보를 적기에 제공할 수 있는 역량은 무엇보다 중요하다. 고객입장에서 미리 조언을 해주고 어려울 때 대안을 제시해주는 자세가 필요하다. 자주 찾아오는 행동, 연락을 자주하는 모습, 지점 방문시 관심을 가져주는 태도는 신뢰를 쌓게 한다.

고객정보 분석측면에서 무형적인 정보의 유지 및 관리가 미흡하고 단절되는 경향이 있다. 고객의 취향, 속성 등에 관한 정보는 은행 전체차원에서 소중하게 유지·관리되어야 한다. 끊임없이 고객을 관찰하고 분석해야 한다. '맞춤'이란 말이 요즘처럼 많이 쓰일까. 오직 한 고객만을 위한 서비스를 제공하기 위하여 내 서비스의 문제점이 무엇인가를 생각하여 개선하고 수시로 점검해야 한다. 습관적인 서비스는 고객을 식상하게 한다. 매번 반복하는 인사보다 진심에서 나오는 표정 한번이 고객을 감동시킨다는 걸 알자.

모든 고객은 은행과 거래하게 된 스토리(Story)가 있는데, 고객관리차원에서 거래사연을 파악해 축적해 두는 것이 중요하다. 지연, 학연, 혈연 등 인맥을 통해 거래를 시작하였거나, 어려울 때 도움을 주었던 경험 등에 대한 파악이 필요하다. 이를 거래이탈에 대한 방어책으로 활용해야 한다.

# 연습문제

01 영업전략 수립시 시장상황 분석방법에 대해 서술하시오.

02 지점 역량분석 방법을 직원역량과 경영역량으로 구분하여 서술하시오.

03 점주권 시장조사의 자료에 대해 생각해보고, 시장조사 자료를 활용할 수 있는 방안에 대해 서술하시오.

04 가망잠재고객 대상 접촉방법에 대해 서술하시오.

05 기업고객 신규발굴 방법에 대해 서술하시오.

06 경영자와 종업원으로부터 기업부실 징후를 파악할 수 있는 방법에 대해 서술하시오.

07 개인고객 불만해소 방안에 대해 서술하시오.

08 만기고객 관리방안을 수신고객과 여신고객으로 구분하여 서술하시오.

09 지점의 고객만족경영의 요소 중 인적요소와 물적요소를 비교하여 서술하시오.

10 방문세일즈 활동의 성과제고를 위한 지점장의 역할에 대해 서술하시오.

## 연습문제 해설

1. 시장상황 분석을 위해서는 지점이 직면한 시장상황의 기회 및 위협요인을 분석하고 지점 스스로의 강점과 약점을 파악해야 한다. 지점 스스로의 강점과 약점을 파악한 후 강점은 최대한 살리고 약점에 대해서는 극복하거나 피해가는 방법을 모색하는 등 구체적인 개선 방안을 마련하는 단계다. 우선 시장상황에 대한 기회 및 위협요인 분석이 필요하며 시장에 대한 자세한 정보수집 및 분석과 함께 지점의 점주파악이 중요하다. 점주파악은 지점의 입지적 특성에 따라 특정 고객층에 중점을 두어 목표고객 확보 및 고객관리 방안을 모색하기 위한 것이다. 향후 은행이 지역주민과 호흡을 같이하고 고객니즈 변화에 신속하게 적응하지 않으면 안 된다는 의미에서 점주파악은 영업전략 수립의 출발점이다.

2. 직원역량 분석을 위해서는 우선 직원의 인사자료를 기본으로 하여 직원들이 보유하고 있는 자격증을 파악해둘 필요가 있다. 직원의 각 업무분야별 역량과 자기계발 진행내용, 희망업무 등을 지점 차원에서 파악해야 한다. 경영역량은 지점의 상황을 바탕으로 강·약점을 분석해두는 것이 필요하다. 강점요인은 더욱 강화시키고 약점요인은 보완하는 작업이 중요하기 때문이다. 은행의 지점은 환경변화에 따른 영향을 많이 받기 때문에 지점의 입장에서도 환경변화에 적절히 대응하는 자세가 필요하다. 최근 2~3년간의 업적평가추이를 분석해두는 것이 마케팅역량을 강화하기 위해 필요하다. 상품분야별 실적추이와 향후 전망에 대해서도 분석이 필요하며 지점의 수익구조도 분석해 두어야 한다.

3. 시장조사 자료는 시장파악 자료로서 활용할 수 있는 것이어야 한다. 또한 지점에서는 소재 지역의 자료를 비치하여 각종 영업전략 수립에 적극 활용해야 한다. 수집된 시장조사 자료는 전 직원 및 후임자가 유용하게 활용할 수 있도록 보관과 인계인수에 철저를 기하여야 한다. 점주권의 시장조사 내용은 지점이 처해있는 경영환경을 분석·파악하는 것이다. 지점의 입지에 따른 지역특성을 파악하고 타행과의 경쟁상황과 입지조건 등을 살펴 강점과 약점을 비교·분석한 후 지점 경영에 성공적인 방안을 도출해야 한다. 시장조사 자료는 지점의 영업전략 수립, 영업방침의 결정과 구체적인 활동계획을 작성할 때 유효하게 활용할 수 있다.

4. 가망잠재 고객 접촉을 위해서는 다이렉트메일 작성 및 발송과 더불어 전화접촉을 통해 이루어진다. 우선 가망잠재고객과 관련된 명단이 작성된 다음에는 다이렉트메일을 작성하여 발송한다. 다이렉트메일은 가망잠재고객과의 첫 번째 접촉기회다. 다이렉트메일은 가망고객의 니즈에 대해 잘 이해하고 있다는 것을 나타낼 수 있어야 할 뿐만 아니라 분명하고 간결하게 초점을 맞춰 작성해야 한다. 효과적인 다이렉트메일의 문구는 일반적으로 인사말, 은행에서 제공해줄 수 있는 상품 및 서비스 소개, 맺음말 순으로 작성한다. 다이렉트메일을 가망고객에게 보낸 다음에는 상담약속을 얻어내기 위한 전화를 해야 한다. 전화를 걸기 전에 미리 계획을 세워야 하는데 가장 우선적인 문제가 고객에게 언제, 어떻게 전화할 것인지다. 두 번째는 전화를 통해 달성하고자 하는 목표수준을 단계별로 설정해야 하며, 마지막으로 가망고객이 갖고 있는 이슈를 요약하고 면담일정을 제안하고 시간과 장소를 확인해야 하며, 가망고객에게 감사를 표시하고 면담약속에 대한 감사표시를 하고 마무리한다.

5. 방문 전에 그 업종의 현재 상황은 물론 해당 기업의 매출규모 등 방문기업의 업체개요를 어느 정도 평가하는 것이 중요하다. 실제 방문해서는 해당 업체뿐만 아니라 그 업체의 매입·판매처 등과도 거래를 추진하여 순차적으로 방문기업들의 리스트를 작성해두어야 한다. 기업을 대상으로 한 마케팅활동에 있어 신규유치가 가능한 기업의 리스트를 얼마만큼 잘 작성하느냐에 따라 마케팅효과가 좌우된다. 기업고객 신규유치 작업을 진행할 때 가장 중요한 것은 적절한 대상기업을 확보하는 것이다. 유치대상 기업 수가 너무 많거나 너무 적지 않도록 해야 한다.

6. 경영자관련 부실을 파악하기 위해서는 우선적으로 경영자의 독단적인 경영은 위험하며, 경영자의 건강악화도 중요한 주의항목이다. 경영진이 교체될 경우 예의주시해야 한다. 계획적인 부도를 위해 신용불량 규제를 회피할 목적으로 제3자를 대표자로 내세울 경우 또는 경영권 다툼에 의해 경영불안정이 지속될 경우를 유념해야 한다. 지나친 대외활동 지향은 금물이다. 과도한 투자계획 제시는 중대한 적신호다. 어려운 자금상황하에서 추진되는 과도한 투자는 악화된 경영상황을 다른 방향으로 돌리기 위한 수단이나 소요자금을 부풀려 차입금을 추가 확보하기 위한 수단으로 악용될 가능성이 있다. 안이한 경영자세도 위험신호다. 경영자가 시장변화에 둔감, 적절한 대응능력이 부족할 때도 위험하다. 은행직원 기피하는 것, 특히 면담회피, 비밀스런 외출은 이상징후다. 약속위반도 자금사정이 어렵다는 방증이다. 한편 구성원관련 부실징후파악을 위해서는 구성원에 대한 태도 관찰이 중요하다. 부실화 조짐은 직원이 먼저 감지한다. 거래기업의 부실징후는 구성원이 가장 먼저 감지하는 사례가 많기 때문에 구성원들과 친밀한 관계를 유지하면서 유용한 정보를 파악한다. 경리직원의 푸념이 잦으면 유의해야 하며, 회의가 잦으면 경영이 어렵다는 사실을 기억해야 한다. 근무기강 해이는 부실징후의 신호탄이다.

7. 개인고객의 불만을 해소하는 방안은 여러 가지로 생각해볼 수 있지만 고객들이 불만을 제기할 때 다음과 같은 자세가 필요하다. 불만이 나오면 우선 사과할 것, 불만을 처리하는 것은 거래증가의 기회라고 적극적으로 생각할 것, 절대로 이유를 들어서 반박하지 말 것, 불만을 회피하지 말고 자진하여 적극적으로 활용할 것, 고객을 충분히 납득할 수 있도록 할 것, 부자연스러운 억지웃음을 짓지 않을 것, 대등한 입장에 서지 말고 고객은 항상 정당하다고 생각할 것, 고객의 불만을 최후까지 듣도록 할 것, 그때의 상황을 일시적으로 피하려고 하지 말 것, 싫어하는 표정을 절대로 나타내지 말고 성심성의껏 처리할 것, 고객이 충분히 납득할 수 있도록 설명하되 구차한 변명을 늘어놓지 말 것, 다른 고객에게 미치는 영향을 고려할 것 등이다.

8. 지점 창구에서 기존고객 관리의 첫걸음은 수신·여신상품 만기관리이며, 만기관리의 노력과 관리체계의 확립에 따라 지점실적의 성패가 좌우된다. 대출만기 고객의 경우 만기시 업종에 대한 분석을 철저히 하여 디마케팅 대상인지를 파악하고 고객 교차판매 가능성에 따라 만기관리를 한다. 월초 당해월 만기 리스트를 작성하고 담당자별로 소지한다. 본부에서 실시하는 DM과 별도로 담당자가 사전에 전화로 기일을 통지하여 기일에 상환 또는 기한 갱신에 대비토록 조치한다. 신용등급 하락업체에 대해서는 만기 2개월 전에 통지하고 사전협의를 갖는다. 수신만기 고객에 대해서는 만기도래 이전 재가입 권유 및 신상품 소개 등 지속적인 고객접촉이 가장 중요하다. 권유자가 있을 때에는 권유자를 전담관리자로 지정한다. 매월 말 다음 달 기일도래 명세를 작성하여 1개월 전에 기일을 예고하고, 일정표에 기재해야 한다. 일주일 전 추가통보하고 상품을 설계하여 추가유치 및 갱신을 유도하는 것이 바람직하다. 만기일 당일 이행내용을 점검하는 것도 필요하다.

9. 인적서비스란 사람에 의한 서비스를 말하는 것으로 사람과 사람의 관계를 통해 제공되는 대면서비스다. 창구 직원의 고객응대태도나 업무처리방식, 자세, 용모, 말씨뿐만 아니라 창구 직원의 업무지식, 상품지식, 고객지식 등이 있다. 서비스업인 은행의 입장에서 보면 인적서비스는 고객만족 혹은 불만족의 핵심요소다. 매일 아침 개점시에는 전 직원이 기립하여 정중하게 인사한 후 업무를 시작하고, 고객혼잡시 또는 전산장애시에는 안내방송을 수시로 실시해야 한다. 고객과 인사할 때는 악수를 병행하여 고객과 빠른 시간 내에 가까워질 수 있도록 한다. 물적서비스란 은행 내 각종 하드웨어적인 사무기기에 의한 서비스를 의미하는데, 지점 내외의 ATM, 통장정리기, 공과금수납기 등이 포함된다. 은행의 대표적 물적서비스인 자동화기기는 이용고객이 증대하면서 고객거래의 최대접점이 되고 있다. 지점장은 ATM 관리에 솔선수범하며, 무인자동화코너의 경우 용역정비업체에만 맡기지 말고 수시로 돌아보며 관리해야 한다.

10. 고객방문활동에서 성과를 거두기 위해서는 충분한 계획과 준비를 해야 한다. 방문세일즈를 효과적으로 진행하기 위해 지점장에게는 적극적인 정신자세와 세련된 응대기술, 풍부한 업무지식 등이 요구된다. 이러한 준비가 되어 있어야 잠재고객을 적극적으로 찾아내고 점주권 내의 고객을 자행고객으로 만들 수 있다. 고객이 가지고 있는 문제점과 거래저해 요인을 분석하여 진단하고 그 요인을 극복할 수 있는 서비스를 제공하는 것도 필수다. 또한 방문세일즈 활동에서 중요한 것은 기존고객에 대한 거래심화다. 기존고객을 정기적으로 접촉하면서 고객의 욕구를 심층적으로 파악하고 추가판매활동을 수행하여 거래를 심화시켜야 한다.

제2장

# 지점장의 부임상황별 우수경영 사례

## 학/습/목/표

1. 지점장으로 발령받기 전에 준비해야 될 사항에 대해 생각해본다.

2. 초임 지점장으로 부임시 준비사항을 부임 전과 부임 후를 구분하여 학습한다.

3. 지점 인수인계시 유의해야 되는 사항에 대해 학습한다.

4. 연고지 지점과 비연고지 지점에 부임시 지점장으로서 유의해야 되는 사항에 대해 학습한다.

5. 실적부진지점 부임시 지점장으로서 유의해야 되는 사항에 대해 학습한다.

제1절

# 지점장의 부임단계별 우수경영 사례

## 1 지점 부임시 초임 지점장 행동요령

지점장으로 부임했을 경우 바람직한 행동유형을 사전에 준비하고, 지점관리 방법을 정립해두는 것이 업적신장을 위해 중요하다.

### 1-1 훌륭한 지점장 역할을 수행하기 위한 준비사항

지점장은 강한 책임의식과 열정을 가지고 있어야 하며 자신의 비전과 지점의 비전을 중장기적 차원에서 수립할 수 있는 능력을 갖추어야 한다. 또한 부하직원, 점질, 지점의 과거실적, 지점의 강·약점, 고객 특성 등을 완벽하게 파악하고 있어야 한다. 지점장은 팀장시절보다는 한 단계 향상된 판단능력과 목표설정 및 이행능력을 갖추어야 하며, 특히 상황변화에 적절히 대응할 수 있는 유연한 리더십을 갖추어야 한다. 아울러 부하직원들이 신뢰할 수 있으며 자율적으로 업무를 수행할 수 있도록 리드하는 유연한 자세가 필요하다.

초임 지점장이 학습하여야 할 각종 역량과 교육내용은 다음과 같다.

① 지점 경영에 필요한 리더십교육, 리더십 역량교육

② 직원통솔방법, 대인관계, 인적네트워크 구축방법 등

③ 대화법, 깔끔한 외모 및 복장, 겸손·성실한 자세

④ 업무수행태도: 책임감, 협동심, 매너 및 이미지교육

⑤ 업무수행능력: 문제해결능력, 기업분석능력, 고객정보수집 및 관리능력, 세무지식

⑥ 현장영업능력: 대화법, 고객감동실현기법, 영업력향상을 위한 세일즈능력

## 지점장으로 발탁되기 전에 가장 필요한 교육과 준비사항

사람을 다루는 대인관계기술이 중요하다. 많은 지점장이 영업실적 향상을 위해 즐겨 사용하는 방법이 권위적인 통솔과 압박영업일 것이다. 하지만 이 방법이 단기간에 영업실적을 향상시키는 데는 어느 정도 효과가 있을 수 있겠지만 지속적으로 효과를 보기는 어렵다.

권위적인 방식의 통솔방법이 지속적인 효과를 내기 어려운 이유는 인간의 감각이 지닌 마비란 특성 때문이다. 따라서 권위와 압박을 수단으로 이용하려는 쪽은 횟수가 거듭될수록 이보다 더 강한 압박을 가할 수 있는 방법을 개발하여야 하는데, 이는 바로 지점뿐만 아니라 조직 전체에 악영향을 미치게 된다.

따라서 지점장으로 발탁되기 전에 사람을 다루는 기술, 동기부여의 방법, 조직활성화 방법, 의사소통의 방법 등 지점의 가장 중요한 재원인 직원들이 어떻게 하면 자발적으로 움직여줄 수 있는가에 대한 교육이 전방위적으로 선행되어야 한다.

### 초임 지점장의 발령 전 준비사항에 대한 지점장 대상 조사결과(1)

지점장 발령 전 은행원은 사전에 충분한 교육을 받았을 것이므로 지점장으로서의 준비를 어느 정도는 하고 있는 것으로 생각됩니다. 그러나 중요한 것은 영업현장에서의 경험, 특히 성공담보다는 실패의 경험담 같은 것입니다. 실전을 경험한 선배 지점장과의 대화, 부실사례, 우량고객 이탈사례, 지점 내 사고사례 등에 시간을 할애하는 것이 좋다고 판단됩니다.

### 초임 지점장의 발령 전 준비사항에 대한 지점장 대상 조사결과(2)

지점에서 근무하다 보면 고객창출과 관리 등 영업활동 측면에서의 능력은 대부분 우수하나, 지점 경영에 필요한 리더십, 매너 있는 대화 스킬, 거액개인고객 및 경영자에 대한 이해, 내·외적 문제 발생에 대한 해결능력이 부족한 경우가 많습니다. 이러한 능력을 배양할 수 있는 인간관계 관리 측면에서의 교육이 무엇보다도 중요합니다.

### 초임 지점장의 발령 전 준비사항에 대한 지점장 대상 조사결과(3)

경기동향에 대한 지식습득이 필요합니다. 각 분야별 경기 흐름, 향후 전망 등을 분석하여 거래처에 제공하는 컨설턴트 역할을 함은 물론이며, 여신심사시 그동안의 경험, 각종 사례 및 판례 등을 연구·검토함으로써 불건전여신의 발생을 사전에 예방하고 있습니다.

다양한 취미생활도 책임자시절부터 미리 준비해둘 필요가 있습니다. 골프, 등산, 낚시 등 다양한 분야에 능통하다면 취미가 다른 다각적인 고객에게도 쉽게 접근할 수 있고, 이를 주 마케팅 도구로 활용하여 고객을 리드할 수 있습니다.

### 초임 지점장의 발령 전 준비사항에 대한 지점장 대상 조사결과(4)

실질적으로 지점장에게 요구되는 부문에 대한 자기계발이 필요합니다. 다들 이미 알고 있다고 생각하지만 현실에서는 그렇지 않은 경우가 종종 있습니다. 예를 들어 제안서 작성방법 등은 프라이빗뱅커(PB)와 릴레이션십매니저(RM)에게만 필요한 것이 아닙니다. 제안서 작성능력 부족은 곧 섭외기법 부족으로 나타납니다.

지점장 생활을 하면서 가장 절실했던 부문은 세무지식입니다. 평소 세무관련 지식에 해박하면 고객에게 적절한 어드바이스를 제공할 수 있지만 세무지식이 부족할 경우 뜻하지 않게 고객의 이해관계에 연루되어 은행이 곤란한 경우에 빠질 수도 있습니다. 골프실력 또한 중요한데 함께 라운딩하는 고객과 어느 정도는 대등한 실력을 갖추어야 합니다. 그러나 골프실력은 단기간에 향상시킬 수 있는 부분이 아니라서 꾸준한 자기노력이 필요하다 하겠습니다. 부동산에 관련된 지식도 중요합니다. 업체가 부동산 매입시 동행하는 경우도 발생합니다.

## 1-2 초임 지점장 발령 후 부임 전 준비사항

지점에서 직원을 크게 두 가지 부류로 구분하여 생각한다면, 지점장과 일반직원으로 나눌 정도로 지점에서 지점장의 위치는 중요하다. 따라서 처음 지점장으로 발령받았을 때 기존의 책임자로서의 마인드로 업무에 임하게 된다면, 직원들의 부담감은 이루 말할 수 없이 클 것이다.

지점장으로 부임하기 위한 사전준비 단계로 전임 지점장과의 면담, 직원 신상파악, 부임인사 대상명단 준비, 부임인사 준비 등이 필요하다. 우선 지점장으로서 탁월한 능력을 발휘하여 우수한 실적을 나타낸 선배 지점장을 선정하여 별도의 자리를 마련하고 경영의 노하우를 경청하는 자세가 필요하다.

또한 신임 지점장 임명장을 받고 부임하기 전까지의 기간 동안에 지점 소속직원들의 신상을 파악해두어야 한다. 직급, 성명, 연령, 현직급 승진일, 가족관계 등을 가급적 빠짐없이 파악해두어야 한다. 직원 개개인에 대한 신상파악 후에는 이메일로 부임지점 전 직원에게 부임인사장을 발송하는 것도 고려할 만하다.

명함집을 정리하고 고객 및 그동안 신세진 지인들에게 보낼 부임인사장의 문구 또한 작성해두어야 한다.

### 지점장으로 발령받은 경우 행동요령

**지점 부임 전 지점장의 준비사항**

① 부임 즉시 교환할 명함 준비
② 부임지점 직원의 신상을 파악하고 부임인사, 경영방침 및 주요 사항에 대해 직원별 이메일 발송
③ 부임지점 고객명단 사전입수, 고객파일 작성과 주요 고객 파악

**지점 부임 후 지점장의 준비사항**

① 고객관리, 직원관리, 실적관리 효율화를 위한 응접실 배치
② 지점장의 중요한 경영방침을 설명
③ 주요 고객에 대한 부임 SMS, 다이렉트메일 및 방문인사
④ 지점의 실적현황 점검

**지점 부임 후 업무관장시 지점장의 준비사항**

① 직원 인사상담 및 담당업무 재분장
② 지점 인근의 고객에 대한 최단시간 내 방문 부임인사
③ 여수신 상담이 진행중인 고객에 대한 최단시간 내 의사결정

## 1-3 초임 지점장의 부임 후 유의사항

부임 전의 지점장은 자신만의 지점 경영원칙을 가지고 있어야 한다. 하지만 부임 직후 지점만의 특수상황, 점주여건, 직원요청 등에 따라 일반적인 경영원칙에 위배되지 않는 한 이해와 배려의 재량을 발휘할 수 있어야 한다. 이때 지점장의 입장에서 그동안 해오던 자신만의 경영원칙 중 일부분이 변경되어도 가능한 범위 내에서 융통성 있게 대처해야 한다.

부임 첫날 및 초기에는 부임인사, 업무 인계인수, 주요 거래처 방문인사 등의 행동이 필요하다. 직원들에 대한 부임인사를 할 때에는 같이 근무하게 되어 기쁘다는 말과 함께 좋은 만남이 되도록 노력하자는 취지의 인사를 하고 지점장으로서의 포부와 인생관, 직장관, 업무방향, 과거 성공사례를 확실하고 인상 깊게 전달한다.

부임인사는 직원들과의 공식적인 첫 만남이라는 의미와 함께 자신의 첫인상을 심어줄 수 있는 중요한 자리인 만큼 직원들에게 강한 인상을 주어 신뢰감을 느낄 수 있도록 해야 한다. 또한 직원들의 업무능력 파악도 중요하며, 직원별 장단점은 부임 이후 빠른 시간 내에 파악해두어야 한다.

고객리스트를 작성하고 주요 고객에 대해 첫 접근방법을 구분하여 실행에 옮긴다. 주요 거래고객 방문인사를 할 때에는 고객별로 우선순위하에 실시하며, 이를 통해 고객의 지점에 대한 인상과 문제점을 파악하도록 해야 한다. 이때는 가능한 한 지점 인근의 고객에 대해 최단시간 내 부임인사를 해야 함을 명심한다. 지점 인근에 사업장이 있거나 거주하는 고객들의 경우 지점의 최우수고객 못지않게 중요하다는 점을 확실히 인식한다.

기업고객은 반드시 현장을 방문하여 인사토록 함으로써 지점장으로서의 열성을 보여준다. 현장 방문시 고객회사 직원들의 근무현장을 살펴보고 간부들과 인사하면서 회사 분위기와 생산시설 등을 살펴보고 메모한다. 이때 기록한 자료는 후일 동 기업의 은행거래에 대한 판단자료로 활용한다.

지점의 우수고객에 대해서는 가급적 최단시일 내에 방문하여 유대관계를 돈독히 하도록 하고 방문이 곤란한 경우에는 부임인사장을 대신 발송한다. 대부분의 고객이 신임 지점장이 부임인사할 경우에는 시간을 할애해주므로 이를 잘 활용해야 하며, 가급적 업체에 대한 많은 정보를 사전에 파악한 후 방문한다. 또한 기존에 진행 중인 여수신 상담에 대해서는 최단시간 내 의사결정을 내려, 지점장이 바뀌었다고 해서 고객들의 은행거래에 지장을 초래해서는 안 된다.

### 초임 지점장의 유의사항

초임 지점장은 과욕으로 무리한 업무추진을 하기 쉽고 지점장의 입장에서 사람을 볼 줄 아는 안목이 부족하기 때문에 부실여신으로 연결될 가능성이 높다. 지점장으로 선임되기 전에 최소한 여신업체에 대한 자금흐름을 파악할 수 있는 능력을 갖추고 자금상환계획이나 의지가 있는가를 면밀히 분석할 수 있어야 부실을 사전에 예방할 수 있다.

○○은행에 근무하는 ○○○지점장은 "모두들 지점장으로 승진하려고만 하지 그에 대한 플랜은 준비되어 있지 못한 경우가 많으며, 특히 초임 지점장의 경우 세일즈능력이 부족하다. 따라서 지점장이 되기 전에 제대로 세일즈하는 방법을 습득해두어야 한다. 또한 고객지향적 마인드 제고와 선택하고 집중할 수 있는 경영마인드를 배양해야 하며, 지점장으로서의 확고한 경영철학과 부단한 자기연마가 필요하다"고 지적하고 있다.

#### 초임지점장의 유의사항에 대한 지점장 대상 조사결과(1)

- 경험이 부족하므로 과욕을 부리지 말고 길게 볼 것
- 자기관리(욕심, 열정관리)에 대한 노력이 무엇보다 중요하다.
- 직원들과 충분한 의견교환을 갖고 과감하게 권한을 위임할 것
- 직원들 면전에서 절대로 임원이나 타 지점장에 대한 험담을 하지 말 것
- 직원들 앞에서 지점장이 나서서 여러 가지 여건상 영업이 잘 안 될 것이라는 부정적인 표현은 절대 금할 것

## 초임 지점장의 유의사항에 대한 지점장 대상 조사결과(2)

지점장의 역량 중 가장 중요한 것은 개별적 영업역량이라고 생각합니다. 이를 위해 첫째 고객을 설득시킬 수 있는 대화능력이 중요합니다. 둘째 지속적 만남을 통한 친화력이 필요합니다. 고객을 정성들여 성실히 대우해주면 소개영업인 MGM으로 연결됩니다. 셋째 주변의 모든 사람들을 아우르는 네트워크 능력입니다. 마지막으로는 열정입니다. 자신감에 충만한 열정이 있어야만 지점직원들을 이끌 수 있습니다.

## 초임지점장대상 조사결과(3)

지점장으로 발령받은 이후 제가 그동안 은행생활에서 모셨던 지점장님들을 회고해 보면서 부하직원 입장에서 지점장의 바람직하지 못한 행동이라고 생각한 것을 가능한 하지 않았습니다. 첫째, 책임회피문제입니다. 지점장으로서 "이 부분은 내가 책임질테니, 너희는 이것을 해라"고 하는 지점장의 행동입니다. 저는 "지점장이 책임질테니, 당신들은 따라오라"는 식으로 지점을 운영하고 있습니다. 둘째, 직원별 차별대우 문제입니다. 부하직원들을 차별적으로 대할 때 지점장의 권위는 없어지고, 특히 부하직원 앞에서 차별대우는 절대 금물입니다. 셋째, 전략마인드 없이 일하는 것을 하지 말아야 합니다. 구체적인 목표를 세운 다음 지점장의 생각을 부하직원들에게 설명하여 이해와 협조를 구한 다음 달성을 위한 계획을 실행하는 것이 중요합니다. 이때 지점장의 생각이 '어떠한지를 확실히 밝히는 것이 중요합니다. 지점계획 진행 시 1인당 목표는 없앴습니다. 1인당 목표는 지점 팀워크에 도움이 안 됩니다. 특히 실적 달성에 사용하는 1/n을 없앴습니다. 1/n을 없애니, 직원들은 행복감을 느꼈으며, 책임의식은 더욱 강화되어, 목표달성을 위한 행동이 더욱 능동적으로 변화되었습니다. 넷째, 긍정적 마인드 심어주기를 실천했습니다. 부정적 표현은 지점장 입에서 절대로 나오지 않았습니다. 미래에 대한 생각에 초점을 맞추고, 직원들에게는 오직 칭찬만 했습니다.

## 1-4 초임 지점장의 업무관장시 유의사항

지점 업무를 관장하기 시작하면 지점장으로서의 자세를 가지고 임해야 한다. 부임 초기에 지점의 실태를 정확히 파악하여 문제점 및 개선방향, 개선시기를 결정하는 것이 중요하므로 먼저 업무별로 담당직원으로부터 현황에 대한 설명을 듣는다. 전략수립, 역할분담을 지시할 때에는 전 직원을 참여시키는 것이 중요하며 이를 통해 서서히 지점을 장악해나가야 한다.

점질분석에 의한 지점의 강·약점 파악은 지점장의 역할 중에서 가장 중요한 내용 중 하나다. 또한 지점 분석자료를 근거로 지점의 단기 및 중기비전을 수립한 후 전 직원이 공유하고 실천할 수 있도록 한다. 처음이라 심리적 부담과 동시에 업무의욕이 최고조로 달해 있는 시기임을 스스로 자각하고 여기에서 발생할 수 있는 위험요인을 항상 염두에 두어야 한다.

지점에 부임해서 업무를 관장할 때에는 직원과 고객에 대해 구체적으로 파악하는 것이 중요하다. 직원에 대해서는 직원별 담당업무와 실제로 하는 일이 무엇인지를 A4용지 1장에 자유스럽게 적어내도록 하는 것이 효과적이다. 일일, 주간, 월간, 분기별 단위로 수행하는 일을 파악하는 데 도움이 된다. 고객은 기여도순으로 파악한다. 또한 신용등급과는 별도로 부실가능업체 명단을 담당직원별로 5개씩 적어내도록 하여 이들 업체파악을 위한 기초자료로 활용한다.

**부임 지점장의 파악내용**

① 기존의 책임자 또는 지점 역사 등을 통해 지점의 현재 여건을 파악
② 지역특성: 대도시, 중소도시, 농어촌지역, 상가지역, 주택지역, 공장지역, 상업지구, 개발지 혹은 정체지역
③ 점주권의 고객분석: 부유층·중산층·저소득층·자영업자·급여생활자 거주지 등 점주권 내 점질분석에 의한 지점의 강·약점 파악

④ 경쟁 금융기관의 동향조사: 예금 및 대출금 변화추이, 타행 대비 증감원인 분석, 점주권 내 평판, 마케팅 수행방법
⑤ 지역 내에서의 자점에 대한 평판: 우수부문과 부진부문 분석
⑥ 예금구성 현황 파악: 요구불, 저축성, 기타 또는 저코스트, 중코스트, 고코스트 예금구성비(전년, 전월 대비 증감원인 분석)
⑦ 대출금 증감추이 분석: 개인여신, 기업여신, 외환, 신용카드 등(전년, 전월 대비 증감원인 분석)
⑧ 창구현황 분석: 내점 및 대기고객추이(타 지점과 비교분석, 전년 및 전월대비 분석), 고객처리능력, 모니터링 점수
⑨ 종합업적평가의 최근 순위: 우수지점의 경우에는 지속적 노력을 독려하고 중간, 하위지점의 경우에는 직원 사기진작책 마련
⑩ 각종 보안 진단: 지점 내외를 규정에 따라 직접 점검하고 사고예방에 유의

지점장의 입장에서 업무현황을 파악한 이후 직원의 참여하에 영업추진 방안을 강구한다. 지점 경영의 성공요소는 훌륭한 추진방안에 있는 것이 아니라 지점장의 열정과 자신감에 있다. 부하직원을 이끌 수 있는 힘은 오직 은행을 위한다는 지점장의 열정과 자신감이라는 점을 자각해야 한다. 장기적 목표는 높게 설정하되 단계적으로는 단기 및 중기목표의 수위를 조절하여 직원들이 성취감을 체험할 수 있게 한다.

부임인사장을 발송하는 것도 중요하다. 불특정 다수인에게 보내는 광고의 경우와는 달리 특정인에게 보내는 인사장의 경우에는 주소, 성명 등 입수자료가 정확해야 한다.

지점 직원들과는 누구든지, 언제든지, 무엇이든지 상의하고 상담할 수 있는 인간관계를 조성한다. 직원들은 지점장과 이야기하는 것을 가급적 회피하는 경향이 있으며 자신의 당면문제나 관심사를 잘 꺼내려고 하지 않는다. 마음의 벽을 허물기 위해서는 지점장이 직원들에 대한 철저한 신상파악을 통해 각자의 관심사나 취미 등을 미리 알고 있어야 한다.

직원과의 상담은 가능한 자주 갖는 것이 좋지만, 업무상 힘들 경우 최소 한 달에 한 번씩은 상담기회를 갖는다. 자주 상담하다 보면 직원이 자기의견이나 희망사항 등을 쉽게 이야기하는 분위기가 조성되어 상사와 부하 간에 일체감이 형성되면서 맡은 업무에 최선을 다할 수 있게 된다. 이와 같은 과정을 통해 개개인의 특징 및 장점과 업무능력 등을 파악하여 사무분담시 적재적소에 배치한다.

**지점 부임 전후 준비사항에 대한 지점장 대상 조사결과**

점주파악을 위해 한가한 주말을 이용하여 발령지점의 점주를 천천히 돌아봅니다. 주요 기업, 보증기관, 관공서, 경쟁 금융기관 위치도 함께 파악하고 있습니다. 전임 지점장과 업무 인수인계시 직원 개인별 특성도 파악해야 합니다. 부임 직후에는 부임인사장 발송대상 고객명단을 작성하고, 주요 고객에 대해서는 방문인사를 해야 합니다. 업무관장시에는 전년 및 전월 업적평가분석을 통해 강·약분석을 하고, 장·단기 업무계획과 추진전략을 수립해야 합니다.

## 2 중임 이상 지점장의 행동요령

### 2-1 중임 이상 지점 부임시 유의사항

지점장이라도 첫 번째, 두 번째, 세 번째 부임에 따라서 행동방식은 다르다. 오히려 다른 것이 정상이다. 중임 이상의 지점장도 부임 초기에 해야 할 일은 초임 지점장의 경우와 다를 것이 없다. 초임 지점장 때보다 심리적으로 여유가 생겼을 것이나 열정과 의욕만큼은 늦추지 말고 계속 유지하는 것이 중요하다. 매너리즘에 빠지지 않도록 주의하고 초임의 기분으로 부임하여 인사장 발송 등을 점검하면서 업무를 추진한다. 초심불변의 자세가 필요하며 후배 지점장들에게 귀감이 되는 업무추진과 조직에 대한 기여도 배가 노력이 필요하다. 직원들에게 업무추진에 대한 강한 열정과 솔선수범하는 자세를 계속 견지해야 한다. 과거 지점에서 직원들로부터 신뢰를 얻지 못한 행동, 업무방식 등이 있었다면 과감히 시정해야 한다.

은행 간 전쟁이라는 표현도 등장하는 최근의 영업환경하에서 업적이 중요한 것은 사실이지만 단기 업적달성에만 급급하지 말고 중장기적 관점에서의 추진도 중시해야 한다. 지점이 처해 있는 상황을 냉정히 판단하여 단기의 업적향상에만 얽매이지 않고 은행 전체적인 차원의 장기적인 과제로 시야를 돌리는 것도 필요하다. 그리고 이것을 후임 지점장들이 이어받아 해결해나갈 수 있도록 인계인수를 철저히 해야 한다.

한편 중임 이상 지점장의 경우 전임 지점의 후임 지점장에 대한 칭찬과 격려가 필요하다. 특히 전임 근무지점 고객과의 통화, 면담, 행사참여 등 관심을 중단하고 후임 지점장에게 인계해야 한다. 또한 신임 지점 고객에 대해서는 전임 지점장에 대한 칭찬과 격려도 필요하다는 점에 유념해야 한다.

중임 이상의 지점장은 초임 지점장 시절의 경험을 바탕으로 자기만의 독특한 경영스타일을 가지고 있을 것이다. 과거 근무했던 지점의 업무스타일을 유지하는 것도 필요하지만 새로운 지점에 부임하여서는 그곳 직원들의 업무스타일과 지점여건을 존중해주는 것도 중요하다. 따라서 해당 지점에 적합한 업무방식 등을 파악하고, 새로 부임한 지점 직원들과 원만한 업무진행을 이룰 수 있도록 지점장의 업무스타일을 조정하는 자세도 필요하다.

지점장의 경영스타일은 인간관계 및 인적네트워크를 주무기로 하는 사람중심의 리더십과 성과 및 목표의식이 투철한 업무중심의 리더십으로 대별된다. 따라서 자신의 성격과 업무스타일에 따라 다른 지점장들과 구별되는 자신만의 스타일을 정립하는 것이 필요하다. 자신이 되고자 하는 지점장의 이미지를 미리 정해놓고 그것을 달성하기 위하여 매진하는 노력이 뒷받침되어야 한다.

전임 지점장과는 다른 각도에서 지점에 신선한 자극을 주는 것도 필요하다. 그렇다고 180도 급변시키는 것이 아니라 종래의 방침을 어느 정도 따르면서 조금씩 바꾸어가도록 한다. 전임 지점장의 재임중에 어디에 중점을 두었는지, 신규개척시의 애로사항, 미처 다 못하고 떠나는 사항, 직원 인사자료 등은 참고를 해야 하지만, 3개월 정도 경과 후에는 자신의 눈으로 보고 머리로 판단해야 한다. 부임한 지점에 대해 지역의 재평가, 거래고객의 재평가, 직원의 재평가가 있을 수 있는데, 직원의 재평가를 우선해야 한다. 재평가는 선입관에 구애받지 말고 백지상태에서 출발하려는 노력이 중요하다.

### 2-2 지점 인수인계와 관련된 유의사항

새로운 지점에 부임발령이 나면 이를 계기로 새로운 마음자세를 가다듬어야 한다. 인수인계를 받을 때는 단기간에 부임 지점의 부지점장 혹은 팀장과 주요 고객을 만나면서 명함을 교환하고 인사를 나누어야 한다. 지점장은 인계받을 때 현재의 자점 고객을 빈틈없이 파악하는 것이 가장 중요하다. 고객을 파악하기 위해 점주지역을 돌다 보면 현재 지점이 처해 있는 위치도 자연스럽게 알게 된다. 직접 기존고객을 만나면서 고객을 파악하면 거주고객의 특성과 점주권 특성도 알게 된다.

고객 파악과 더불어 중요한 것이 지점의 업적을 파악하는 일이다. 은행에 있어 부진점과 우수점의 구분은 대체로 목표달성도에 따라 결정되지만, 엄밀한 의미에서 점주지역에서의 점유율 등락여부를 가지고 판단하는 것이 필요하다. 점유율을 제고시키는 가장 중요한 요인은 직원의 역량이다. 지점 직원들의 역량을 얼마나 끌어올리느냐가 지점의 역량을 결정한다. 따라서 지점에 부임할 때는 지점장의 경영방침을 직원들이 이해할 수 있도록 진지한 태도로 명확히 전달한다. 인수받을 때 지점 직원들에 대해서도 마찬가지다. 사전에 그들에 대해 들은 내용보다는 지점장의 눈으로 보고 판단하는 것이 중요하다. 한편 직원들의 인사고과 내용도 전임 지점장의 평가내용은 참고만 하고, 새로운 시각을 가져야 한다.

## 지점 취임시 인사장 작성내용

지점장과 차장이 부임하면 주거래고객에게 취임인사장을 보내야 한다. 앞으로 2~3년간 근무하게 될 상황에서 고객에게 먼저 인사장을 보내는 것은 강력한 인상과 감동을 유발시킨다. 인사장에는 약력소개와 업무관련 공지가 포함되어야 한다.

**〈약력소개〉**

○ 새로 부임한 사실을 알린다.

○ 자신의 근무경력(학력포함)과 전문분야(주요 전문업무영역)를 기술

○ 자격증 소지여부

**〈업무관련 공지〉**

○ 선임자로부터 정말 고마운 고객이라는 인계를 받았음을 명시

○ 앞으로 담당하게 될 업무영역 및 지점 근무에 있어서 포부

○ 고객들에게 최선을 다하겠다는 다짐

○ 새로운 명함을 첨부하여 지점방문시 반드시 찾아주실 것을 부탁

제2절

# 지점장의 연고지 여부별 우수경영 사례

## 1 연고지 부임시 행동요령

연고지 부임은 도시지역보다는 지방도시 혹은 농어촌지역 소재 지점에 부임하는 경우가 대부분이며 해당 지역 출신이거나 인근학교 출신인 경우가 많다. 우선 연고지의 고객들이 기대하고 있을 자신의 이미지를 객관적으로 그려볼 필요가 있는데, 이때 부정적인 측면이 더 많이 떠오를 경우에는 이를 극복하기 위한 구체적인 방안을 모색하고 부임해야 한다.

연고지 부임의 경우에는 인맥이 이미 형성되어 있어 고객접근이 용이하며 주요 목표고객의 거래정보 수집의 용이함에 강점이 있다. 따라서 그 지방 정서에 거부감이 없으며 확고한 고객기반을 형성할 수 있어 지역 금융기관과의 경쟁에서 뒤지지 않을 수 있다.

반면에 연고지에 부임하였을 경우의 단점으로는 이미 형성되어 있는 인맥에 의존하여 신규고객의 유치 및 관리가 느슨해질 염려가 있다는 점과 인맥을 통해 부당한 금융청탁을 받을 가능성이 상존한다는 것이다. 이때에는 지점장의 입장에서 나아갈 곳과 물러설 곳을 분명히 하는 단호한 모습을 보여야 한다. 일단 연고지에 부임했을 경우에는 위에서 지적한 장점을 최대한 살려 영업을 추진해야 한다. 기존 인맥을 고객확대의 기점으로 삼아 적극적으로 신규고객을 유치하고 지역 일대의 친인척, 동문뿐만 아니라 조금이라도 관계가 있는 사람은 고정고객으로 만드는 전략이 필요하다.

### 연고지와 비연고지 부임에 대한 지점장 대상 조사결과

연고지 지점에 부임할 경우 친인척, 지인, 학연 등을 MGM(Member gets member) 마케팅에 최대한 활용하여 고객창출에 노력해야 합니다. 단, 지인 등을 통한 업무추진 과정에서는 부당한 융자신청 등에 주의해야 합니다. 비연고지의 경우 외지인에 대한 배타적인 정서가 아직은 남아 있습니다. 따라서 고객에게 조금 있으면 떠난다거나, 이곳은 누구나 한번쯤 거쳐가는 곳이라는 인상을 심어줘서는 안 될 것입니다. 고객은 물론 그 지역의 유력인사와 자주 만나고 등산, 골프 등 각종 모임에 참석하여 그들과 친해지려는 노력을 꾸준히 해야 할 것입니다. 또한 지역인사를 통해 정보를 수집하는 것도 중요합니다.

## 2 비연고지 부임시 행동요령

연고지 지점에 부임했을 경우는 고객유형을 파악하기가 비교적 수월하지만 비연고지의 경우 모든 것이 낯설기 마련이다. 그러므로 지역특색 및 고객성향을 이해하고 정확히 파악하기 위해 관련정보를 사전에 탐색하여 대응할 필요가 있다. 비연고지에 발령시 무엇보다 중요한 것은 내가 곧 이곳 지역민이라는 마음가짐으로 임해야 한다는 점이다.

비연고지 부임시는 고객에 대한 접근 및 유치가 어렵고 지역 금융기관과의 경쟁에서 뒤떨어질 수 있다. 비연고지에서는 지역정서에의 초기 적응문제, 외지인에 대한 배타적인 분위기를 조기에 극복하는 것이 최대의 과제다. 특히 현지인(現地人)의 감정을 적극 활용하는 전략을 구사해야 한다. 비연고지 부임시 가장 중점을 두어야 할 것은 현지인화, 즉 그 지방사람이 되는 것이다. 먼저 지방의 유력인사들과 밀착관계 형성을 위해 만나는 기회를 자주 만들면서 그들의 관심을 이끌어낼 수 있는 주제를 준비한다. 예를 들어 지방에서 소외되기 쉬운 각종 경제 및 금융정보를 알기 쉽게 상세히 전달하는 것도 하나의 방법이다. 지점장의 입장에서 연고가 없는 지방지점 부임시 항상 양보한다는 생각과 솔선수범의 태도로 업무에 임한다.

또한 지방유지들의 취미 및 관심사를 미리 파악하여 그룹에 동참할 수 있는 기회를 포착한다. 지방은 특히 원로들의 역할 및 의견이 중시되므로 원로들을 반드시 찾아가 인사를 드려야 한다. 원로들과 만나기 전에 지방의 역사 및 가계도 등을 미리 파악해두면 그들의 관심을 유발하는 계기를 만들 수 있다.

**지역의 유력인사와 교제하는 방법**

지점장이 스스로 해야 할 일 가운데 하나가 지역 유력인사와의 교제를 들 수 있다. 지점장은 은행 이미지를 좌우하므로 지역 유력인사와의 교제는 전 인격을 걸고 진지하게 하도록 한다. 지역 유력인사는 여러 가지 연고로 해서 횡적으로 강하게 연결되고 있어 한번 준 이미지가 잠깐 사이에 그 지역에 널리 퍼지므로 특히 신중해야 한다. 바꾸어 말하면 교제하는 방법으로서 영향력이 큰 상대에게 우선 중점을 두는 것이 좋다고 할 수 있다. 그리고 그 지역의 역사라든가, 사찰, 문화재 등에 관해 공부를 해두는 것이 좋다. 유력인사들은 당연히 지역사찰이나 문화재관리위원회 등의 임원이 되는 경우가 많으므로 지점장이 잘 공부해 놓으면 호의를 갖게 된다. 또한 가족관계, 취미, 오락 등도 사전에 철저히 조사해 두어야 한다.

## 3 우수지점장의 비연고지 부임시 행동 사례

### 3-1 비연고지 부임 시 준비사항과 행동지침

지점장 입장에서 비연고지 부임 시 지역주민에 가깝게 다가갈 수 있는 행동이 필요하다. 실제로 낯선 지역에 부임할 경우 우수하다고 평가받는 지점장들이 실행하고 있는 공통적인 행동은 다음과 같다.

① 전임 지점장으로부터 주요고객에 대한 정보를 인수받는다.

비연고지 부임 시 고객에 대한 정보가 전혀 없는데다 접근 또한 용이하지 않기 때문에 전임 지점장으로부터 주요고객의 명단과 핵심고객의 성향과 거래특징 등을 인수인계 받는다. 이때 일부 지점장은 새로 부임한 지점장과의 경쟁심리가 작용하여 고객정보를 잘 넘겨주지 않거나 일부만 알려주는 경우도 있는데 전임 지점장이 그러한 마음을 가지지 않도록 후임 지점장으로서 반드시 도움이 필요하다는 마음이 전달되도록 한다.

② 지역유지 및 특별한 고객에 대하여는 전임지점장과 함께 방문하여 인사드린다.

대부분의 경우 후임 지점장은 혼자서 부임 인사를 드리게 되는데 고객관리의 인수인계 차원에서 전임 지점장과 함께 고객에게 방문 인사를 드림으로써 서먹서먹한 분위기를 줄이는 것은 물론 그동안 전임 지점장과 고객 간 쌓인 유대관계를 단절하지 않고 계속 활용할 수 있게 된다. 어렵더라도 반드시 전임 지점장에게 부탁하여 함께 방문 인사를 하는 것이 좀더 효과적이다. 전임지점장과 동행이 힘들 경우 이전부터 근무하고 있던 부지점장이나 팀장과 같이 방문해 인사한다.

③ 방문하지 못하는 고객에 대해서는 인사장을 발송한다.

모든 고객을 방문하여 부임인사를 할 수는 없으므로 방문하지 못한 대다수 고객들에게는 반드시 인사장을 발송한다. 새로운 지점에 부임하게 되면 주요 고객들에게 자필로 인사장을 만들어 발송하는데 고객들로부터 매우 좋은 반응을 얻게 되어 그 이후의 영업에 많은 도움이 된다.

④ 중요도에 따라 고객별 접촉빈도를 다르게 해 고객관리의 효율성을 높인다.

고객을 A, B, C 등 3그룹으로 구분해 효율적으로 관리한다. A그룹은 지역 유지 및 기업체 키맨으로 구성되며, 수시로 접촉하며 주기적인 식사 등으로 유대관계를 강화한다. B그룹은 거래 기여도가 큰 고객으로 월 2회 이상 접촉하며 가끔 식사 등 만남의 기회를 만들면서 유대관계를 강화한다. C그룹은 성장 잠재력이 높은 고객 으로 월 1회 이상 접촉하며 지속적인 관심을 표명한다.

⑤ 주요고객의 경조사는 반드시 챙긴다.

주요고객에 대해서는 가족상황, 취미, 사업현황 등에 대해서 상세히 파악하며 경조사가 발생할 경우 반드시 참석한다. 주요고객은 지점장이 경조사에 참석하는 것을 당연한 것으로 알고 있는 경향이 있으므로 참석하지 않으면 매우 섭섭해 하는 고객이 많다. 심지어 마음이 상해서 한동안 연락을 끊는 고객도 있으므로 주의해야 한다.

⑥ 지역행사에 적극적으로 참여한다.

가끔 지역에서 여러 행사를 하는 경우 적극적인 호응을 하여야 한다. 이 경우 대부분 비용이 발생하는 경우가 많아 동참하기가 꺼려지게 되는데 행사 내용을 자세히 알아보면 비용을 들이지 않더라도 동참할 수 있는 행사들이 많이 있다. 지역주민들과의 유대관계를 위해서라도 가능하다면 약간의 비용이 들더라도 부담되지 않은 범위 내에서 반드시 동참하도록 한다.

⑦ 주요 고객과 어느 정도 친분이 형성되면 지속적으로 MGM을 부탁한다.

부임하여 고객과의 릴레이션십에 최선의 노력을 다하면 일부 고객과 친분이 쌓인다. 지역 유지의 경우 그 지역에서 인맥이 넓기 때문에 마음만 먹으면 다른 사람을 소개시켜 줄 수 있다. 하지만 자꾸 부탁하지 않으면 고객이 스스로 알아서 소개시켜 주기까지 시간이 많이 걸리게 되므로 적절한 타이밍마다 지속적으로 부탁한다.

## 3-2 비연고지 부임시 지역의 유력인사와 교제 방법 실천사례

지점장 입장에서 방문스케줄을 준비하여 유력인사 및 지역단체 방문을 주기적으로 실시하고 각종 행사에 적극적으로 참여하여 자신을 알리는 것이 필요하다. 다양한 정보를 수집하고 안면을 튼 주요 인사들의 개별적 정보를 개인파일에 관리대장을 만들어 철저하게 관리하고 수시로 업데이트하여 유용하게 사용하는 것이 중요하다. 개인정보는 가족관계, 각종 직책, 취미, 생년월일 등을 철저히 관리하고, 기념일은 반드시 챙긴다. 일반적으로 지점장 입장에서 실천할 수 있는 사례를 제시하면 다음과 같다.

① 연고가 없는 지역에 부임하면 제일 먼저 지역의 문화, 맛집, 관심사, 정치, 경제 문제 등을 파악하고 다양한 이야깃거리를 수시로 파악한다.

② 비연고지 부임 시 첫 번째로 지역의 정치, 경제 등 현안부문의 키맨이 누구인지

를 먼저 파악하여 다양한 경로를 통하여 접근하는 방법을 강구하여 자연스럽게 접촉하는 기회를 마련한다.

③ 점주인근의 유력인사를 파악하여 각종 모임을 통하여 자연스럽게 접근한다.

④ 지역의 중소기업협의회, 차세대기업인 클럽, 소상공인협의회 등 주요 경제인 클럽회원으로 가입하여 우호인사를 늘려간다.

⑤ 점주권 모임인 시장상인연합회와 각종 스포츠모임 예를 들어 배드민턴, 탁구, 조기축구 등 동호회에 적극적으로 참석하여 점주권의 유력인사를 접촉하여 우호세력을 확대한다.

⑥ 지역 대학의 경영대학원, 아카데미 등에 가입하여 지역의 상류층 인사들과 교류를 지속하면서 정보수집 및 인맥을 통해 섭외에 활용한다.

⑦ 주변 타 금융기관 지점장들과도 유대관계를 유지하면서 수시로 정보를 교환한다.

### 3-3 지역유력인사를 특성별로 세분화하여 효율적 마케팅 전개사례

비연고지 지점장으로 부임을 받고 마케팅을 효율적으로 추진할 수 있는 방안을 고민하였다. 여러 대안을 찾아 마케팅을 추진하였으나 가장 효과가 뚜렷한 부분이 지역 유력인사 교류에서 얻은 것 같다. 구체적으로 지역 유력인사를 특성별로 모임을 세분화하여 비연고지 부임 시 어려움을 해소하고자 하였다.

첫째 지점 고객 중 충성고객으로서 이미 거래가 많은 고객을 대상으로 접근하였다. 지점에 호의적이고 거래 실적이 우수한 고객들을 상대로 자주 만나고, 고객응대에 최선을 다했다. 그 결과 MGM마케팅으로 연결되어 고객 저변을 확대할 수 있었으며 지점 실적에도 크게 기여하였다.

둘째 지역에 오래 거주하며 재력이 있고 일정 지위가 있는 고객 대상으로 접근하였다. 지역 유력인사와 접촉하는데 처음에는 매우 힘들다. 예를 들어 지점장의 나이가 40대 초중반일 경우, 60대 후반 고객들과 자주 만나서 대화하기란 쉽지가 않다. 나이에서 오는 세대 차이를 극복하는데 꽤 오랜 시간이 걸린다. 하지만 인내를 가지고 고객들의 관심사를 찾아내어 대화를 순조롭게 이끈다면, 먼저 찾아오거나 오찬을 유력인사들과 함께 하는 경우도 많다. 예를 들어 △△△지점은 법원 인근에 위치하고 있어 전 금융기관에 50미터 간격으로 밀집해 있다. 그만큼 경쟁도 치열했다. 격심한 경쟁에서 지점이 지속적으로 성장할 수 있었던 것은 유력인사들과의 유대관계가 좋아 지점 홍보 및 소개마케팅이 지속적으로 이루어진 결과였다.

셋째 지역 기업체 CEO와 의사 및 변호사 등 전문직 종사자들이 회원으로 많이 가입되어 있는 로터리 클럽 회원가입을 통해 유력인사와 교류를 확대하였다. 지점 고객이 로터리클럽의 회장으로 있어, 고객님의 권유로 회원 가입하게 되었다. 고객께서 은행지점 마케팅을 세부적으로 잘 알고 있어 마케팅에 도움이 될 것이라 하여 권유로 가입하게 되었다. 처음에는 망설였지만, 비연고지에 부임하여 어떻게든 지역 유력인사들과의 만남의 폭을 넓혀야 한다고 생각했다. 클럽에서 여러 가지 활동을 하면서 유대관계가 더욱 깊어졌으며, 이로 인한 지점의 성과도 날로 좋아졌다. △△△지점은 여러 가지 요인도 있겠지만 다양한 고객접점을 통한 유력인사들의 친밀한 관계형성을 통해 실적에서도 은행 내 평가그룹에서 최상위권에 속해 있다.

### 3-4 재래시장이 포함된 점주권 지점 근무 시 실천사례

건어물 재래시장을 점주권으로 둔 지점에서 근무할 경우에는 마음과 행동을 거의 시장상인과 같이 하였더니 상당한 친근감을 볼 수가 있었다. 비연고지에서도 접근할 수 있는 계기를 만들어 진심으로 대한다면 접근이 가능하며, 신규고객을 유치할 때는 처음부터 강요하지 말고 고객이 먼저 도와줄 것이 없느냐는 말이 나올 때까지 인내와 정성이 필요하다고 생각한다. 외지인에 대하여 배타적인 지역인사들도 있지만 지점 직원 모두가 외지인은 아니기 때문에 연고지 직원들을 적절히 활용하는 것도 중요하다.

재래시장에는 시장조합장을 중심으로 시장 유지 즉 유력인사들이 인맥을 이루고 있기 때문에 매일 아침 마다 점포를 방문 인사를 나누었다. 시장상인들의 관심을 얻기 위해 금융정보제공은 기본이고 '오늘의 시사 뉴스거리' 등 많은 대화를 나누며 그들이 주장하는 의견은 가능한 긍정적으로 답변하면서 호응하는 자세도 매우 중요하다. 또한 각종행사에는 특별한 일이 없으면 참석하여야 하며 꼭 참석하지 못할 경우에는 미리 찾아가 성의 있는 사유를 이야기한 후 양해를 구하는 것이 바람직하다.

재래시장 같은 곳에서는 정말 입소문이 빠르기 때문에 한번 잘못되면 전체적으로 나쁜 소문이 퍼지므로 이미지 관리에 신중해야 한다. 시장조합장을 비롯하여 재력이 있는 유지들에게 우선적으로 중점을 두는 것이 바람직하다. 재래시장의 경우 계절적 상품의 특성, 유통경로 등 시장역사 등 공부하여 두는 것이 매우 중요하며 유력인사들의 가족관계, 생일, 졸업, 애경사 등 사전에 파악해 두면 100% 효과를 거둘 수 있다.

## 3-5 비연고지 부임시 근무자세에 대한 조사결과

연고가 없는 비연고지에 부임하게 되면 일단 "잘 할 수 있을까"하는 불안감과 소위 말하는 내·외부고객의 텃세에 민감한 반응과 함께 불안감이 엄습해오기 마련이다. 이때 중요한 것은 비연고지 지점도 내 조직 중 하나의 지점이요, 직원들도 똑같은 한 가족이며 같은 직원이라고 생각하고 시작해야 한다. 고객들 또한 연고지에서 근무한 것처럼 따뜻한 마음으로 먼저 다가갈 수 있는 여유가 필요하다. 지방고객들에게 수도권 경제나 주민들의 가치관에 대해 설명도 해주면 새로운 것에 대한 신기함과 기대감을 갖게 되며, 더욱 지점장과 친밀한 관계를 도모할 수 있을 것이다.

지역의 유력인사와의 관계는 무엇보다도 중요한 문제다. 그들로 인해 한 은행, 한 지점의 이미지는 일파만파 번질 수 있기 때문이다. 일단, 부임 후 그 지역 유력인사를 면밀히 파악하여 빠른 시일 내에 전화인사와 직접방문 등을 통해 지점장의 얼굴과 이름을 알려야 한다. 지역유력인사의 범위는 지점특성에 따라 달라질 수 있지만 주로 구청장, 동장, 시의원, 경찰서장, 파출소장, 대형교회 목사, 대형사찰 스님, 주민단체장 등이다.

지역유지들이 원할 것 같은 무엇을 미리 알아두어 무리가 아닌 선에서, 그리고 해 줄 수 있는 선에서 최선을 다한다는 것을 보여야 유력인사들 또한 마음을 열고 응대에 시큰둥하지 않을 것이라 생각한다. 특히 지점장으로서 지역발전에 공헌할 수 있는 행동을 보여주는 것이 관건이다. 열심히 일하고 상대방에 대해 성심성의껏 대한다면 그 누구도 지점장을 적대시 하지 않을 것이라는 사명하에 항상 먼저 최선을 다하여 지역유지들을 응대해야 한다.

### 3-6 초임지점장의 비연고지 부임시 실패 사례

외곽 지방점포에 근무할 당시 초임지점장이 비연고지 점포로 발령받아 같이 근무한 경험이 있다. 해당 지역은 도농지역으로 도시와 농촌이 혼재하는 지역으로 지방색이 강한 편이었다. 해당 지역에는 대대로 가문을 이어온 지역유지가 있었고 동종친회와 연관된 많은 원로들이 살고 있었다.

지역 유지 및 원로들은 배타적 성향이 다소 강하여 관계강화에 더딜 수 밖에 없었고 또한 이들은 지역에 뿌리내린 지역 금융기관과 오랫동안 거래를 해오고 있었기에 이들을 주거래 고객으로 모시기에는 한계점이 많았다.

○○○지점장의 경우 지역적 특색과 지역의 정보수집에는 관심을 소홀히 하였으며 단기간에 성과를 끌어올리고자 지역에서 관심을 잠시 접어두고 평소 알고 관리하던 원거리 수도권 고객에게 눈을 돌려 영업을 집중하였다. 자연히 지역 주민 및 점주 고객에게는 잠시 거쳐가는 지점장으로 모습이 비쳐졌고 지점장은 부정적인 이미지를 씻는데 상당한 시간과 노력을 허비한 모습을 목격한 바 있다. 비연고지 부임 시 초기 적응실패와 배타적 분위기를 조기에 극복하지 못할 경우 성공적인 지점운영이 힘들다.

제3절

# 사고지점과 실적부진지점 부임시 우수경영 사례

## 1 문제지점 부임시 유의사항

업적평가 성적이 지속적으로 하위에 있거나 금융사고가 발생한 지점에 부임할 때에는 일반적으로 처음 6개월간의 적극적인 활동이 필요하다. 부임 즉시 전 직원으로부터 지점 운영 전반에 관한 설문을 받아 문제를 즉시 해결할 수 있는 것과 없는 것으로 구분한다. 해결가능한 문제는 즉시 해결하고 해결할 수 없는 문제는 전 직원 토의를 거쳐 함께 해결하려고 노력하는 분위기를 조성해야 한다.

문제가 발생된 원인을 분석하고 달성가능한 목표를 설정하고 추진하며, 정기적 점검 및 목표수정을 해나가면서 최종 및 장기적 목표를 설정하고 이를 지속적으로 추진하여 빠른 시일 내에 문제로부터 벗어나야 한다. 문제지점에 부임할 때에는 직원들의 사기가 저하되지 않도록 각별한 관심을 가져야 한다. 직원들에게 새로 부임한 지점장과 함께 문제를 해결할 수 있다는 희망을 심어주는 것이 중요하다.

부진점포 부임의 경우에는 상당히 과감하게 변화의 강도를 높여야지 그렇지 않으면 업적향상을 이룰 수 없다. 하지만 종래 방침을 전면적인 부정 일변도로만 해서는 안 되고 중요한 부분만을 변경시켜야 한다. 부임 초기에는 직원들도 마음의 준비가 되어 있으므로 변화를 시도하더라도 큰 무리는 없다. 전임 지점장의 결점을 찾지 말고 장점을 보면서 직원들에게 자신감을 심어주며 "이렇게 하면 더욱 좋아진다"라는 표현으로 유연하게 진전시켜나가는 것이 바람직하다.

업적평가 하위지점의 경우 부진원인 분석은 물론 상위권 진입시 승진 등 확실한 비전을 직원들에게 제시하고 이를 공감할 수 있도록 지속적으로 동기부여를 하는 것이 중요하다. 사고지점에 부임할 때는 사고원인을 철저히 분석하여 인사문제 등 짧은 시간에 해결가능한 문제는 즉시 해결 조치하고, 민원 등 외부요인에 의한 사고 등 즉시 해결이 어려운 문제는 지점 내 분위기가 침체되지 않도록 직원 상호간 문제해결을 위한 공감대 형성, 회식 등 직원관리에 노력해야 한다.

**부진지점 부임시 유의사항**

지점장이 부진지점에 처음 부임할 경우 과감하게 변화를 추진해야 업적향상을 이룰 수 있다. 하지만 종래의 지점방침을 전면적으로 부정해서는 안 되고 중요한 사항을 중심으로 변화를 추진해야 한다. 직원들 또한 문제에서 벗어나려고 하는 마음의 준비가 되어 있으므로 변화를 시도하더라도 무리는 없지만 지나치게 급격한 조치는 바람직하지 못하다.

## 2 문제지점 부임시 해결방안

### 2-1 지점 분위기 쇄신

문제지점인 사고지점 혹은 실적부진지점에 부임했을 때에는 우선적으로 극도로 침체되어 있는 지점의 분위기를 쇄신하는 것이 필요하다. 이때 지점장의 열정과 적극적인 실천력을 몸소 보여주어 문제를 극복할 수 있다는 자신감을 직원에게 각인시키는 것이 중요하다. 아침조회 및 업무회의 시간에 자신감을 표출하는 자세도 필요하다. 직원들의 패배의식을 조기에 불식시키고 하면 된다는 강한 자신감을 자극하기 위한 정신교육과 아울러 수시로 단합대회를 개최하는 것도 하나의 방법이다. 이를 통해 직원들의 자신감과 신뢰가 형성될 수 있다.

또한 환경 및 지점 분위기를 바꾸기 위해 창구 등 지점 내부시설을 개조하는 것도 적극 검토한다. 고객들로부터 변화된 이미지를 전해 듣는 것도 직원의 마인드를 전환하는 데 효과가 크므로 주요 고객에게 문제극복의 의지와 지점의 변화에 대하여 적극 홍보해야 한다.

## 2-2 문제원인 분석

문제지점의 원인을 철저히 분석하는 과정이 필요하다. 업적평가 성적이 하위에 머물러 있는 경우 과거 자료를 세밀히 분석하여 문제점의 진원지를 파악해야 한다. 문제점 분석시 각 직원별로 담당업무의 문제점과 그 해결방안에 대한 의견을 제시하도록 하고 직원회의 석상에서 발표하도록 한다. 사고지점의 경우 사고의 원인이 지점 관리상의 문제인지 직원 개인적인 문제인지를 정확히 구분하여 판단하고, 지점 관리상의 문제인 경우에는 사고가 재발하지 않도록 조직적인 재점검이 필요하다. 특정업무 분야에서 문제점이 발생하고 있는 경우에는 팀장과 상의하여 담당직원을 전원 재배치하는 것도 필요하다.

### 사고지점 부임시 행동

사고지점에 부임해보니 직원들은 특별감사 등에 시달려 매우 지쳐 있었고 무력감에 젖어 있었다. 그리고 사소한 것까지 지점장이 직접 결정하는 권위주의적인 분위기 속에서 직원들은 자율성 없이 기계적으로 움직이는 데 습관화되어 있었다.

극도로 침체되어 있는 분위기를 쇄신하기 위해 가장 먼저 지점환경을 변경시키고, 직원들이 자발적으로 업무를 수행할 수 있도록 자신감을 심어주는 데 주안점을 두었다. 신규고객은 지점장이 상담하고 기존고객은 창구에서 직원들이 스스로 판단하여 결정할 수 있게끔 대폭적인 권한위양을 하였다. 단 거절은 반드시 지점장이 판단하도록 조치했다.

6개월 정도가 지난 지금은 지점장이 지시하지 않아도 필요하면 직원들 스스로 회의를 열고 토론하면서 능동적으로 업무에 임하는 모습을 자주 보게 되었고 직원들 표정이나 지점 분위기도 한결 밝아졌다.

## 2-3 달성가능한 목표설정

달성가능한 목표를 설정해야 한다. 장기적인 목표는 정말 열심히 해야만 달성이 가능하도록 높게 설정해야 하나 문제지점의 경우에는 직원들이 성공체험을 할 수 있도록 달성가능한 것부터 단계적으로 설정해야 한다. 이때 주의할 점은 단기적이고 단계적인 목표설정을 하더라도 반드시 장기목표와 함께 제시하는 것이 중요하다는 사실이다. 단기적이고 달성이 쉬운 목표만 보게 되면 적극성이나 지속적인 추진력이 부족해지는 현상이 발생할 수 있기 때문이다. 목표설정은 여수신 계수 등 계량적인 것과 창구서비스 개선 등 비계량적인 것을 구별하여 적절히 설정한다. 목표는 지점 전체의 목표와 각 책임자별 목표, 각 계의 목표 등으로 구분설정하여 직원 개개인이 목표의식을 가지고 스스로 업무를 추진할 수 있도록 한다.

## 2-4 정기적 점검을 통한 목표수정

정기적으로 점검하고 목표를 수정한다. 일단 목표를 설정한 후에는 추진실적을 중간에 점검하는 절차가 반드시 필요하다. 점검의 시기 및 횟수는 너무 빈번해도 안 되며 너무 간격이 길어도 안 된다. 직원들에게 업무에 대한 어느 정도의 압박감은 주되 너무 지나치지 않도록 완급을 조절하는 운용의 묘가 필요하며, 점검횟수는 주 1회를 넘지 않도록 한다.

중간점검시 초기 목표설정에서의 문제점이 발견될 수 있는데, 이때에는 목표설정 초기단계로 돌아가 방향을 재점검하고 목표를 바로 수정해 주는 것이 영업력의 불필요한 손실을 방지할 수 있다. 중간점검시 목표설정에 근접한 경우에는 격려와 칭찬을 아끼지 말아야 하며 필요하다면 보상도 제공해야 한다. 목표수치에 크게 미달한 경우라면 그 원인을 정확히 분석하여 목표 및 방향을 수정해야 할 사항인지 담당직원을 더욱 더 밀어붙여야 할 사항인지를 정확히 구별하여 대처한다.

## 2-5 중장기적으로 지속적인 추진

최종 및 장기적 목표를 재설정하고 이를 지속적으로 추진한다. 몇 번의 단계적이고 단기적인 목표설정과 달성을 경험한 후 지점의 최종목표를 재설정하고 직원들의 마음가짐을 재무장하도록 한다. 장기적인 목표를 재설정할 때 목표를 달성하기 위한 단계적 및 단기적 목표도 반드시 재설계하여야 한다. 문제지점에서는 특히 지점장의 의식구조, 즉 하고자 하는 열정이 가장 중요하다.

### 문제지점 부임시 행동에 대한 지점장 대상 조사결과

모든 일에는 인과관계가 있기 마련입니다. 따라서 문제의 원인이 무엇인지 정확히 파악되어야 해결방안도 나올 수 있기 때문에 무엇보다도 원인을 심도 있게 분석한 후 지혜를 모아 해결 방안을 도출합니다. 그리고 가능한 한 최단기일 내 적극적으로 대처하여 문제를 해결토록 역량을 발휘해야 할 것입니다.

업적평가 하위지점이나 사고지점은 직원 분위기가 극도로 침체되어 있습니다. 경험에 의하면 지점장이 부임하여 가장 우선해야 될 일 중 하나가 직원들의 마음속에 깊이 자리 잡은 패배의식을 제거하고 자신감을 주입시켜 분위기를 상승시키는 일입니다. 따라서 이를 위하여 자체 이벤트 등 직원 사기진작책을 마련하여 질책보다는 작은 일에도 칭찬과 격려를 아끼지 말아야 할 것입니다.

# 연습문제

01 지점장 역할을 수행하기 위한 준비사항에 대해 서술하시오.

02 초임 지점장 발령 후 준비사항을 부임 전과 부임 후로 구분하여 서술하시오.

03 지점장으로 부임할 때 가장 먼저 파악해야 되는 사항에 대해 서술하시오.

04 중임 이상 지점장의 경우 초임 지점장과 비교하여 중점을 두어야 되는 사항에 대해 서술하시오.

05 지점 인수인계와 관련하여 유념해야 되는 사항에 대해 서술하시오.

06 연고지 지점 부임시 지점장으로서 유의해야 되는 사항에 대해 서술하시오.

07 비연고지 지점 부임시 지점장으로서 업무수행을 할 때 애로요인에 대해 서술하시오.

08 사고지점 부임시 지점장으로서 문제해결을 위해 접근하는 방법에 대해 서술하시오.

09 실적부진지점 부임시 지점장으로서 취할 행동요령에 대해 서술하시오.

10 문제지점 부임시 직원에 대한 지점장의 태도에 대해 서술하시오.

## 연습문제 해설

1. 지점장은 강한 책임의식과 열정을 가지고 있어야 하며 자신의 비전과 지점의 비전을 중장기적 차원에서 수립할 수 있는 능력을 갖추어야 한다. 또한 부하직원, 점질, 지점의 과거실적, 지점의 강•약점, 고객 특성 등을 완벽하게 파악하고 있어야 한다. 지점장은 팀장시절보다는 한 단계 향상된 판단능력과 목표설정 및 이행능력을 갖추어야 하며, 특히 상황변화에 적절히 대응할 수 있는 유연한 리더십을 갖추어야 한다. 아울러 부하직원들이 신뢰할 수 있으며 자율적으로 업무를 수행할 수 있도록 리드하는 유연한 자세가 필요하다.

2. 지점장으로 부임하기 위한 사전준비 단계로 전임 지점장과의 면담, 직원 신상파악, 부임인사 대상명단 준비, 부임인사 준비 등이 필요하다. 우선 지점장으로서 탁월한 능력을 발휘하여 우수한 실적을 나타낸 선배 지점장을 선정하여 별도의 자리를 마련하고 경영의 노하우를 경청하는 자세가 필요하다. 또한 신임 지점장 임명장을 받고 부임하기 전까지의 기간 동안에 지점 소속직원들의 신상을 파악해두어야 한다. 부임 전의 지점장은 자신만의 지점 경영원칙을 가지고 있어야 한다. 하지만 부임 직후 지점만의 특수상황, 점주여건, 직원요청 등에 따라 일반적인 경영원칙에 위배되지 않는 한 이해와 배려의 재량을 발휘할 수 있어야 한다. 이때 지점장의 입장에서 그동안 해오던 자신만의 경영원칙 중 일부분이 변경되어도 가능한 범위 내에서 융통성 있게 대처해야 한다. 부임 첫날 및 초기에는 부임인사, 업무 인계인수, 주요 거래처 방문인사 등의 행동이 필요하다. 직원들에 대한 부임인사를 할 때에는 같이 근무하게 되어 기쁘다는 말과 함께 좋은 만남이 되도록 노력하자는 취지의 인사를 하고 지점장으로서의 포부와 인생관, 직장관, 업무방향, 과거 성공사례를 확실하고 인상 깊게 전달한다.

3. 지점 업무를 관장하기 시작하면 지점장으로서의 자세를 가지고 임해야 한다. 부임 초기에 지점의 실태를 정확히 파악하여 문제점 및 개선방향, 개선시기를 결정하는 것이 중요하므로 먼저 업무별로 담당직원으로부터 현황에 대한 설명을 듣는다. 전략수립, 역할분담을 지시할 때에는 전 직원을 참여시키는 것이 중요하며 이를 통해 서서히 지점을 장악해나가야 한다. 점질분석에 의한 지점의 강•약점 파악은 지점장의 역할 중에서 가장 중요한 내용 중 하나다. 또한 지점 분석자료를 근거로 지점의 단기 및 중기비전을 수립한 후 전 직원이 공유하고 실천할 수 있도록 한다. 처음이라 심리적 부담과 동시에 업무의욕이 최고조로 달해 있는 시기임을 스스로 자각하고 여기에서 발생할 수 있는 위험요인을 항상 염두에 두어야 한다. 지점에 부임해서 업무를 관장할 때에는 직원과 고객에 대해 구체적으로 파악하는 것이 중요하다. 직원에 대해서는 직원별 담당업무와 실제로 하는 일이 무엇인지를 A4용지 1장에 자유스럽게 적어내도록 하는 것이 효과적이다. 일일, 주간, 월간, 분기별 단위로 수행하는 일을 파악하는 데 도움이 된다. 고객은 기여도순으로 파악한다. 또한 신용등급과는 별도로 부실가능업체 명단을 담당직원별로 5개씩 적어내도록 하여 이들 업체파악을 위한 기초자료로 활용한다.

4. 지점장이라도 첫 번째, 두 번째, 세 번째 부임에 따라서 행동방식은 다르다. 오히려 다른 것이 정상이다. 중임 이상의 지점장도 부임 초기에 해야 할 일은 초임 지점장의 경우와 다를 것이 없다. 초임 지점장 때보다 심리적으로 여유가 생겼을 것이나 열정과 의욕만큼은 늦추지 말고 계속 유지하는 것이 중요하다. 매너리즘에 빠지지 않도록 주의하고 초임의 기분으로 부임하여 인사장 발송 등을 점검하면서 업무를 추진한다. 초심불변의 자세가

필요하며 후배 지점장들에게 귀감이 되는 업무추진과 조직에 대한 기여도 배가 노력이 필요하다. 직원들에게 업무추진에 대한 강한 열정과 솔선수범하는 자세를 계속 견지해야 한다. 과거 지점에서 직원들로부터 신뢰를 얻지 못한 행동, 업무방식 등이 있었다면 과감히 시정해야 한다. 중임 이상 지점장의 경우 전임 지점의 후임 지점장에 대한 칭찬과 격려가 필요하다. 특히 전임 근무지점 고객과의 통화, 면담, 행사참여 등 관심을 중단하고 후임 지점장에게 인계해야 한다. 또한 신임 지점 고객에 대해서는 전임 지점장에 대한 칭찬과 격려도 필요하다는 점에 유념해야 한다. 중임 이상의 지점장은 초임 지점장 시절의 경험을 바탕으로 자기만의 독특한 경영스타일을 가지고 있을 것이다. 과거 근무했던 지점의 업무스타일을 유지하는 것도 필요하지만 새로운 지점에 부임하여서는 그곳 직원들의 업무스타일과 지점여건을 존중해주는 것도 중요하다. 따라서 해당 지점에 적합한 업무방식 등을 파악하고, 새로 부임한 지점 직원들과 원만한 업무진행을 이룰 수 있도록 지점장의 업무스타일을 조정하는 자세도 필요하다.

5. 새로운 지점에 부임발령이 나면 이를 계기로 새로운 마음자세를 가다듬어야 한다. 인수인계를 받을 때는 단기간에 부임 지점의 부지점장 혹은 팀장과 주요 고객을 만나면서 명함을 교환하고 인사를 나누어야 한다. 지점장은 인계받을 때 현재의 지점 고객을 빈틈없이 파악하는 것이 가장 중요하다. 고객을 파악하기 위해 점주지역을 돌다 보면 현재 지점이 처해 있는 위치도 자연스럽게 알게 된다. 직접 기존고객을 만나면서 고객을 파악하면 거주고객의 특성과 점주권 특성도 알게 된다. 고객 파악과 더불어 중요한 것이 지점의 업적을 파악하는 일이다. 은행에 있어 부진점과 우수점의 구분은 대체로 목표달성도에 따라 결정되지만, 엄밀한 의미에서 점주지역에서의 점유율 등락여부를 가지고 판단하는 것이 필요하다. 점유율을 제고시키는 가장 중요한 요인은 직원의 역량이다. 지점 직원들의 역량을 얼마나 끌어올리느냐가 지점의 역량을 결정한다. 따라서 지점에 부임할 때는 지점장의 경영방침을 직원들이 이해할 수 있도록 진지한 태도로 명확히 전달한다. 인수받을 때 지점 직원들에 대해서도 마찬가지다. 사전에 그들에 대해 들은 내용보다는 지점장의 눈으로 보고 판단하는 것이 중요하다. 한편 직원들의 인사고과 내용도 전임 지점장의 평가내용은 참고만 하고, 새로운 시각을 가져야 한다. 선입관에 구애되지 말고 백지상태에서 판단하려는 노력이 중요하다.

6. 연고지 부임은 도시지역보다는 지방도시 혹은 농어촌지역 소재 지점에 부임하는 경우가 대부분이며 해당 지역 출신이거나 인근학교 출신인 경우가 많다. 우선 연고지의 고객들이 기대하고 있을 자신의 이미지를 객관적으로 그려볼 필요가 있는데, 이때 부정적인 측면이 더 많이 떠오를 경우에는 이를 극복하기 위한 구체적인 방안을 모색하고 부임해야 한다. 연고지 부임의 경우에는 인맥이 이미 형성되어 있어 고객접근이 용이하며 주요 목표고객의 거래정보 수집의 용이함에 강점이 있다. 따라서 그 지방 정서에 거부감이 없으며 확고한 고객기반을 형성할 수 있어 지역 금융기관과의 경쟁에서 뒤지지 않을 수 있다. 반면에 연고지에 부임하였을 경우의 단점으로는 이미 형성되어 있는 인맥에 의존하여 신규고객의 유치 및 관리가 느슨해질 염려가 있다는 점과 인맥을 통해 부당한 금융청탁을 받을 가능성이 상존한다는 것이다. 이때에는 지점장의 입장에서 나아갈 곳과 물러설 곳을 분명히 하는 단호한 모습을 보여야 한다. 일단 연고지에 부임했을 경우에는 위에서 지적한 장점을 최대한 살려 영업을 추진해야 한다. 기존 인맥을 고객확대의 기점으로 삼아 적극적으로 신규고객을 유치하고 지역 일대의 친인척, 동문뿐만 아니라 조금이라도 관계가 있는 사람은 고정고객으로 만드는 전략이 필요하다.

7. 연고지 지점에 부임했을 경우는 고객유형을 파악하기가 비교적 수월하지만 비연고지의 경우 모든 것이 낯설기 마련이다. 그러므로 지역특색 및 고객성향을 이해하고 정확히 파악하기 위해 관련정보를 사전에 탐색하여 대응할 필요가 있다. 비연고지에 발령시 무엇보다 중요한 것은 내가 곧 이곳 지역민이라는 마음가짐으로 임해야 한다는 점이다. 비연고지 부임시는 고객에 대한 접근 및 유치가 어렵고 지역 금융기관과의 경쟁에서 뒤떨어질 수 있다. 비연고지에서는 지역정서에의 초기 적응문제, 외지인에 대한 배타적인 분위기를 조기에 극복하는 것이 최대의 과제다. 특히 현지인(現地人)의 감정을 적극 활용하는 전략을 구사해야 한다. 비연고지 부임시 가장 중점을 두어야 할 것은 현지인화, 즉 그 지방사람이 되는 것이다. 먼저 지방의 유력인사들과 밀착관계 형성을 위해 만나는 기회를 자주 만들면서 그들의 관심을 이끌어낼 수 있는 주제를 준비한다. 예를 들어 지방에서 소외되기 쉬운 각종 경제 및 금융정보를 알기 쉽게 상세히 전달하는 것도 하나의 방법이다. 지점장의 입장에서 연고가 없는 지방지점 부임시 항상 양보한다는 생각과 솔선수범의 태도로 업무에 임한다. 또한 지방유지들의 취미 및 관심사를 미리 파악하여 그룹에 동참할 수 있는 기회를 포착한다. 지방은 특히 원로들의 역할 및 의견이 중시되므로 원로들을 반드시 찾아가 인사를 드려야 한다. 원로들과 만나기 전에 지방의 역사 및 가계도 등을 미리 파악해두면 그들의 관심을 유발하는 계기를 만들 수 있다.

8. 금융사고가 발생한 지점에 부임할 때에는 일반적으로 처음 6개월간의 적극적인 활동이 필요하다. 부임 즉시 전 직원으로부터 지점 운영 전반에 관한 설문을 받아 문제를 즉시 해결할 수 있는 것과 없는 것으로 구분한다. 해결가능한 문제는 즉시 해결하고 해결할 수 없는 문제는 전 직원 토의를 거쳐 함께 해결하려고 노력하는 분위기를 조성해야 한다. 문제가 발생된 원인을 분석하고 달성가능한 목표를 설정하고 추진하며, 정기적 점검 및 목표수정을 해나가면서 최종 및 장기적 목표를 설정하고 이를 지속적으로 추진하여 빠른 시일 내에 문제로부터 벗어나야 한다. 문제지점에 부임할 때에는 직원들의 사기가 저하되지 않도록 각별한 관심을 가져야 한다. 직원들에게 새로 부임한 지점장과 함께 문제를 해결할 수 있다는 희망을 심어주는 것이 중요하다.

9. 부진점포 부임의 경우에는 상당히 과감하게 변화의 강도를 높여야지 그렇지 않으면 업적향상을 이룰 수 없다. 하지만 종래 방침을 전면적인 부정 일변도로만 해서는 안 되고 중요한 부분만을 변경시켜야 한다. 부임 초기에는 직원들도 마음의 준비가 되어 있으므로 변화를 시도하더라도 큰 무리는 없다. 업적평가 하위지점의 경우 부진원인 분석은 물론 상위권 진입시 승진 등 확실한 비전을 직원들에게 제시하고 이를 공감할 수 있도록 지속적으로 동기부여를 하는 것이 중요하다. 사고지점에 부임할 때는 사고원인을 철저히 분석하여 인사문제 등 짧은 시간에 해결가능한 문제는 즉시 해결 조치하고, 민원 등 외부요인에 의한 사고 등 즉시 해결이 어려운 문제는 지점 내 분위기가 침체되지 않도록 직원 상호간 문제해결을 위한 공감대 형성, 회식 등 직원관리에 노력해야 한다.

10. 문제지점인 사고지점 혹은 실적부진지점에 부임했을 때에는 우선적으로 극도로 침체되어 있는 지점의 분위기를 쇄신하는 것이 필요하다. 이때 지점장의 열정과 적극적인 실천력을 몸소 보여주어 문제를 극복할 수 있다는 자신감을 직원에게 각인시키는 것이 중요하다. 아침조회 및 업무회의 시간에 자신감을 표출하는 자세도 필요하다. 직원들의 패배의식을 조기에 불식시키고 하면 된다는 강한 자신감을 자극하기 위한 정신교육과 아울러 수시로 단합대회를 개최하는 것도 하나의 방법이다. 이를 통해 직원들의 자신감과 신뢰가 형성될 수 있다.

# 제3장

# 지점 경영 Best Practice

## 학/습/목/표

1. 지점 경영 우수 사례를 통해 지점장으로서 얻을 수 있는 시사점에 대해 생각해본다.

2. 실적부진지점을 우수지점으로 전환하기 위한 지점장의 역할에 대해 학습한다.

3. 고객을 움직이는 지혜에 대해 생각해본다.

4. 기업고객을 파악하는 방법에 대해 학습한다.

5. 점주특성별 마케팅방안에 대해 생각해본다.

6. 점주 상가고객인 자영업자 대상 대출활동시 유의해야 되는 사항을 생각해 본다.

7. 기업고객의 여신거래시 유의사항과 여신고객 사후 관리방안을 학습한다.

제1절

# 지점 경영혁신 우수 사례

## 1 지점의 혁신과 효율적 관리를 실행하는 방안

은행경영에 있어서 가장 중요한 요소 중 하나는 고객과의 직접적인 접촉이 이루어지는 물리적인 은행 지점에 대한 관리다. 고객관리는 정보통신기술의 발달로 인터넷뱅킹, 폰뱅킹, ATM 등 다양한 채널을 통해 이루어질 수 있다. 그렇지만 지점은 고객과의 직접적인 접촉에 의하여 고객의 생생한 정보를 수집 및 관리함으로써 영업이 이루어진다는 의미에서 다른 채널과는 차원이 다르다. 물리적인 은행 지점은 은행의 수익과 비용의 원천이라는 점에서 지점의 효율적 관리는 매우 중요하다.

### 1-1 지점장의 사고와 행동의 혁신

지점장의 논리적인 사고와 신념이 중요하다. 최근 들어 은행 간의 경쟁이 심화되면서 '은행 간의 전쟁'이라는 표현까지 나오고 있는 시대이다. 이러한 때에 지점장이 주체적인 사고를 가지고 직원들에게 명확한 지시를 하지 않으면 직원 나름대로 주관적으로 판단하여 행동할 위험이 상존한다. 따라서 지점 경영의 효율화를 위해서는 지점 현상을 논리적으로 파악하여 지점장이 변혁을 주도해야 한다. 지점장의 입장에서 논리적인 사고와 신념을 갖기 위해서는 일반적인 경영지식뿐만 아니라 해당 지역의 역사, 철학 등에 대해 관심을 갖고 연구해야 하며, 다방면에서 경영혁신의 실마리를 찾아야 한다.

첫째, 배수진의 각오가 필요하다. 지점장 등 리더들은 과거의 성공체험에 사로잡혀 현재의 변화하는 환경을 간과하기 쉽고 또한 상대방의 반대의견을 잘 받아들이지 않으려는 경향이 있다. 이 때문에 절박한 심정으로 해결방안에 대해 노력하지 않는 한 경영혁신의 의식은 나오지 않는다.

둘째, 솔선수범의 자세가 필요하다. 경영혁신의 필요성을 지점장이 아무리 강조한다고 해도 자신 스스로 사고와 행동으로 솔선수범하지 않으면 지점은 동일한 목표를 향하여 나아가지 못한다. 어느 조직이든 항상 여러 가지 핑계를 대면서 변화에 동참하려고 하지 않는 세력이 있으므로 지점장은 이러한 환경을 극복하기 위해서도 솔선수범할 필요가 있다.

셋째, 열린 마음으로 정보를 적극적으로 수집해야 한다. 열린 마음을 유지함으로써 객관적인 시각을 가질 수 있으며, 객관적인 시각을 통해 새로운 사고가 가능하다. 상대방으로부터의 정보를 적극적으로 흡수함으로써 경영혁신의 토대가 마련될 것이다.

넷째, 지점 특유의 문화조성에 노력해야 한다. 방카슈랑스, 수익증권, 신용카드 등 지점에서 취급하는 업무가 많아지면서 자발적인 업무능력 향상을 위한 자기계발의 분위기를 유도·조성하는 것이 필요하다. 인근 경쟁은행의 활동사례도 벤치마킹하여 지점 내 직원들이 반성할 기회를 스스로 갖도록 유도하는 전략도 필요하다.

### 1-2 수익과 비용구조의 개선

지점 수익구조를 분석하여 혁신하는 전략이 필요하다. 지점의 수익상황은 본점에서 내려오는 월별 결산자료에 의하여 수익항목, 경비항목 등을 상세하게 검증함으로써 파악이 가능하다. 특히 엑셀 등을 사용하여 간단한 그래프를 작성하여 활용할 경우 수익상황이 더욱 명확해진다. 지점장은 지점의 강·약점, 문제점, 직원의 사기 등을 가능한 한 빠른 시일 내에 점검하여야 하며, 이를 통해 부여된 경영자원을 효율적으로 활용하여 지점의 수익향상을 도모할 수 있다.

수익신장을 가져오기 위해서는 지점을 활성화시켜야 하며, 이는 직원과의 진실한 대화를 통하여 지점의 분위기를 밝게함으로써 가능하다. 지점장은 분석된 자료를 토대로 지점의 예대업무, 경비 등의 수익구조 및 자신이 가지고 있는 전략과 비전을 직원들에게 명확히 하여 목표에 매진할 수 있도록 한다. 수익구조의 개선을 위하여 지점의 강점에 자원을 집중해야 한다.

과거에는 지점은 본부의 기본방침에 따르는 것이 대부분이었으나 각 지점의 환경, 업적 및 인적자원에서 차이가 있기 때문에 지점마다 선택과 집중을 해야 할 영역은 다르기 마련이다. 지점의 강·약점 분석에 의하여 선택과 집중의 대상이 선정되면 목표를 구체적으로 명시하여 전 직원이 동일한 목표의식하에 명확한 비전을 가지고 행동할 수 있도록 한다. 이를 위해서는 직원 각자의 목표달성 의욕 및 상호 신뢰관계에 기초하여 팀워크가 발휘될 수 있도록 하여야 한다. 지점장은 지점의 업적에 기여할 수 있도록 설정된 목표의 중요도에 따라 자원을 차별화하여 중요한 수익원에 자원을 집중배분한다.

이와 아울러 경비절감을 위한 노력이 필요하다. 경비절감을 위해서는 비용 대비 효과의 관계를 중요시하여야 하지만, 경비절감만을 고려할 경우 직원의 동기유발이 약화되고 창의적인 업무에 대한 도전성이 떨어지게 된다. 경비절감은 금전적인 절감측면뿐만 아니라 업무의 창의적인 개선을 통한 업무처리의 속도향상, 거래고객과의 마찰 등 좋지 않은 정보를 곧바로 상사에게 보고하여 적절한 대책의 강구, 컴플라이언스 규정의 준수에 의한 적정한 업무처리 등을 통하여도 가져올 수 있다.

### 1-3 대출구조의 혁신

대출구조를 통한 지점의 혁신은 대출포트폴리오의 관리에 의하여 이루어져야 한다. 대출포트폴리오를 활용하여 영업력을 강화하기 위해서는 업종별, 대출과목별, 대출용도별, 대출계층별, 지역별, 대출기간별, 금리민감도별 및 대출자의 신용도별 등으로 관리가 이루어져야 한다. 항목별로 관리가 이루어짐으로써 대출자산의 상세한 분석이 가능하고 신용위험의 계량화가 가능할 뿐만 아니라 손실을 예상한 가격결정 등 다양한 각도에서의 시뮬레이션이 가능하다. 그리고 다양한 채무자의 대출을 위험정도에 따라 평가하여 데이터베이스화하는 것이 지점수익을 제고하는데 중요하다.

고객정보를 데이터베이스화함으로써 대출포트폴리오의 관리를 통한 위험관리가 가능할 뿐만 아니라 수익기회도 포착할 수가 있으며 대출판단력의 제고를 통한 혁신도 가능하다. 대출판단력의 제고를 위해서 지점장은 항상 문제의식을 가지고 대출판단에 임해야 하고, 대출여부 판단을 효율적으로 수행하기 위해서는 담당자와의 긴밀한 의사소통이 필수다. 거래고객의 정성적 정보와 기업 내부변화 등의 정보가 가능하면 빨리 입수될 수 있도록 지점의 풍토를 만들어가는 것도 중요하다.

지점의 대출관리를 위해서는 적정한 금리의 결정도 중요하다. 적정금리는 조달비용, 각종경비, 예상손실뿐만 아니라 자점의 수익상황, 포트폴리오 파악 및 비교분석 등 총체적 판단을 통하여 산정되어야 하며 개별 기업고객에 대한 금리결정이 이루어져야 한다. 수익상황의 파악과 비교분석에는 자점 수익달성계획의 진행상황과 내용의 파악, 타행과의 예금 및 대출금리 비교분석, 수익신장 및 감소요인의 분석이 수행되어야 한다. 대출금리와 내용의 비교분석에는 타 지점과의 대출평균금리의 비교분석 및 대출포트폴리오와 불량채권의 비교분석 등이 포함되어야 한다.

### 1-4 마케팅체제의 효율화

영업점창구, 자동화기기, 대외섭외 등 모든 판매채널을 이용하여 최적의 판매채널 믹스를 구축하여 전 직원의 세일즈체제를 확립한다. 마케팅체제의 효율화를 위하여 세일즈담당자는 일상적인 사무처리 업무를 최소화하도록 하여 비효율적인 활동은 철저하게 배제할 수 있도록 배려한다. 직원들이 일상적인 업무처리에만 매달리지 않고 실제적인 영업활동에 시간을 투여할 수 있도록 지점 직원의 시간관리가 필요하다.

창구에서 방문고객을 맞이하는 텔러의 경우 과거에는 금융상품의 판매보다는 정확한 사무처리가 주요한 업무로 생각되었기 때문에 텔러 자신도 실적제고에는 큰 관심을 가지지 않았다. 그러나 자산관리영업, 대출영업력 등 금융상품의 마케팅강화를 위해서 창구채널의 중요성이 높아지고 있으며, 이에 따라 텔러의 의식 및 행동개혁이 매우 중요해졌다. 창구는 고객과의 직접적인 접촉이 이루어지는 곳이기 때문에 고객관계의 정보를 기초로 하여 고객에게 대출상품 등 다양한 금융상품을 판매할 수 있는 기회가 가장 많은 곳이다. 그러므로 텔러에게 목표와 실적을 명확하게 제시하고 창구섭외포상 등의 제도를 도입하여 경쟁의식을 고취시킴으로써 세일즈체제를 확립할 수 있도록 한다.

### 1-5 인재육성의 혁신

지점 혁신을 위해서는 유능한 세일즈담당자의 육성이 최우선이다. 유능한 세일즈담당자는 영업현장에서 기업의 현재뿐만 아니라 미래를 종합적으로 예측해볼 수 있는 능력을 가진 사람을 의미한다. 기업의 상황은 과거의 기록인 재무제표에 의하여 어느 정도 평가가 가능하지만 재무자료를 통하여 미래를 평가하기는 불가능하다. 따라서 기업의 미래를 평가하기 위해서는 기업의 미래 현금흐름을 평가하지 않으면 안 되며, 이를 위해서는 거래기업의 조직분석이 필요하다.

세일즈담당자는 기업의 경영이념, 경영전략, 마케팅전략 및 전술, 조직체제 등 기타 부속정보를 포함한 비재무적 요인을 기초로 재무자료를 결합하여 기업을 종합적으로 분석할 수 있어야 한다. 따라서 세일즈활동시 기업의 정확한 실태파악을 통하여 개별 기업에 대한 대출판단을 수행할 수 있는 능력을 갖춘 인재의 육성이 지점의 혁신을 위하여 필요하다.

### 1-6 점주 환경과의 융화를 통한 기여

지점은 지역공동체의 일원이므로 지역사회와의 융화를 통하여 지역에 공헌할 수 있어야 한다. 지점의 영업은 지역기업 및 지역사회의 일원인 주민과의 접촉을 통하여 이루어지기 때문에 지역사회와의 융화가 중요하다. 지역에 기반을 둔 기업들이 활성화되어야 그 지역의 경제 또한 활성화되고, 이는 곧 지점의 수익창출과 직결될 수 있기 때문이다.

지점은 지역의 축제 등 각종 행사에 자발적으로 참여함으로써 지역에 지점의 인지도를 제고시킬 수 있도록 노력해야 한다. 지역공헌활동을 통하여 궁극적으로는 지역사회의 일원으로 융화됨으로써 그 지역에 사회적 책임을 다하는 금융기관으로 인정되어야 안정된 영업기반을 구축할 수 있기 때문이다.

## 2 실적부진점을 우수지점으로 전환하는 방안

지점의 실적부진 요인은 경기순환 과정에서의 일시적 요인에서부터 점주기반 자체가 변해서 발생한 구조적인 요인에 이르기까지 매우 다양하다. 문제는 실적부진이 과연 지점 경영의 실패에 의한 것인지의 여부다. 점주상권의 노화, 상권 중심의 이동 등 구조적인 요인에 의한 부진이라면 지점 스스로 해결할 수 없으며, 궁극적으로 지점의 이전이나 통폐합까지 생각해야 한다. 반면 일시적인 부진을 겪고 있는 지점에 근무하는 지점장에게는 특단의 대책이 필요하다.

### 2-1 부하직원의 동기부여 유도

지점 부진을 탈출하기 위해서는 적절한 전략수립이 우선되어야 한다. 그렇지만 최근 금융환경은 변화속도가 과거와 비교할 수 없을 만큼 빨라서 변화하는 시장에 기민하게 대응하기 위해서는 전략이 수시로 조정·변경되어야 한다. 지점 직원들에 대한 동기부여가 부족하면 부진탈출을 위한 각종 대책의 수립도 효과를 거두기 어렵고 기존의 업무방식과 사고방식으로는 적극적인 발상이 나오는 데 어려움이 있다.

지점 직원 간의 의견교환이 활발히 이루어질 수 있도록 분위기를 조성하고 자신감을 갖고 창조적 파괴에 나설 수 있도록 하여야 하며, 이를 위해서는 직원 간에 명확한 목표와 이에 따르는 어려움에 대한 의식이 공유되어야 한다. 개개인이 어떠한 자질을 갖추고 있는가 하는 문제는 중요하지 않으며, 개인의 자질에 걸맞은 행동을 하고 그러한 행동이 성과로 연결되고 있는가 하는 것이 중요하다. 우수한 인재보다 성과를 올릴 수 있는 인재를 키우고 변화에 능동적인 사람을 중심으로 지점 체제를 정비해야 한다. 단, 실천력을 갖춘 인재가 필요하지만 자율성 없이 성과만을 강조하는 것은 동기부여를 역으로 저하시키기 때문에 주의해야 한다.

입지가 좋지 않은 지점의 경우 해당 지점의 모든 문제는 입지문제로 귀결되어 있는 것처럼 보이고 구성원의 노력으로 해결하지 못할 문제로 인식되기 쉽다. 이때 '고객을 모으는 지점에서 고객이 모이는 지점으로 만들자'라는 발상의 전환과 더불어 동기부여를 강하게 촉진시킬 수 있는 방안마련이 필요하다.

## 2-2 지점 고객에 대한 재분석

지점을 둘러싼 환경요인은 끊임없이 변하고 있기 때문에 기존의 영업방식이 현재의 점주특성에 부합하는지 분석해봄으로써 문제를 발견할 수 있다. 점주의 특성에 대한 분석에 따라 핵심영역에 경영자원을 집중할 필요가 있다. 고객세분화의 진전으로 고객 그룹별로 담당직원을 배정하는 은행도 늘고 있다.

상위 20%의 고객이 전체 수익의 80%를 차지한다는 파레토이론에 충실한 기법이지만 하위고객이라도 성장하고 있는 고객이 있으며 그에 따른 금융수요를 가지고 있는 것이다. 예를 들어 집을 3채나 가지고 있는 부유층과 비교할 때 임대주택 생활을 하고 있는 30대 가장이 주택구입에 대한 니즈와 그에 따른 주택금융 대출수요가 있을 확률이 높다.

## 2-3 '계획-실행-점검'의 합리적 수행

경영관리의 순환과정인 '계획(plan)-실행(do)-점검(check)'은 지점 경영에도 그대로 적용된다. 머리글자를 따서 PDC사이클이라고 하는데, 이는 점검 뒤에 또 계획을 세워야 하기 때문이다. 점검 결과 계획대로 순조롭게 진행되고 있으면 더욱 속도를 내기 위해서, 순조롭지 않으면 오류의 수정을 위해서 다시 계획해야 한다.

부진지점의 경우 이 3가지에 문제가 있고 동시에 실행이 반복적으로 되지 않는다는 특징이 있다. 목표를 달성하기 위해서 계획이 수립되지만, 추상적인 목표는 치밀한 계획을 세울 수 없게 만들고 계획의 실행에 있어서도 오류를 발생하게 한다.

정확한 목표와 구체적 실행방법이 계획에 포함되어야 하며, 목표설정을 위해서는 목표로부터 역산한 단계설정이 필요하다. 문제점 파악과 올바른 계획수정을 위해서는 점검이 구체적이어야 한다. 예를 들어 대출목표와 실적의 괴리가 큰 경우, 문제점을 구체적으로 파악한 후 목표기간 내에 실행가능한 계수를 정확히 알아내야 한다. 점검내용이 구체적일수록 이를 타개할 수 있는 대응방법도 구체적일 수 있기 때문이다.

### 2-4 지점 내 팀 간의 유기적 연계

고도의 사무처리시스템 및 사무처리 본부집중화로 지점의 모든 직원이 세일즈에 투입되는 영업체제가 진행되고 있는 상황에서 창구의 역할은 더욱 중요해진다. 이제 지점 창구는 고객정보의 단순수집, 축적, 전달 등 수동적 역할에서 벗어나 유의성 있는 정보의 생산역할을 담당해야 한다는 것을 의미한다.

지점 내 각 팀 간의 정보교류와 축적, 이의 활용은 개별 팀의 활동성과의 총계보다 높은 성과를 올릴 수 있는 상승효과를 발휘하게 한다. 영업활동으로 취득한 정보가 항상 유용한 것은 아니며, 때로는 단순정보를 유용한 정보로 가공할 필요도 있다. 그러나 정보가공능력이나 인력이 부족하여 어렵게 얻은 정보가 방치되는 경우가 의외로 많으며, 또한 각 팀의 정보공유가 제대로 되지 못하여 정보의 획득과 가공에 들인 노력이 일정한 성과로 연결되지 못하는 경우도 있다. 이러한 문제점을 해결하기 위해서는 각 팀 간 적절한 미팅의 활용이 필요하다. 정보의 획득부터 검토, 성과로 연결시키는 방법, 정보에 따른 지점의 방침 등이 논의됨으로써 정보의 공유와 개인의 능력향상이 이루어질 수 있다.

### 2-5 지속적이고 일상적인 OJT

지점의 인력이 크게 감축된 소수정예주의로 재편된 상황에서 직장 내 교육(OJT)은 더욱 중요시되고 있다. OJT(on the job training)의 특징은 피교육자가 직무를 계속하면서 지도교육을 받는 것으로, 업무수행이 중단되지 않으면서 교육효과를 낼 수 있다. 반면 직무수행을 중단하고 직장외 장소에서 실시하는 교육훈련인 Off-JT는 업무공백이 생기게 된다. OJT라 하면 일반적으로 신입행원이 정식보직을 받기 전에 일정기간 동안 실시하는 직장 내 교육훈련 정도로 인식되지만 급변하는 금융환경과 철저한 고객응대를 위해서는 지속적인 OJT가 필요하다.

모든 지점장은 업무수행상의 지휘감독자일 뿐만 아니라 업무수행과정에서 부하직원의 능력향상을 책임지는 교육자이어야 하기 때문에 지도자와 피교육자 사이에 친밀감이 조성되며 시간의 낭비가 적고 지점의 필요에 맞는 교육훈련을 담당할 수 있는 능력을 갖추고 있어야 한다. OJT는 지점의 업무수행에 지장을 주지 않으면서 진행되어야 하기 때문에 각 팀별 미팅이나 회의시간에 OJT를 가미하면 효과적일 수 있다. 업무중에 좋았던 점, 미흡했던 점, 상담하고 싶은 점을 말하게 하고 이를 중심으로 OJT를 수행할 수 있다. 지점의 목표달성을 위한 진척상황, 성과에 대한 보고 등도 훌륭한 OJT소재이며 목표 달성과정 그 자체가 OJT이다.

### 2-6 신규대출 거래처 발굴을 위한 합리적 방법

기존거래처를 관리하고 유지하는 것도 중요하지만 지점이 부진에서 벗어나기 위해서는 신규거래처를 발굴하는 것이 중요하다. 본격적인 대출세일즈 시대가 도래한 지금 고객니즈의 파악과 대출확대문제는 지점 업적부진을 벗어나기 위해 중요한 과제다. 예금에 대해서는 자신이 있지만 대출은 잘 몰라서 대부계로 안내하는 직원이 의외로 많은데, 예금창구 직원들도 기본적인 대출상담 정도는 할 수 있도록 여신업무를 이해하고 있어야 한다. 이것이 가능할 때 고객에 대한 세밀한 정보를 취득할 수 있고 효과적인 세일즈를 할 수 있다. 기업이 새로 신설되거나 다른 지역에서 진입하는 경우는 신규고객을 획득할 수 있는 좋은 기회다. 일시적이라도 새로운 거래처 발굴을 그만두고 기존거래처에 대한 거래강화에만 주력하는 것은 이러한 창업기업과 전입기업을 타 은행에 쉽게 양보하는 결과가 되므로 지점의 성장력을 떨어뜨린다.

기업에 있어서는 필요한 때에 대출을 받을 수 있는지의 여부가 매우 중요하다. 기업의 결제는 일반적으로 중순부터 월말에 걸쳐 집중되기 때문에 이때까지 신규 대출에 대한 합의가 이루어져야 한다. 중견기업 이상에서는 6개월 이상 또는 1년분의 자금계획을 수립하기 때문에 계획을 수립한 후의 접근은 무의미할 경우가 많다. 상대기업의 자금 필요시기에 맞춘 여신세일즈와 타이밍은 신규거래처 발굴에 중요하다. 기업고객의 경우 대상기업별로 추진계획을 수립해야 한다. 대상기업들의 리스트를 최신으로 갱신하는 동시에 세일즈로부터 얻어지는 정보를 정비하여 추진상황을 한눈에 알아볼 수 있도록 해야 한다.

기업으로부터 대출요청이 있을 때에는 가능한 신속하게 응대해야 하며 서류작성에 시간을 허비하느라 대출결정이 늦어지면 안 된다. 그렇다 하더라도 본부의 승인을 요하는 대출건에 대해서 승인절차 없이 대출실행의 언질을 주는 형태는 결코 바람직하지 않다. 정해진 규정과 승인절차를 무시한 대출상담은 또 다른 위험을 불러올 여지가 있기 때문이다. 여신업무에 경험이 적은 사람이 고객으로부터의 대출가능여부 문의에 애매한 대답을 해서 문제가 발생하는 경우도 있기 때문에 주의해야 한다. 고객의 대출가능여부 문의에 수동적이어서는 안 되며, 고객의 대출신청이 있을 때에는 최소한 자금용도, 자금수요 발생사유, 상환방법, 타 은행의 거래상황 등에 주목해야 한다.

### 2-7 기존거래처 유지를 위한 합리적 방법

기존거래처들의 결산서나 신용조사서 등은 복수 금융기관에 대한 정보원이 된다. 복수거래처의 타 은행 거래내용, 즉 대출형태, 금리, 기간, 상환방법 등을 파악한 후 현재 불만사항을 조사한 다음 불만사항을 해소하고 거래강화를 도모할 만한 내용으로 대출제안을 한다. 대출제안이 구체적이 될수록 그리고 건수가 많을수록 지점 부진탈출에 걸리는 시간은 단축될 것이다. 신규거래처에 대해서는 성장성을 주시하면서 해마다 관계를 강화할 만한 조치를 취해야 한다. 이를 위해서는 유치시점에서 예상거래처가 성장성이 있는지를 판단하는 것이 중요하다.

각 계별 담당자와 책임자가 참석하여 거래처별 우선순위를 정하고, 대출금리의 타당성, 신규대출의 필요성, 금융상품 교차판매(cross-selling)의 필요성, 방문수금의 필요성 등을 논의해야 한다. 수익성이 높은 거래처를 중심으로 거래처 관리를 강화할 때 더 높은 실적을 거둘 수 있다. 초심으로 돌아가 개별 여신건을 재평가하고 검토하는 끈기를 갖는 것이 지점 부진탈출에 있어 중요하다. 매일 열심히 일해도 실적이 오르지 않는 경우도 많은데, 이런 경우 전략이나 전술에 대한 오류가 있을 가능성이 높다. 지역특성, 주민기질, 지역 내 업종구조, 타 은행 경쟁상황, 지점 수익구조 등에 대해 종합적으로 평가하고 현재의 전략이나 전술에 대한 재검토가 이루어져야 하며, 지점의 특성에 맞는 가장 자신 있는 분야를 더욱 강하게 하는 특화책이 필요하다.

### 2-8 거래처의 사후관리와 지원방법

거래처에 대한 무관심이 부진의 주요 원인이 될 수 있다. 해당 기업이 무엇을 만들고 최근의 업종경기는 어떠하며 어떤 니즈를 가지고 있는지에 대해 알아두고 관심을 표명하는 것은 거래처로 하여금 신뢰감을 갖게 한다. 또한 거래처가 어떠한 사업계획을 가지고 있는지 자금수요기는 언제쯤이 될 것인지 등의 이야기를 자연스럽게 유도하게 할 수 있다. 우량기업에 대해 관심을 갖고 집중적인 관리를 해야 하는 것은 중요한 일이지만 부실거래처에 대한 무관심은 문제점을 야기시킬 수 있다.

부실거래처라고 할 때 생각해볼 수 있는 의미는 현재 요주의거래처 등으로 분류되어 실질적으로 부실한 거래처와 장래에 부실이 예상되는 잠재부실거래처 등 두 가지다. 전자의 경우 회수에만 관심이 있어 자금상담이 있어도 전혀 상대하지 않는다거나 후자의 경우 실적이 악화되어 있어도 별로 의식하지 않고 기존의 영업방법을 고수한다거나 하는 등의 대응은 또 다른 형태의 무관심으로 문제가 될 수 있다. 기업의 재무분석에 대한 능력향상과 더불어 부실타개책, 은행의 지원방법 발견 등 새로운 사고방식이 필요하다.

## 3 거래기업 방문시 검토사항

### 3-1 경영환경에 대한 주요 검토사항

중소기업에 있어 경영환경 변화는 기업의 사활을 좌우하는 중요 요소다. 경영환경은 기업 스스로가 제어하기 힘든 요소이면서도 기업 활동에 크게 영향을 미친다. 경기변동, 제품의 라이프사이클, 법률적 규제여부, 정부의 정책방향 등이 기업에 미치는 영향은 간과할 수 없을 정도로 중요하다. 은행 지점장 역할수행을 위해서는 거래 기업을 둘러싼 경영환경을 면밀히 분석하고 그 영향을 예측하는 것이 우선적으로 요구된다. 하지만 경영환경은 마음만 먹는다고 쉽게 파악되는 것이 아닌 만큼 평소에 신문이나 잡지 또는 전문연구보고서 등을 스크랩하고 다른 사람들로부터 수집된 정보를 체계적으로 보관하는 습관 배양이 필요하다.

경영환경의 주요 검토사항으로는 경기동향에 대한 사항과 업계동향에 대한 파악이 우선적으로 이루어져야 한다. 경기동향과 관련된 세부검토사항은 다음과 같다.

① 현재의 경기가 어떤 국면에 있으며 대상기업의 업종은 어떤 영향을 받고 있는가? 앞으로의 전망은 어떠한가?

② 경기변동의 요인은 국제적 요인에 기인한 것인가? 아니면 국내요인에 의한 것인가?

③ 경기변동요인과 대상기업의 업종과는 어떠한 관련이 있겠는가?

④ 경기불황에 대비한 매출채권과 재고자산에 대한 관리는 적절한가? 특히 단기자금조달대책은 수립되어 있는가?

⑤ 경기가 하강국면으로 들어갈 경우 매출이 급속히 떨어질 위험에 적절한 대책은 있는가? 특히 손익분기점이 높은 기업은 매출액이 조금만 감소하여도 결손을 낼 가능성이 크므로 손익분기점 매출액에 대해서도 면밀한 점검이 필요

⑥ 경기가 침체기에 들어가면 불황을 견뎌내면서 다음의 경기회복인 상승국면을 기대하게 되는데, 다음 회복기를 대비하여 불황을 견뎌내면서 성장잠재력을 키울 수 있는 기업인지 여부

⑦ 경기가 회복되더라도 쉽게 업적이 호전되지 않는 과잉설비투자 업종, 사양산업 에 속하는 기업이 아닌지의 여부

한편 업계동향에 대한 검토도 매우 중요하다. 은행 지점장은 거래기업 방문시 기업이 속해 있는 업계의 생산과 판매구조 및 수급동향을 좀 더 적극적으로 관찰하고 경제동향, 산업구조 등과 관련해서 살펴볼 필요가 있다.

업계의 설비상황, 업체규모별 분석, 생산추이, 신제품 개발상태 등 공급측면의 동향을 조사해 두어야 한다. 또한 어떠한 유통구조를 거쳐 소비자에게 판매되는가를 조사하여 수급동향의 추세를 판단해야 한다. 최근의 인터넷을 통한 전자상거래 및 대형할인점을 통한 가격파괴 현상 등도 감안하여 기업에 미치는 영향도 검토해 두어야 한다.

기업이 생산하는 개별제품의 수급상황을 조사하여 판매상황, 원재료 구입상황 추이를 분석해 두는 것도 필요하다. 거래기업이 취급하는 제품 또는 상품에 대하여 원재료의 수급, 제품의 수급 등 관련업계와의 관계는 물론 제품의 수명주기(life-cycle)로 보아 어떤 단계에 있으며, 어떤 특성이 있는가를 기업고객을 총괄하는 지점장 입장에서 검토해야 한다.

## 3-2 기업연혁에 대한 주요 검토사항

미래의 거래기업을 파악하는데 있어 기업연혁에 대한 검토는 필수적이다. 기업연혁이 오래된 기업은 자기자본이 극히 부진한 경우를 제외하고 쉽게 부실화되거나 도산하지 않아 거래기업의 연혁을 살펴볼 필요가 있다. 또한 경영상황이 설립이후 어떻게 변화되어 왔는가를 살펴봄으로써 기업의 장래성 예견이 가능하다.

① 설립이후의 업종, 업태 등 경영내용의 변화는 어떠했는지 파악

② 생산과 수급상황의 변동에 따라 취급품목은 어떻게 변화했는지 여부

③ 판매방식으로 현금판매와 외상 또는 할부판매 등 어떠한 것을 채택하고 있으며 또한 변경은 어떠했는지 여부

④ 타사와의 인수합병 또는 조직개편은 없는지 여부

⑤ 구성원, 노사문제 등에 큰 변동은 없는지 여부

## 3-3 경영진에 대한 검토

경영진에 대한 검토를 위해서는 우선 경영진의 변동상황을 조사해두어 한다 경영자와 경영진의 교체에는 특별한 이유가 없는지 여부를 파악해야 한다. 외부경영자에게 경영책임을 위임시 실질적인 실권이 승계되었는지 여부를 조사해야 한다. 실질적인 경영권의 양수도가 나타난 경영권 변경시 과거의 실적으로 미래를 예측하는 근거자료로서의 가치는 감소하는 경향이 있다.

대표자의 능력도 파악 대상이다. 경영의 실권을 사실상 갖고 있는가 혹은 경영자의 경력은 어떠한가 등을 파악해 볼 필요가 있다. 일반적으로 사람의 가치판단이나 행동 양식은 본인의 경력이 크게 작용하기 때문에 과거의 경력을 알아보는 것이 중요하다. 경영자가 회사설립자의 후손(직계)인가, 외부영입된 인물인가 혹은 내부출신인가 등 특성을 파악해야 한다.

과거에 다른 회사를 경영한 경험이 있는 경우 부도를 낸 사실이 있는지 여부도 파악해야 한다. 과거 불황기를 경험한 경우가 있으며, 그 때의 곤경을 어떤 방식으로 극복하였는지 여부를 파악해야 한다. 경영자의 개인자산은 어느 정도 되는지, 가정은 원만하며, 건강상태는 양호한지에 대한 파악도 중요하다. 대상기업 내부 구성원들의 경영자에 대한 의견이나 사회적인 평판은 어떠한가에 대한 파악도 중요하다. 경영자의 신용유지(차입금상환 의지 등)에 대한 사고방식과 신용불량자 등재 사실여부도 파악해 둘 필요가 있다.

경영진 개인에 대한 파악도 중요하다. 중견기업의 경우 경영자에 대한 평가도 중요하지만, 경영진 전체에 대해서도 검토할 필요가 있다. 경영진 팀워크는 잘되어 있는지, 또한 경영진 내분이나 대립은 없는가를 파악해야 한다. 또한 외부로부터 파견된 사람은 없는가, 있다면 반드시 그 파견사유를 반드시 파악해 두어야 한다. 경영진의 구성은 사무계, 기술계 등 출신과 연령계층은 어떤가도 파악대상이다. 대표자가 엔지니어 출신이거나 생산부서에 장기 근무한 경우 관리 및 경리업무에 대체로 취약한 경향이 있다는 점에 유의해야 한다.

경영진 중 발언권은 누가 갖고 있는가도 파악해야 될 요소다. 중소기업인 경우 후계자의 존재가 큰 문제인데 후계자는 누가 될 것인지에 대해 관찰해 두어야 한다. 정해진 후계자가 있다면 다른 경영진과의 단합과 협조상태에 대하여도 주의를 기울이는 것이 필요하다. 경영진 개인의 과거 신용불량자, 부도경험, 형사처벌 경험 등도 조사해 두어야 한다.

### 3-4 기업구성원에 대한 파악

기업 내부 직원들의 구성은 연령별, 성별, 사무·노무직별, 학력별로 어떻게 되어 있는지를 파악하여 경영효율변동의 요인분석을 위한 자료로 활용해야 한다. 직원의 이직률을 파악하여 이직률이 높은 기업에 대해 원인을 분석해야 한다. 작업환경, 기숙사, 학자금 지원, 교육 등 복지제도(복리후생비 비율)가 잘 정비되어 있는지를 검토하고 구성원 평균급여 수준을 조사하여 고용관계의 안정성 여부를 확인하는 것도 중요하다.

구성원의 자질과 수준은 어느 정도인가 혹은 구성원의 근로의욕은 왕성한가를 파악해 두어야 한다. 또한 구성원의 능률향상을 위해서는 동기부여나 사기진작책이 마련되어 있는지의 여부도 파악이 필요하다. 제안제도와 같이 각 개인의 창의력이 발휘될 수 있는 제도가 마련되어 있는지, 승진 및 구성원의 배치와 이동 등 인사가 업적과 적성 등에 따라 합리적으로 운영되고 있는지 여부도 중요한 관찰 대상이다. 회사방침의 구성원에 대한 전달상태는 어떤가에 대한 조사도 필요하다. 대체적으로 회사방침이 구성원에게 잘 전달되는 업체는 신뢰할만 하다. 경영진이 구성원과의 활발한 의사소통을 위하여 노력하고 있는지 여부도 파악해 둘 필요가 있다.

노사관계상황, 노동조합의 유무, 노사협의회의 유무와 이들 기구의 사실상의 운영형태도 관심을 가져야 할 요소다. 정기적으로 노사협의회 같은 것을 열어 대화하는 등 노사간 상호 신뢰하는 기풍이 조성되어 있는지 여부가 주요한 관찰항목이다.

## 3-5 사업장에 대한 검토

은행지점에서 여신업무를 총괄하는 지점장의 입장에서 사업장에 대한 검토를 위해서는 우선적으로 사업장 규모의 적정성을 파악해야 한다. 사업장 규모가 해당 기업 영업실적과 대비해 볼 때 과다하지 않은지, 또는 설비 과다로 인한 유휴설비는 없는지를 조사해야 한다.

입지조건은 적정한지의 여부도 중요하다. 입지의 적부(適否)는 기업의 경쟁력이나 수익에 큰 영향을 미치므로 기업의 입지조건에 대하여 다음과 같은 면을 검토해야 한다.

① 교통관계, 납품처와의 거리, 공단지역 내 소재 여부 등 제반 여건을 검토
② 안정적이고 성장성 있는 시장과의 근접성 여부 및 교통혼잡 정도를 감안한 시장과의 거리
③ 면적, 형태, 추가용지확보 용이도를 감안한 용지의 적정성
④ 수량과 수질, 급배수의 편의성을 감안한 용수의 원활한 공급여부
⑤ 도로, 철도, 항만 등 시설과의 근접성

기계장치의 현황을 파악하여 설비라인의 효율적 배치 여부를 파악해 두어야 한다. 메인(Main) 기계설비의 성능(각 설비별 제작사의 인지도 파악)과 용량을 파악하고 기계설비 대수는 생산에 지장이 없는 규모로 적정하게 보유하고 있는지를 검토해야 한다. 이를 보조할 설비(전력, 공해방지시설 등)는 제대로 갖추고 있는지, 보조설비 용량부족으로 애로공정(bottle-neck)은 없는지를 검토해야 한다. 설비의 노후화 정도와 정기적으로 보수 및 성능 유지에 노력하고 있는지 여부도 검토 대상이다.

환경오염산업인 경우 공해방지시설 설치 유무도 파악해야 한다. 소음, 악취, 대기오염, 수질오염, 공동 하수처리시설 등 환경공해 방지시설 등의 설치 유무를 확인해야 한다. 오염도가 클 경우 민원제기, 정부 환경관련 부처의 가동중지 명령 등으로 정상가동에 지장을 받을 수 있으므로 공해방지설비의 가동상황과 시설의 노후화 정도를 점검하는 것은 여신을 취급하는 지점장 입장에서 필수적이다.

리스설비현황과 리스료 규모를 확인해야 한다. 리스설비가 있을 때에는 금융리스인지, 운용리스인지를 파악하여 리스료 규모, 리스 만기일을 체크하여 자금부담 정도를 확인해야 한다.

### 3-6 제품 및 영업사항에 대한 검토

주력제품의 산업환경 및 성장성과 차별성을 파악하는 것이 거래기업의 영업현황을 파악하는데 중요하다. 영업에 미치는 영향이 큰 요인이 산업환경인데 이를 먼저 살펴보고 그 외 전후방산업, 업계간 경쟁강도 등도 검토하여 향후 영업전망을 파악해 두는 것도 필요하다. 제품 특성, 최종 사용처(용도), 기술적 특이점 등을 종합하여 타 제품과의 차별성(가격, 품질)을 파악하고 성장 가능성도 검토해 두어야 한다.

구체적으로 연도별 판매실적 및 수량과 연계한 판매 단가 변화추이를 파악해 두어야 한다. 더 나아가 품목별 판매액과 판매수량 추이를 관찰하고 판매단가도 산정하여 큰 폭의 변화가 있는 경우 다음의 내용을 감안한 원인분석이 필요하다.

① 연도별 판매실적이 상승추세 또는 하강추세인가, 그 원인은?

② 생산실적과 판매실적을 비교하여 갭(gap)이 크지 않는가? 갭이 크고 매년 증가하고 있다면 판매력이 떨어지고 있다는 증거

③ 수주잔액을 확인하여 증가하고 있는 경우 향후 안정적인 영업활동 예측이 가능함을 의미

계절상품은 분기별로 변화추이를 검토하고 전년동기 대비 변동폭이 큰 경우 원인 분석이 필요하다.

주요 거래처의 변동 내역과 분산도를 파악해 두는 것도 거래기업을 심층적으로 이해하는데 중요하다. 전기(前期) 대비 주요 거래처의 이탈 또는 유치, 거래조건 변경 등을 확인하여 영업력의 개선 또는 불량 여부를 파악해 두어야 한다. 수출비중이 크게 늘어난 경우 수출지역과 수출조건을 검토하고 내수가격 대비 수출가격의 고·저를 파악하는 것이 필요하다.

원자재 수급동향과 환리스크에 대한 검토도 필요하다. 산업별 원자재 수급동향

과 수급상 특이점을 파악하고 가격 추이도 조사하여 수익에 미칠 영향을 검토하는 것도 중요하다. 구입조건, 구입처 분산도 등을 검토하고 수입자재인 경우 장기계약 등을 확인하여 원자재 조달이 안정적으로 운용되고 있는지 검토해야 한다. 수출입 거래가 빈번한 경우 환리스크 헤지방안이 마련되었는지 여부도 파악해야 한다.

### 3-7 시장성에 대한 검토

시장성에 대한 검토를 위해서는 영업방법과 판매조건을 파악하는 것이 중요하다. 판매방법(대리점, 직영점 체제 등), 영업사원에 지급되는 인센티브 시스템의 효율적 운영, 대표이사의 영업 관여도 등을 참고하여 전반적인 영업력을 파악해야 한다. 판매조건을 살펴봄으로써 단가 교섭력 우위 여부도 검토해 두어야 한다.

주력제품의 시장성을 파악하는 것도 거래기업을 이해하는데 중요하다. 전체 시장규모 대비 동사(同社) 점유율, 주력제품의 동업계 내 위치 등으로 현재의 시장지배력을 파악하고, 강력한 대체재 유·무도 조사하여 주력제품의 시장성 정도를 파악해야 한다. 독자적인 기술력을 바탕으로 한 차별화 된 제품보유 여부에 대한 파악도 중요하다.

판매비중이 높은 주요거래처에 대한 점검도 시장성 검토시 중요한 요소다. 주요거래처의 영업실적과 재무현황 등을 조사하여 신용도를 파악하고 거래동기도 조사하여 향후 지속적인 거래가능성 여부를 파악해야 한다. 예를 들어 거래처 판매비중이 5% 이상인 업체 수 변동 추이라든가 거래 변동폭이 전기대비 5~10% 이상으로 큰 업체수 등은 중요하다.

당해 업체의 공급자 교섭력 정도를 조사하여 유사시에 판매처 변경이 용이한지를 파악해야 한다. 영업의 탄력성 여부를 파악하기 위한 것인데 기업의 경쟁력을 이해하는데 중요하다. 거래동기(협력업체 등록, 기술력 인정, 친인척 관계, 대표이사의 개인적인 영업력, 대표이사의 지인 등)에 따라 거래 안정성이 어떻게 변화되는지도 예측해 두어야 한다.

수출주력업체인 경우 국제적인 가격 및 기술경쟁력 유무를 파악해 두는 자세가 필요하다. 해외시장에서 가격 및 품질경쟁력을 확보하고 있는지 검토하고 브랜드 인지도 및 직수출 실적 등을 검토하여 국제경쟁력을 갖추고 있는지 유무 등도 조사해야 될 항목이다. 제품 수출방식(OEM, 자체브랜드, Local 또는 Direct수출 여부 등)을 검토하고 환율 인하시 채산성 유지가 가능한 환율이 얼마인지도 여신을 취급하는 은행지점장 입장에서 검토해야 될 사항이다.

## 3-8 재고수준에 대한 검토

재고량을 파악하여 영업성과와 연계하여 검토해야 한다. 공장, 창고 등에 원자재, 제품이 널려있고 더 쌓을 곳이 없는 경우에는 판매부진 또는 생산부진 여부를 체크해 두어야 한다. 반면 재고가 눈에 띄지 않는 경우에는 사업이 부진하거나 원자재 조달이 원활하지 않아 생산이 지연되거나 납기지연이 발생하는 경우다. 재고 중에 파손품, 녹이 슨 것 등이 함께 쌓여있는 재고덩어리는 그 재고의 사용처가 없거나 판매 부진한 경우다. 재고가 정리정돈되지 않고 뒤섞여 있으면 관리비용이 많이 들고 불량품이 많이 발생하여 손실이 발생할 우려가 큰 경우다. 또한 원재료(또는 제품) 회전기간이 동업계 수준보다 길면 불량재고가 많거나 과잉구매(생산)인 경우이기 때문에 거래기업 판단을 할 때 활용해야 한다.

## 3-9 거래기업의 기술력에 대한 검토

거래기업에 대한 기술력을 파악하기 위해서는 우선적으로 설비규모와 공정별 효율성에 대한 검토가 이루어져야 한다. 생산능력과 품목별 생산량을 비교·검토하여 설비의 효율성을 파악해야 한다. 공정별 순서, 구성원 숙련도, 불량품 체크시스템 등으로 공정간 효율성을 검토하여 품질 및 가격경쟁력을 판단하는 기준으로 참조해야 한다. 유휴설비와 로스(LOSS)율도 검토해야 할 사항이다. 장기간 방치되어 있는 유휴설비는 없는지, 제품별 로스율이 동업계 대비 높은지 여부를 검토하고 개선가능성을 파악해야 한다. 최근 자동화 설비 투자가 많은 기업에서 이루어지고 있으나 막상 최신설비를 설치 후 활용할 기술부족과 공급과잉으로 제대로 활용하지 못하여 자금과 비용 부담만 가중되는 사례도 자주 발생한다.

둘째, 생산능력 산정시 설비 외에 생산인원도 함께 검토해야 한다. 생산능력 산정시 중소기업은 대부분 인력난이 심하므로 설비 규모 외에 확보 가능한 생산인원도 함께 검토해야 한다.

셋째, 공정별 자동화에도 주목해 보아야 한다. 노동집약적 산업이나 규모의 경제를 시현하는 산업인 경우 공정별 자동화에 따라 수익이 크게 좌우됨을 감안하여 자동화율을 검토하고 동종업체와 비교하는 자세가 필요하다. 생산설비에 가동률을 조사하고 구식설비의 잦은 고장, 과잉설비 문제가 없는지에 대한 검토도 필요하다.

넷째, 신제품 개발, 각종 인증서, 특허권 획득을 매출과 연계하여 검토해야 한다. 연구개발비 규모, 확보된 연구인력, 최근 개발된 신제품 등을 검토한 후 장·단기적으로 매출에 미치는 영향을 검토해 두어야 한다. 새로운 수요가 발생될 것에 대응해서 기술개발력이나 판매력에 대한 평가도 이루어져야 한다. 즉 기업의 기술개발에 대한 관심도 확인이 필요하다

제2절

# 지점 기존고객관리 우수 사례

## 1 고객을 움직이는 지혜를 실천하는 지점 경영방안

### 1-1 고객관리에 대한 태도 변화

지점장에게 있어 은행이익만을 추구하는 근시안적인 사고에서 탈피, 고객과 동반성장하는 전략이 기존고객관리에서 가장 중요한 태도다. 서비스 경쟁우위로 승부한다는 자세로 기존고객에 대한 지속적인 지원을 다방면으로 하는 한편 은행과 함께 성장해나갈 우량 및 잠재우량고객 발굴에도 적극 노력해야 한다. 기존 우량고객에 대해서는 차별화된 맞춤형 서비스를 제공하는 것이 중요하다. 누구도 흉내낼 수 없는 실력을 쌓는 것이 가장 중요하다. 의사에 비유하자면, 양의(洋醫)와 한의(韓醫)를 모두 겸비한 금융의 달인이 바로 지점장에게 요구되는 상황이다.

과거에 수요가 공급을 초과하던 금융서비스 시장에서는 공급자 중심의 뻣뻣한 업무관행이 통하는 등 고객관리의 필요성이 크게 인식되지 못했던 것이 사실이었다. 하지만 은행 간 경쟁은 물론 비은행 금융기관과의 경쟁 역시 치열해지면서 은행은 더 이상 고객 위에 군림할 수 없는 시대가 되었다. 따라서 금융환경변화에 능동적으로 대처하기 위한 새로운 고객관계강화 프로그램이 절실하다. 이제는 은행 입장에서 고객을 바라보는 것이 아니라 고객의 입장에서 무엇을 필요로 하는가를 항상 염두에 두고 업무를 처리하는 자세와 마음가짐을 가져야 한다. 무엇이 고객에게 이익이 될 것인가를 항상 염두에 두고 고객을 대하는 자세가 지점 경쟁력 확보의 전제조건임을 지점장은 명심해야 한다.

또한 고객에게 사정사정하여 상품을 판매하는 소위 '구걸형 세일즈'방식은 지양해야 한다. 고객의 니즈에는 관심이 없고 지점목표 채우기에만 급급한 모습으로 고객에게 비칠 때 마지못해 고객이 응할지는 몰라도 그것은 일회적으로 끝나게 된다. 따라서 앞으로는 은행과 고객 서로가 윈-윈(Win-Win)하는 방법을 찾아야 한다. 어느 일방만이 이익을 보는 비즈니스가 아니라 쌍방이 도움을 주고받을 수 있어야 한다.

경쟁시대에서 생존하기 위해서는 고객의 입장에서 모든 것을 바라보는 시각이 필요한데, 대안제시형의 세일즈를 지향하는 것이 바람직하다. 고객의 니즈를 먼저 파악하여 대안까지 생각하여 응대하고, 고객을 방문할 때에는 반드시 사전에 고객의 거래내용과 지점 담당직원에게 최근에 탐문된 정보를 듣고 제안 및 요청할 내용을 확인해보아야 한다. 이때 고객이 거절할 때를 대비하여 대안까지 생각해놓고 방문하는 습관을 갖도록 한다. 마지막으로 고객방문 전후의 모든 내용을 지점 담당직원과 공유함으로써 일관된 고객응대로 신속한 업무처리가 가능하도록 해야 한다.

**고객의견을 구하기 위해 질문하는 지점장**

고객을 만나고 고객에게 질문하는 것은 지점장의 가장 중요한 일이다. 오랫동안 지점과 거래해온 고객은 지점의 강·약점과 변화의 흐름을 꿰뚫고 있는 경우가 많다. 그러므로 고객에게 질문해야 한다. 어떤 개선을 원하는지, 어떻게 대해주면 좋을지, 지점장이 도와줄 일과 개선할 것은 무엇인지 끊임없이 질문해야 한다. 그런 질문은 또한 고객만족 활동에도 도움이 된다. 그 고객으로부터 점주권의 동향, 추가 잠재고객명단, 점주권의 강·약점을 고객 입장에서 파악하는 계기가 된다.

### 1-2 고객을 움직이는 지혜

고객을 움직이는 지혜는 지점장이 갖추어야 할 가장 중요한 덕목이다. 이에 대한 구체적 노하우는 지점장별로 다르지만 소위 '내 고객'을 열성팬으로 만드는 자세가 중요하다. 특히 지점고객 중에서 이탈고객은 이탈이유가 '이성적인 이유'보다는 '감성적인 판단'에 근거하는 경우가 훨씬 많음을 명심해야 한다. 타인과의 관계에서 상대방에 대한 배려의 마음씨는 무척 중요하다.

의례적이고 틀에 박힌 인사가 아닌 감성에 호소할 수 있는 SMS를 보내는 것도 효과가 있다. 예를 들어 어느 지점장은 다음과 같은 SMS 한 통을 보내고, 고맙다는 회신을 20여 통이나 받은 적이 있다고 한다.

> "이제 곧 장마철입니다. 비올 때 꼭 필요한 우산처럼 어려울 때 도움이 되는 은행이 되겠습니다. ○○은행 ○○○지점 ○○○ 드림"

또한 고객에게 감성편지를 쓰는 것도 좋다. 물론 편지에는 고객에게 도움이 될 수 있는 내용이 포함되어야 한다. 예를 들어 9월 말이나 10월 초쯤에 '연말결산을 감안한 경영'을 당부하는 편지를 보내 효과를 본 지점장이 있다. 편지의 내용은 개별 기업의 신용등급은 은행의 대출금리를 결정하는 데 매우 중요하므로 4분기쯤에는 결산에 대비하라는 내용이었다. 구체적으로는 은행에서 심사역들이 어떤 점에 가장 주목하는지, 신용등급을 결정짓는 데는 어떤 항목의 배점이 높은지 등을 알려주는 10여 쪽에 달하는 편지였다. 물론 편지의 첫머리는 고객의 마음을 따뜻하게 해줄 감성의 글로 시작해야 한다.

지점의 우수고객 중 사회생활을 성공적으로 하고 있는 고객을 초청하여 자신이 살아온 인생과 관련한 강연회를 개최하는 것도 상당히 효과적인 고객관리방법이다. 매월 1회 정도 개최하면 좋은데 지점 주요 고객의 어제, 오늘 그리고 내일을 파악하기 위해 필요하다. 성공이야기 발표를 통해 고객의 과시욕구를 충족시켜줄 수 있으며 은행 입장에서는 미래에 고객의 이탈가능성을 사전에 봉쇄할 수 있다.

## 고객을 움직이는 노하우에 대한 지점장 대상 조사결과(1)

무엇보다 고객을 많이 만나는 것이 곧 고객을 움직이는 방법이라고 생각합니다. 이를 위해 당일의 방문지역과 고객을 사전에 파악하고 철저한 계획에 의해 움직이는 것이 필요합니다. 저는 지점장이 자주 만나고 고객과의 유대관계를 유지하고 있음에도 타행으로 이탈하는 고객은 없다고 생각합니다. 또한 이러한 지속적이고 잦은 만남은 더욱 많은 영업기회를 제공하며, 열 번의 다이렉트메일과 SMS보다 한 번 만나는 것이 훨씬 효과가 크다고 생각합니다. 그리고 주요 고객의 경우에는 일괄적인 다이렉트메일을 발송하지 않고 제가 직접 카드에 자필로 편지를 써서 고객감동을 실현하고 있습니다.

직원관리와 마찬가지로 고객 또한 인간관계이므로 업무적인 면보다는 사소한 것에 감동하므로 고객의 관심사항이 무엇이며 무엇을 원하는지를 끊임없이 알아보아야 할 것입니다. 예를 들면 상속문제, 기업승계 절차, 부동산투자 등을 들 수 있습니다.

고객과 거래의 기본원칙은 상생, 즉 'GIVE & TAKE'라 생각되어 항상 직원들에게 이를 강조하고, 스스로도 실천하려고 노력하고 있습니다. 혈연, 지연, 학연에 의한 거래는 일시적으로 이루어질 수 있습니다. 하지만 거래상대에게 지속적인 손실과 희생만을 강요한다면, 이들은 말없이 우리 곁을 떠나고 말 것입니다. 따라서 이들과의 유대를 강화하고 거래를 영속시키려면 최소한 타행과 같거나 그 이상의 조건으로 상대에게 접근하여야 합니다. 무엇보다도 고객에게 믿음을 주어야 하며, 지점장 개인 자신에 대한 신뢰가 은행에 대한 신뢰로 이어진다는 점을 명심해야 되겠습니다.

## 고객을 움직이는 노하우에 대한 지점장 대상 조사결과(2)

"너무 지나침은 부족함만 못하다"고 했듯이 과도한 친절은 고객이 충분히 부담스러워 할 수 있기 때문에 적당한 관심을 유지하는 것이 무엇보다 중요합니다. 젊은 고객층의 경우는 신속한 일 처리 만을 원하는 경우가 다수이기 때문에 맞이인사와 중간에 간단한 대화 정도로 분위기를 돋우는 수준의 친절이 필요합니다.

창구고객의 경우 고객의 의상, 헤어, 액세서리, 소품과 같은 부분에 대해서 먼저 관심을 갖고 대화를 시작하며, 고객의 마음을 열어 가는 것이 중요합니다. 여성고객의 경우에는 이러한 부분에 대하여 칭찬 대화법을 시작으로 말문을 열면 자연스럽게 본인 이야기를 시작하는 경우가 많습니다. 예를 들어 정기예금 만기 해지를 원하는 고객의 경우 찾는 목적이 무엇인가를 대뜸 물어볼 경우 이상하게 또는 "내 돈 찾아가는데 이유를 왜 말해야 하는지" 라는 의문점을 품고 거부감을 표현할 경우가 있습니다. 이런 부분을 자연스러운 대화를 통하여 연결 질문을 하게 되면 대답확률이 높아지기 때문입니다. 예외로 젊은 층의 경우, 친절함은 물론 신속한 일 처리를 원하기 때문에 연령층에 맞는 서비스를 제공하는 것이 좋을 것입니다. 예를 들어, 대화를 원하는 고령고객에게는 꾸준한 말벗이 필요하기에 다소 과한 대화를 해도 괜찮지만 젊은 고객들에게는 대화보다는 빠른 업무후의 간단한 공통대화를 하는 것이 좋을 것입니다. 수다스럽다는 이미지를 심어주기 때문에 삼가는 것이 좋습니다.

## 2 여신신청을 받아들여도 되는 기업고객

### 2-1 기업고객 판단의 중요성

지점 여신을 책임지는 지점장의 입장에서 현장방문을 통해 지속적으로 발전가능성이 있는 기업과 그렇지 못한 기업을 판별해내는 능력을 축적해나갈 수 있다. 하지만 경험이 부족한 지점장의 입장에서도 다음과 같은 점에 유념하면 여신신청기업을 단기간에 파악하는 역량을 갖추는 데 도움이 될 것이다.

우선 지점장은 기업방문을 통해 경험적으로 느낄 수 있는 직감이 필요하다. 재무제표를 아무리 그럴싸하게 꾸며놓고 서류상 좋은 회사로 둔갑시켜놓아도 머지않아 도산할 징조가 보이는 회사가 있는 반면, 지금은 비록 소기업이라도 가까운 장래에 크게 성공할 것 같은 예감이 드는 거래회사가 있기 마련이다. 매출, 순이익, 채무, 현금흐름과 관련된 두꺼운 서류를 들쳐보지 않아도 회사를 방문했을 때 성공할 것 같은 기업, 부도날 것 같은 기업의 징후가 무엇인지를 판별하는 노하우가 필요하다.

### 2-2 경영자보다 더 똑똑한 직원을 보유한 기업

하급직원조차 전화응대에 적극적이고 회사홍보에 열의를 보이는 회사는 성공가능성이 크다. 이런 기업은 여신부실화의 가능성이 없는, 성공하는 기업유형이라고 할 수 있다. 하급직원이라고 하면 정문의 경비원과 사무 여직원이 주로 해당된다. 여신을 신청한 회사를 방문했을 때 제일 먼저 만나는 사람들이 회사의 이미지 형성에 가장 중요한데 사장이나 홍보담당자도 아닌 직원들조차도 본연의 업무가 아닌 회사 홍보에 적극적이라면 다른 직원들은 안 봐도 알 수 있다.

외부 전화를 가장 많이 받는 여직원과 손님을 가장 먼저 맞는 정문 경비원이 회사의 첫인상을 좌우한다는 사실을 스스로 인지하고 이에 대처하는 기업이라면 비전이 있는 회사로 판단하는 것도 무리가 아니다. 그외에 '여직원이 농담을 잘 받아주거나 마실 차의 종류를 꼼꼼히 물어보고 체크한다', '직원들의 표정이 매우 밝고 손님을 봐도 인사를 잘한다' 등을 유심히 살펴볼 필요가 있는데 회사 직원들의 관상과 표정은 억지로 만들 수 없듯이, 잘되는 회사는 공장과 사무실을 들어가는 순간 다른 분위기가 느껴지는 것이다.

또한 회사약도를 보고 판단하는 것도 유용한 방법이다. 각종 유인물에 회사약도가 세밀하게 만들어져 있는 회사는 모든 일처리가 꼼꼼하고 외부손님에게 그만큼 신경을 쓴다는 의미이다. 전화메모 전달여부를 확인해보는 것도 유용할 수 있다. 메모가 잘 전달되면 직원 간의 커뮤니케이션이 원활하고 외부응대가 발빠르다는 의미이다. 메모를 몇 번 남겨도 당사자에게 제대로 전달되지 않는 기업이 많은 것이 현실이기 때문이다.

### 2-3 화장실을 회장실처럼 깨끗하게 꾸며놓은 기업

외모나 복장에 관심을 가지면서 구두에 신경을 쓰지 않는 신사가 없는 것처럼 회사의 후미진 곳도 청결하게 유지하는 기업은 지속적으로 성장할 기업의 대표적인 유형이다. 즉 화장실이나 쓰레기장, 폐기물 처리장이 깨끗한 회사는 앞으로도 소위 '잘나갈' 가능성이 높은 기업인 것이다. 기업의 부도징후 중의 하나로 '화장실이 불결하다'라는 것이 여신업무에 정통한 지점장들의 공통적인 의견이었다.

그밖에도 공장이 깨끗하고 정리정돈이 잘돼 있는 기업도 흥할 가능성이 높으며, 공장 기계들 대부분이 가동되고 있는 회사인지도 유심히 살펴보아야 한다.

## 2-4 경영자가 겉치레에 치중하지 않고 근검절약하는 유형의 기업

매출이 증가해도 사장실이 화려하지 않고 고급승용차를 사양하는 대표자의 생활태도는 잘되는 회사의 징조이다. 즉 회사의 경영자는 외부와의 거래관계를 생각해 승용차만은 고급으로 타는 것이 나쁠 것은 없지만 이를 거부할 수 있는 경영자라면 겉치레를 싫어하고 실리적이며 고급승용차를 타지 않아도 당당할 만큼 자신감이 있다는 의미이다.

외부손님이 왔을 때 직접 응대하며, 배웅시에도 하급직원이 나오지 않고 경영자가 직접 회사 밖으로 나와 환송하는 경우 주목해두어야 한다. 높은 자리에 있어도 겸손하고 손수 챙기는 인품을 소유하고 있음을 보여주는 것이다.

경영자가 공장에서 직원과 함께 식사를 자주하거나, 가정에 충실하는 등 원칙이 있고 거드름을 피우지 않으며 겸손한 생활태도를 나타내는 기업도 유망하다. 여성경영자의 경우 결코 화려하지는 않지만 단정하게 화장을 하고 격식에 맞는 옷을 갖춰 입는 것이 중요하다. 자기관리에 철저하고 부지런하다는 증거라고 할 수 있다. 은행 직원이 기업의 경영과 관련하여 질문을 할 때 부하직원에게 일일이 묻지 않고 즉각 답변을 하며 경영자의 출근시간이 일정한 점도 성공할 기업으로 판단하면 된다.

## 2-5 직원에 대한 무한한 애정을 가진 기업

성공할 기업들은 대체로 직원구내식당과 사원복지시설에 관심이 많다. '회사식당이 잘 갖춰져 있거나 경영자가 직원들의 먹을거리에 관심이 많다'는 것은 그만큼 직원들을 한가족처럼 생각하고 일할 수 있는 분위기를 조성하고 있다는 것으로 해석된다. '규모에 비해 직원들을 외부 연수나 교육 프로그램에 많이 참석시키는 회사'는 장기적인 안목을 갖고 있고, 직원들이 교육을 통해 업그레이드되기 때문에 잘될 기업의 바람직한 징후로 해석된다.

직원의 급여를 한 번도 연체한 적이 없는 기업도 성장할 기업유형에 속한다. 신생기업이나 소규모기업의 경우 고비를 맞으면 직원의 급여날짜를 한두 번 정도 어기는 것이 상례지만 그만큼 약속을 철저하게 지킨다는 증거라고 볼 수 있다.

회사의 매출액이나 불량률·생산성 등을 한눈에 볼 수 있는 그래프 등이 사무실 벽면에 부착되어 있는 기업도 좋은 기업의 징조다. 직원들이 정보를 공유한다는 의미이다. 한눈에 회사현황을 알 수 있도록 사업계획서가 작성되어 있는 경우도 주목해야 한다. 또한 담당자 또는 대표이사가 회사의 단기적인 플랜에서부터 시작하여 장기적인 플랜을 자세하게 말할 수 있다는 점도 중요하다. 다시 말해 모든 것을 단순한 느낌보다는 객관적인 근거나 수치에 의거하여 판단하는 회사가 잘될 가능성이 높다는 의미다.

## 3 여신신청시 주의를 요하는 기업고객 유형

### 3-1 직원들의 표정은 회사상황을 나타내는 현황판

잘되는 기업은 하급직원에서부터 표시가 나듯, 하급직원의 표정에서 안되는 기업을 판단하는 것 또한 가능하다. '직원들의 얼굴이 불만에 차 있고 불친절하다, 경영자가 지나가도 직원들이 본체만체한다' 등은 안되는 기업의 초기 징조이다. 직원의 말투나 전화응대가 불량하고, 무뚝뚝하고 불만이 가득한 얼굴 표정, 차를 가져오라고 해도 마지못해 하는 듯한 모습, 여직원들이 모여 앉아 손님이 와도 관심이 없거나, 회사에 누군가가 방문해도 먼저 아는 척하지 않는 모습 등이 또 다른 안되는 기업의 징조이다. 즉 회사 경영자가 아무리 행복한 표정으로 웃고 다녀도 직원들의 얼굴까지 모두 통제할 수는 없는 것이다.

직원들끼리 사적인 자리에서 회사와 사장에 대한 불평을 많이 하는 경우 좋은 상황이 아니다. 또한 직원들이 자기 위치에 있지 않고 어수선한 경우도 바람직하지 못한 사례이며, 사원이 회사에서 일어나는 일을 잘 알지 못하는 경우도 좋은 상황은 아니다. 정보공유가 미비하다는 증거다.

### 3-2 경영자에게 업무와 무관한 감투가 많고 이를 과시하는 유형의 기업

경영자의 명함에 회사 이외의 보직이 많이 적혀 있고, 본업과 상관없는 감투를 많이 갖고 있는 기업은 회사운영보다는 사회적 명예에 관심이 많아 본업에 충실하지 못하는 기업으로 판단할 수 있다.

정치가나 유명인과의 친분이 많다는 것을 유독 강조하거나 자랑하는 회사의 경영자는 특히 주의를 요한다. 남의 명예를 빌려 자신의 회사를 높이는 것은 그만큼 회사가 어렵다는 증거이거나 정상적인 방법이 아닌 로비 등의 뒷거래를 좋아한다는 방증이다.

또한 같이 식사를 할 때 지나치게 비싼 음식점으로 안내하거나 부득부득 비싼 음식으로 주문하는 회사에 대해서는 여신심사시 유의해야 한다.

### 3-3 회사가 어려워도 사장실은 지나치게 화려한 유형의 기업

회사 구내식당은 초라한데, 사장실은 화려하고 고급승용차를 타고 다니며 직원이나 공장설비 투자에 굉장히 인색하다면, 경영에는 관심 없고 겉치레에 치중하거나 실적을 부풀릴 가능성이 높은 기업으로 판단해도 무방하다.

화장실과 사장실은 기업의 내실을 알아보는 바로미터 역할을 한다는 의미에서 꼭 방문이 필요한 장소이다. 사장실의 크기와 회사의 부실이 정비례한다는 속설도 있으므로 값비싼 가구나 골동품이 유난히 많은 사장실과 분수에 맞지 않게 외제 고급승용차를 타는 경영주는 주의하여야 한다.

사장에게 전화를 해도 부재중일 때가 많고 사원이 그 행방을 모르는 회사도 유념해야 한다. 또한 사장이 외부사람에게는 지나치게 굽신거리며 공손한데 직원들에게는 고압적이며 일방적인 경우도 유의해야 한다.

한편 은행 지점장과의 면담시 사장이 답변하는 것이 아니라 그 회사와 현재 관련이 없는 사람이 답변하거나 옆에 앉아 있는 경우에도 여신신청에 대해 유념해야 한다. 아울러 평소에 연락이 없던 대표자가 전화로 안부를 묻고 긴급한 부탁을 하는 경우도 유의해야 하며, 사장의 친척이나 연고가 있는 사람이 회사에 지나치게 많은 경우에도 신중한 접근이 필요하다.

### 3-4 회사의 분위기가 어수선하거나, 후미진 구석이 지저분한 기업

잘되는 기업은 보통 더러운 곳까지 깨끗한 반면 안되는 기업은 가장 후미진 구석부터 냄새가 나는 법이다. 화장실이 지저분하거나, 공장이 정리정돈이 안 돼 회사의 분위기가 어수선한 기업은 여신심사시 유의해야 한다.

가동률에 비해 설비투자가 많고 공장은 사업규모에 비해 지나치게 크고 여유공간이 많은데 세(貰)를 놓지 않은 경우에도 유념해야 한다. 놀고 있는 기계가 많다는 반증이다. 또한 종업원의 결근율이 지나치게 높은 회사도 부실회사의 징후이다. 경비실은 있는데 경비가 제자리에 없다거나 담당자가 수시로 바뀌는 회사도 주의를 요하는 경우이다.

사장이 노동조합에 대한 혐오감이 강한 경우에도 유의해야 한다. 또한 급여수준이 동업종 타사보다 극히 적거나 많은 경우도 주의해야 한다. 또한 사장이 금융기관 직원과의 만남이 빈번한 회사에 대해서도 유념해야 한다. 직원들이 원가의식이 낮고 현장에 낭비요소가 많은 경우도 유념해서 관찰해야 한다. 회사의 재무현황을 공인회계사나 세무사에게 전적으로 맡기고 있으며, 세무문제에 대해 관심이 전혀 없는 경우에도 유념해야 한다.

## 4 기업경쟁력을 파악하기 위한 체크리스트

### 4-1 시장매력도 진단 체크리스트

다음은 거래기업이 속해 있는 시장의 매력도를 평가할 수 있는 간이진단 체크리스트이다. 소속업종이나 기업의 특성에 따라 달라질 수 있기 때문에 참고자료로만 활용한다. 다음 항목 중 5개 이상이 해당되면 매력도 수준이 높으며 2개 이하면 낮다고 판단할 수 있다. 또한 3개 내지 4개가 해당되면 중간수준이다.

① 현재 시장규모가 유지된다면 자사의 시장점유율 추세를 고려하여 볼 때 향후 5년 이내에 시장규모로 인해 매출액에 제약을 받을 염려가 없다.

② 현재 속해 있는 산업이 성장단계상 성장기에 속해 있다.

③ 주요 제품에 대한 수요가 꾸준히 증가할 것으로 예상된다.

④ 주요 제품의 판매가격이 오를 전망이거나 판매가격이 인하되더라도 기술적인 진보 등으로 대응에 어려움이 없을 것으로 예상된다.

⑤ 시장진입을 위해서 대규모 투자를 필요로 하거나 높은 기술수준이 요구되어 경쟁회사 수가 증가할 가능성이 낮다.

⑥ 환경적·법적 규제가 강화되고 있어 이를 극복하기 위해 높은 금전적·비금전적 비용이 수반된다.

### 4-2 상대적 경쟁력 진단 체크리스트

다음은 경쟁사와 비교하여 거래기업의 상대적인 경쟁력을 평가할 수 있는 간이 진단 체크리스트이다. 소속업종 및 기업의 특성에 따라 달라질 수 있기 때문에 참고자료로만 활용한다. 다음 항목 중 8개 이상이 해당되면 경쟁력이 높으며 4개 이하라면 경쟁력이 낮다는 것을 의미한다. 만약 5개 내지 7개가 해당하면 경쟁력 수준이 중간정도라고 판단할 수 있다.

① 주요 경쟁회사에 비해 고객의 품질에 대한 만족도가 매우 높으며, 불량과 관련된 불만이 월등히 적다.

② 고객의 요구사항을 정확하게 파악하고 있으며, 이에 대응한 신속한 제품개발능력 측면에서 경쟁회사에 비해 뛰어나다는 평가를 고객들로부터 받고 있다.

③ 경쟁회사와 비교해 볼 때 시장을 주도할 수 있는 핵심기술을 보유하고 있다.

④ 경쟁회사 대비 공정불량률이 월등하게 낮다.

⑤ 동일한 혹은 유사한 수준의 주요 제품을 비교해 볼 때 경쟁회사에 비해 판매가

격이 낮게 책정되어 있다.

⑥ 안정적인 원자재 공급이 가능하고 생산설비의 효율성이 낮아 가격을 추가로 인하할 수 있는 충분한 여력을 확보하고 있다.

⑦ 주요 경쟁사에 비해 납기준수 측면의 고객만족도가 매우 높거나 이와 관련한 고객의 불만이 상대적으로 낮다.

⑧ 매장 수, 영업인력 수 등 판매조직의 규모가 주요 경쟁회사를 압도하고 있다.

⑨ 오랜 거래기간, 특별한 친분관계 등으로 주요 고객과의 관계가 경쟁회사보다 긴밀하다.

⑩ 고객들에게 거래기업이나 거래기업 제품 또는 브랜드에 대한 이미지가 경쟁사에 비해 호의적으로 형성되어 있다.

⑪ 경쟁회사 대비 효율적인 홍보방안이 존재하며 이를 실행하기 위해 부족하지 않은 예산집행이 가능하다.

## 5 대출섭외활동의 성과배가방안

기업체에 필요한 니즈를 정확히 파악하고 단기간에 집중하여 섭외성과를 낼 수 있는 방법을 구사하는 것은 기업금융 부문에서 지점의 성과제고에 필수적이다. 즉 섭외 유치기간을 대략 3개월로 예상하고 3개월 내에 반드시 가시적인 성과를 내는 방법이다. 3개월이라 하는 것은 2주에 1회 방문해서 6회째까지 단기간에 집중해서 성과를 낸다는 의미다.

### 5-1 1~2회째 방문

담당지역을 지도상에 구분해놓고 거래처별로 색깔을 달리하여 표시해가면서 섭외활동을 전개해나간다. 이를 위해 섭외에 착수하기 전에 먼저 지점의 영업력이 미치는 담당지역 점주도에 거래상황에 따른 표시를 한다. 예를 들면 대출거래가 있는 곳은 빨강, 대출은 없지만 예금 등의 거래가 있는 곳은 노랑, 거래가 없는 곳은 청색 등으로 표시한다. 다음으로 업종별로 나누어 전과 같이 대출거래가 있는 곳, 대출은 없지만 예금 등의 거래가 있는 곳, 아무런 거래가 없는 곳 등으로 분류하여 집계한다.

이와 같은 작업을 실제 해보면 다음과 같은 사항이 파악될 것이다.

① 아직도 미개척인 곳이 많다.
② 업종별로는 ○○업이 많다(그러나 자점의 점유율은 낮다).
③ ○○관련 업종의 기업이 증가하고 있다(관련업종의 니즈를 파악하고 있는가).
④ 지역을 대표하는 기업체가 있다(방문하기 힘들어 가지 못하고 있다).
⑤ 의외로 우량기업체가 많이 있다.

지점장의 입장에서 담당구역을 파악하는 것은 섭외를 하는 데 큰 재산이라는 점을 인식하는 것이 중요하다. 담당구역의 파악은 신규유치를 위한 첫 번째 열쇠를 손에 넣은 셈이라고 볼 수 있다. 자점의 시장 점유율이 낮으면 그 원인을 분석하여 좀 더 효과적인 접근방법을 찾아낼 수가 있다. 예를 들어 ○○업종 관련의 기업이 증가하고 있다는 분석이 나오면 ○○업종에 관련된 정보 및 니즈를 파악한다. 어느 기업과 거래가 성공하게 되면 그 다음의 다른 기업에도 접근이 용이하게 된다. 이처럼 자신의 담당구역을 자세히 파악하고 있다는 것은 지점장의 방문세일즈 활동을 수월하게 할 뿐만 아니라 지점성과에도 기여할 커다란 재산인 것이다.

아무리 노련한 지점장이라도 첫 번째 방문은 긴장되는 법이다. 준비된 섭외자료들에 의해 첫 번째 방문을 실천해본다. 첫 번째 방문은 어찌 되었든 간에 긴장하기 마련인데 "밑져봤자 본전이다"란 생각으로 마음의 긴장을 푼다. 또 한편으로 "이야기를 나누지 못하고 문전박대당하는 것은 아닐까", "실권자를 만날 수 없는 것은 아닐까"라는 불안한 생각도 들 것이다.

실권자가 자리에 없는 경우에는 면담한 담당자가 실권자에게 보고하도록 유도한다. 예를 들면 담당자에게 "지금 이런 대출제도가 있어 소개하고 싶어서 자료를 갖고 왔습니다"라고 말하고 제도의 개요가 담긴 팜플렛을 건네주며 "설명을 드리고 싶으니까, 부장님께(사장님께) 전해주십시오"라고 말을 한다. 이런 경우 담당자로서는 적어도 부장에게 보고드릴 자료로 생각을 할 것이다. 만약 "××은행입니다. 잘 부탁드립니다"라고 말하고 명함만 건네주는 첫 회 방문이 된다면 담당자는 부장에게 보고할 필요성은 느끼지 않을 것이다.

실권자와 면담이 가능한 경우에는 상대방의 이야기를 집중하여 듣는다. 예를 들면 창업의 경위, 회사명의 유래, 경영이념, 사장의 출신지, 제품이나 사업내용 등이다. 이처럼 대화의 주체를 상대방에게 둠으로써 기분 좋게 이야기할 수 있고, 결과적으로 상대방도 자신의 이야기를 열심히 들어주는 사람에게 호감을 갖게 되어 좋은 인상을 심어주게 된다.

1~2회째 방문에서는 아래와 같은 메시지를 전한다.

① ○○은행은 이런 은행이고, 담당자인 저는 이런 사람입니다.
② 귀사에 대단히 흥미를 가지고 있어서 거래를 하고 싶습니다.
③ 뭔가 도움이 될 만한 일이 틀림없이 있을 거라고 생각합니다.
④ 그래서 무엇보다도 귀사에 대해서 알고 싶습니다.

전체적인 상황파악에 주력해야 한다. 1~2회째는 상대의 이야기를 끌어내어 업체의 반응과 니즈뿐만 아니라 기업의 전체적인 상황을 파악하는 것이 중요하다.

## 5-2 3~4회째 방문

신규잠재고객에 대한 방문활동 후에는 업체에 대한 충분한 이해를 위한 추가방문이 필요하다. 1~2회째의 방문으로 아직 충분히 파악이 안 되면 공장을 방문하여 제품이나 사업내용에 대해 영업 담당자의 설명을 듣는 방식으로 기업을 좀 더 알기 위한 노력을 기울인다. 예를 들어 산업용 기계를 만들고 있다면 구체적으로 그것이 어느 부분에 쓰이는지, 우리들의 일상생활과 어떤 관계가 있는지 등을 배운다. 특히 제조업 종사자들 중에는 자사 제품에 상대가 진실로 관심을 갖고 있다는 것을 알게 되면 마음을 열어주는 경우가 많다.

이제부터는 본격적으로 기업의 구체적 니즈를 파악하는 데 주력한다. 기업의 실태파악이 순조롭게 되면 유치를 위한 제안을 한다. 재무제표를 수집하고 이를 토대로 자금 수요를 추측하는 것이 이상적이지만 현실적으로 1~2회째의 방문으로 이를 징구하기가 어려울 것이다. 따라서 신용조사기관 등을 이용한 재무자료를 참조하거나 그동안의 상담내용을 기초로 하여 기업의 니즈를 추측하여 먼저 제안을 한다. 예를 들면 '××지구에 공장을 건립하고 싶다는 얘기가 있었는데 지금 어디까지 진행되고 있습니까? 만약 부지가 결정되면 당점에서 토지구입 자금을 대출해 드릴까요?', '기계를 일부 바꾼다는 이야기를 지난번 방문했을 때 들었습니다만, 저희 은행자금을 사용하시겠습니까?'라는 식으로 접근한다.

이때가 또한 거래상대기업에게 구체적인 거래에 대한 제안이 필요한 시점이다. 만약 상대가 흥미를 가지면 그 시점에서 '결산서'의 징구를 의뢰한다. 결산서를 징구할 수 있다면 사전에 파악하고 있던 재무내용과 그것을 먼저 평가한다. 만약, 최근의 결산상황이 급속히 악화되고 있거나 불량 재고자산을 과다하게 가지고 있는 등 거래조건이 악화된 경우이면 거래유치 여부에 대한 판단을 엄격히 할 필요가 있다. 재무제표를 징구한 뒤에는 구체적인 금리 등 조건의 제시가 필요해진다.

기업실태를 파악하고 재무분석을 하고 난 뒤의 금리 제시는 기업등급을 매기는 과정이 되는 것이다. 한편 현재 거래금융기관의 조건보다 메리트가 없으면 거래의 성사가 어려워진다. 결국 상대에게 메리트가 있는 제안을 할 수 있는지 여부가 3~4회째 방문의 포인트인 동시에 신규개척의 열쇠이기도 하다.

## 5-3 5~6회째 방문

3~4회째의 방문을 마친 다음에는 잠재고객과 충분하지는 않지만 많은 접촉을 가졌을 것이며 이는 거래유치를 위한 짧지 않은 기간이다. 5~6회째 방문으로 신규개척을 이끌어내는 것이 결코 쉽지만은 않지만 이 정도의 횟수로 가능하리라 생각된다. 사실 시간적 여유가 없을 것으로 느낄지 모르지만 신규개척을 위한 성과는 방문횟수와 비례한다고 볼 수만은 없으며, 아래와 같은 사례로 거래가 성사되는 경우도 많을 것이다.

① 공장 이전계획이 있거나 기존 거래은행과 트러블이 있는 경우의 적절한 섭외 타

이밍

② 경리 담당자의 호의로 손쉬운 상담

③ 기존 주거래은행에서는 거래에 대한 상담을 듣지 못했는데 당점과의 적절한 거래상담

이제 거래여부에 대한 YES, NO의 결정을 내릴 시점이다. 4회째 방문시의 거래 제안에 대해 '다음 방문 때는 어느 정도 결과가 있기를 바라겠습니다'라고 기한을 정하고 나서 5회째 방문시 최종결론을 이끌어내는 것이 이상적이다. 이때 상대의 YES, NO의 대답을 듣고 세부적인 사항을 매듭짓는다.

5~6회째의 방문에도 예상거래처의 거래에 대한 진척이 순조롭지 않은 경우가 있다. 그럴 때에는 다음과 같이 응대하면 진척에 속도를 더할 수 있다. 예를 들어 '망설이고 있다'라는 말을 들으면 '어떤 점입니까', '그러면 이렇게 하면 어떻겠습니까', '그러니까 더 이상 망설이지 말고 결심을 내리실 때입니다'라는 식의 접근이 필요하다. 유능한 섭외담당자는 이처럼 '망설이고 있는 고객의 등을 확실히 밀어주는' 식의 마무리를 잘 한다. 5~6회째 방문에서는 다음과 같은 고객응대가 필요하다.

① 상대에게 회답 기한을 정하고 그때 가서 확실한 회답을 받아낸다.

② YES, NO의 응답을 듣고 세부적인 사항을 매듭지어간다.

③ '잠시 망설이고 있을' 때는 결론을 내리도록 적극 돕는다.

④ 비록 성사가 되지 않더라도 다음을 위한 부탁을 잊지 않는다.

## 6 방문거절고객 설득요령

은행 간의 경쟁이 치열해지면서 우량기업의 경우 금융기관 직원들의 잦은 방문을 오히려 기피하는 현상이 나타나고 있다. 은행 직원이 방문했을 때 여러 가지 이유를 제시하여 은행거래를 거절하는 사례도 많다. 때문에 기업을 대상으로 업무추진을 하는 지점장 입장에서는 거절고객 설득요령을 반드시 숙지해두어야 한다. 예

를 들어 반드시 무엇인가를 매듭짓겠다는 생각과 배짱을 가지고 찾아간 업체로부터 거절당했을 경우 '이게 뭐야, 차라리 가지 말걸'이라고 생각하기 전에 생각을 조금 바꾸어보는 자세가 필요하다. 거절의 말속에는 항상 힌트가 있다는 마음가짐을 갖고 기업체가 자주 사용하는 거절의 말과 이를 역전시키는 대화를 통하여 영업현장에서 쉽게 부딪치게 되는 다양한 거절사례에 대응한다.

### 6-1 자금 바쁘니 나중에 오세요.

시간 때문에 거절하는 것은 여러 가지 의미가 있다. 업종에 따라서는 바쁘거나 한가한 시간대가 있는 법이다. 섭외활동을 하는 입장에서 이것을 확인하는 것은 당연하다. 음식점을 대상으로 점심시간에 맞추어 세일즈하러 가는 은행원은 없을 것이다. 그러나 '오전 중이라면 괜찮겠지'라고 생각하고 가더라도 그 시간대는 재료준비 등으로 바쁘다고 하는 경영자도 많이 있다. 또 어느 특정한 시간대가 있는 것이 아니라 사업이 잘 돼서 항상 고객이 끊이지 않는 경우도 있다. 이런 경우라면 도대체 언제 찾아가면 좋을지 알 수 없게 된다. 결국 '바쁘니까 나중에 오세요'라는 말에는 '와줬으면 좋겠지만 낮 동안은 안 된다', '사실은 오지 않았으면 더욱 좋겠다'라는 등 여러 가지 뉘앙스가 담겨져 있다고 할 수 있다.

따라서 직접적인 공략이 어려우면 측면을 공략하는 것이 필요하다. 시간 때문에 거절했다면 '그럼 언제 방문하면 될까요?'라고 되물어 확약을 받는 것이다. 그러면 '내일 3시경'이라는 말을 들을 수도, '요즈음은 언제 오셔도 상담할 시간이 없다'는 말을 들을 수도 있다. 어쨌든 기업체의 사정을 듣고 나서 판단하면 된다. 만약 언제 오셔도 곤란하다는 경우라면 언뜻 보기에 전혀 발붙일 곳이 없는 것같이 생각될 수도 있을 것이다. 이런 경우는 경영자 본인에게 접근할 것이 아니라 접촉이 가능한 다른 사람을 찾는 편이 낫다.

예를 들면, 영세 중소기업이나 가족경영을 하는 곳에서는 부인이 실권을 쥐고 있는 경우도 있기 때문에 부인부터 공략해가는 방법도 있다. 또한 정말로 장사가 잘 되고 바쁜 곳이라면 운전자금 등의 자금니즈가 발생할 수 있기 때문에 이런 점도 충분히 고려하여 접근하는 방법을 선택해야 한다.

## 6-2 매출이 떨어지고 있어 무리예요.

이때에는 무조건 나쁜 업체라고 생각하지 말아야 한다. 요즈음과 같은 경기침체기에 매출이 오르고 있는 업종은 손가락으로 꼽을 정도일 것이다. 따라서 어딜 가더라도 이런 말이 나올 것임에 틀림없다. 만약 이런 곳에 예금권유를 했다 해도 잘 되지 않을 것은 당연하다. 생각해볼 점은 '매출이 떨어지고 있다는 것이 곧 적자기업이라는 의미인가?'라는 점이다. 자금조달이 문제라면, 예금보다는 자금조달방법을 함께 상담해주어야 하고, 매출은 떨어지지만 아직 여력이 있는 것 같다면 '앞으로는 경기가 어떻게 될지 알 수 없습니다. 조금이라도 여유가 있을 때에 꾸준히 모으지 않으시겠습니까?'라는 대화로 유도하는 것이 좋다.

향후의 발전성을 깊이 음미하는 자세도 요구된다. 매출이 계속적으로 떨어질 것 같은 곳인지, 돌발적인 상황으로 인하여 이번 분기만 떨어지고 있는 것인지를 파악할 필요가 있다. 특히 전자와 같은 경우는 자금조달이 상당히 어렵기 때문에 전혀 돈의 여유가 없는 곳으로 판단해야 한다. 이 경우 예금권유는 무리이고 아마도 대출니즈쪽으로 대화가 발전될 가능성이 높다. 그래서 반드시 해야 하는 것이 업체의 향후 발전성에 대한 판단인 것이다. 업종특성상 향후 발전전망이 있다면 대출을 포함한 거래를 해야 하고, 없다면 기껏해야 예금거래 정도라고 판단할 수 있다. 단지 매출이 떨어지고 있다는 말을 듣고 단념할 것이 아니라 그 내용을 충분히 확인하고 나서 다음의 대책을 생각하도록 한다.

## 6-3 거스름돈을 바꿔주는 일 같은 것도 해주신다면…

거래를 할 때에 마음속으로 항상 손익계산서를 작성해두어야 한다. 점주에 있는 상점 등 개인사업자를 방문하는 경우, '○○를 해주신다면…'이라고 말하는 경우가 적지 않다. 특히 상점은 거스름돈을 바꾸는 것이 번거로워 은행이 그런 일을 해준다면 이것만큼 편안한 것은 없을 것이라고 생각한다. 이런 경우 은행은 과연 이곳과 거래를 했을 때의 효과가 어느 정도인가를 판단해야 한다. 지금까지 사업을 잘해온 것 같고, 향후 더 나아질 요소가 있으며, 대출과 연결될 수 있을 것 같다면, 아무리 번거로워도 동전교환 등을 포함한 복합거래를 추진해도 좋을 것이다. 그러나 실제로 은행에 이익이 별로 없다고 판단되면 굳이 거래를 할 이유는 없다.

기여도에 따라 다른 방법을 소개하는 전략도 필요하다. 거절하는 방법으로 동전교환 여부를 이용하는 경우 사업자에게 거래의 의사가 없다고 판단할 수 있지만, 꼭 거래를 하고 싶은 곳이라면 예금·대출과 같은 부분적인 것만을 활용하기보다는 경영합리화·경영개선방법 등의 소프트웨어를 가지고 공략해보는 것이 유효하다. 예를 들면, '동전교환 등은 해드리고 싶지만 인력의 부족으로 곤란합니다. 그 대신 매출증가와 관련하여 도움을 드리고 싶습니다'라고 대화하는 것이다. 현재 거스름돈을 바꾸는 것은 지점의 창구에서도 기피하고 있는 일임을 기억한다면, 동전교환 등의 서비스는 상대고객이 은행에 가져올 수 있는 이익을 감안해서 그에 적합한 방법으로 대응해나가는 것이 바람직하다.

### 6-4 나는 사업을 물려주기보다는 내 대에서 그만두려고 합니다.

지점장의 입장에서는 우선 폐업시기를 확인하는 것이 필요하다. 혼자서 사업을 이끌어온 경영자는 자기만의 사업방식들을 가지고 있어 자칫하면 완고해지기 쉽고, 실제로 그런 사람이 많다. 따라서 '이제 그만두고 싶다'라는 말이 본인에게서 나온 경우는 이미 본인의 의사가 꽤 굳어져 있다고 생각할 수 있다. 새로운 거래는 기대하지 말라는 것인지도 모른다. 단지 여기서 확인할 것은 그 시기가 언제인가의 여부이다. 경영자의 연령에 따라 다르지만 앞으로 1~2년 후인가 아니면 10년, 20년 후의 이야기인가로 거래방침이 달라지기 때문이다. 아직은 나중의 일이라면 개척의 여지는 있다고 말할 수 있고, 앞으로 수년 내에 폐업한다면 거래자체가 어려울 것이다.

거래대상의 전환이 일어날 여지도 있다. 주의할 것은 그 사업에서의 자산이나 사업체가 누구의 것인가라는 점이다. 예를 들어, 사업체를 자신이 소유하고 있고 자택과는 거리가 먼 곳에 위치하고 있다면, 그 사업체를 처분할 것인가 또는 임대할 것인가라는 문제가 생길 수 있다. 이러한 것을 자문하거나 필요한 정보를 제공하면 사업주로서의 대화에서 개인고객으로서의 거래관계로 전환이 일어날 수 있다. 따라서 조만간 폐업이 정해져 있는 경우라면 그 뒤의 개인거래로 연결시킬 방법을 찾는 것이 핵심 포인트가 된다.

## 6-5 당신은 오로지 세일즈만 생각하네요.

은행을 대표하는 지점장의 입장보다는 고객의 입장에서 보는 것이 중요하다. 오로지 무엇인가를 권유해야만 한다는 데에 정신을 빼앗긴 나머지, 고객의 진정한 니즈를 보지 못하는 경우가 있다. 고객에 따라서는 뭔가 상품을 권유하는 것보다도 자문과 정보를 제공해줌으로써 실적이 향상되기도 한다. 이런 것을 볼 수 없는 지점장은 실적만을 추구하게 되고, 결국 거래처로부터 반감을 사버리는 경우도 생기게 된다. 그것을 고객의 입장에서 보면 세일즈 일변도로만 보이기 때문이다. 이런 일이 없도록 평소부터 거래처를 잘 관찰하여 무엇을 어떻게 하면 고객에게 도움이 되고, 실질적인 지원이 될 수 있는지에 대해 관심을 가져야 한다.

지점장에게는 정확하게 자문할 수 있는 전문성이 필요하지만 실제로 상담을 해주기란 쉽지 않다. 예를 들면, 재무제표 등을 보고 현상을 파악하는 것은 대부분의 은행 직원이라면 할 수 있다. 그러나 그것을 분석하고 무엇을 어떻게 하면 좋은가라는 점에 대해서는 쉽게 말하지 못하는 은행 직원이 훨씬 많다. 그리고 상담과 자문을 한다는 것은 지식뿐만 아니라 경험에 좌우되는 경우도 많이 있다. 따라서 젊고 의욕이 앞서는 초임 지점장에게는 결코 쉽지 않은 일이다. 그러나 내가 직접 하는 사업이라 생각하고 지금보다 더 좋아지게 하려면 어떻게 해야 하는가를 면밀히 검토한다면 획기적인 아이디어가 나올 수도 있다. 이처럼 지점장은 상품을 파는 것만이 아니라 지혜를 빌려줄 수 있는 전문성까지 갖추어야 한다.

## 6-6 말만 쉽게 하지 실제로 돈은 빌려주지 않더군요.

이때에는 지점장 자신이 결코 은행의 이익만을 생각하지 않는다는 것을 알게 하는 것이 중요하다. 다른 어떤 것보다도 거래처에서 필요로 하는 것은 자금이다. 그러기에 다양한 상품을 권유하고서도 최종적인 계약을 맺게 하는 것이 어려운 법이다. 최근의 상황을 보면 고객과 은행의 입맛에 딱 들어맞는 대출도 많지 않고, 심지어는 주위에 대출할 수 있는 곳이 아예 없다고까지 말할 수 있다. 최근 들어 이런 거절의 말을 듣는 경우가 많아진 것은 당연하다. 그런데 이 말속에는 "예금 등의 권유에는 매우 열심이지만, 전부 은행의 사정만을 생각할 뿐이다"라는 의미가 있음을 유념해야 한다. 그래서 먼저 은행의 이익만을 생각하지 않는다는 것을 고객에게 설명하는 것이 중요하다. 예를 들면, '지금은 괴로우시겠지만, 이런 상황에서도 조금씩 모아서 장래에 대비할 시기를 권합니다'라는 식의 대화로 고객의 저축니즈를 환기시켜야 한다.

고객을 묶어둘 수 있도록 접점을 강화한다. 확실히 영세 중소기업체의 자금조달은 어려운 형편이어서 설령 대출을 해준다 해도 잘못될 가능성이 적지 않다. 그러므로 그런 일이 없도록 상대방 거래처를 충분히 확인해야 한다. 한편 불가피하게 대출을 거절하는 경우로서, '돈을 빌려주지 않아서 거래를 안 한다'라는 말을 들었다고 해도 다양한 거래를 시도해서 고객과의 접점을 보다 단단하게 만들어갈 수 있도록 해야 한다. 즉, 예금거래가 어려울 것 같다면 전자결제 등을 포함한 다른 대체수단을 동원하여서라도 고객을 묶어두어야만 한다. 비록 돈은 빌려줄 수 없다고 해도 찾아보면 도움이 될 만한 것이 있기 마련이다. 이 모든 일은 '빌려주는 것도 친절, 빌려주지 않는 것도 친절'의 정신으로 임해야 하는 것이다.

## 6-7 어려울 때 ○○은행에서 도움을 받아서 계속 거래를 할 거예요.

타행 전속거래처에 대해서는 다른 은행에게도 눈을 돌리게 하는 전략이 필요하다. 이미 거래하고 있는 은행에 계속거래를 하겠다고 말하는 사업자는 의리가 있고 인정이 많은 성격의 소유자임을 알 수 있다. 개인사업자 중에서 전문분야가 영업이 아닌 기술 분야 출신에서 많이 찾아볼 수 있는 유형이다. 장인(匠人) 기질을 지닌 경영자는 거래은행을 바꾸는 것에 커다란 저항감을 갖고 있기 쉬운데 보통의 방법으로는 섭외하기 어려운 상대이다. 이럴 때에는 상대 은행의 좋은 부분을 인정하고 난 뒤, 자행의 존재를 호소해가는 것이 더 좋은 방법이다. '○○은행의 지점장은 정말로 성실하게 거래처를 방문합니다. 저도 가끔 만납니다. 그런데 우리 은행도…'라는 대화로 '눈을 돌리게 하는' 것이 중요하다.

금리보다는 존재와 관련된 대화를 하는 것이 필요하다. 자행에 관심을 갖게 한 후 호소할 것이 있다면 거래상의 이점을 인식시키는 것이다. 단, 이렇게 의리가 있는 사람에게는 금리만을 강조하는 것이 오히려 역효과를 가져올 수 있다. 다소 금리의 차이가 있다고 해서 신세 진 은행에 느끼고 있는 은혜를 뒤엎을 수 있는 사람은 아니기 때문이다. 이런 경우에는 권유해서 거절당한 상품은 뒤로하고, 주변에서부터 공격해나가는 것이 쉽다.

예를 들면, 가족에 관한 것을 화제로 들 수 있는데, 그러다 자녀가 결혼한다는 이야기가 나오면 새로운 자금니즈를 발견할 수도 있다. 이처럼 우선 존재와 관련된 대화를 하고, 다음으로 거래를 시작하는 것이 효과적이다. 점유율 향상이나 주거래화는 그 뒤에 생각해도 늦지 않다.

## 6-8 당신의 전임자와 트러블이 있었어요.

이때에는 지점장 입장에서 먼저 사과하는 것을 잊지 말아야 한다. 인사이동 후에 이러한 이야기를 듣는 경우가 의외로 많다. 문제는 크게 두 가지로 나눌 수 있다. 실제로 전임자에게 서투름이나 잘못이 있어서 고객이 그것에 화가 난 경우와 실제로는 특별한 잘못은 없었지만 어떤 오해가 고객에게 있어서 그것이 응어리져 남아 있는 경우이다. 주의할 것은 어느 쪽의 경우라도 고객의 기분이 상했음에는 변함이 없다는 사실이다. 따라서 고객으로부터 그 사실을 지적받을 때까지 몰랐다고 발뺌하는 경우는 절대로 피해야 한다. 은행의 대표로서 깔끔하게 사과를 하는 것이 무엇보다 중요하다.

불만의 문제를 희석시키는 대화법을 사용하는 것도 유용하다. 어떤 문제가 있었는가를 들어둘 필요가 있는 경우라도 간단히 개요를 듣는 정도로 그쳐야 한다. 처음부터 꼬치꼬치 물어보면, 고객의 분노가 재연될지도 모르기 때문이다. 우선 확실하게 사과한 후에, 다시 현 시점에서의 거래를 권해야 하는 것이다. "대단히 죄송합니다. 앞으로는 제가 책임질 것이므로 어떤 불만이라도 언제라도 말씀해 주십시오. 그런데 지금 자금 측면 등에서는 불만은 없으십니까?"라는 방식이 한 가지 예이다. 이런 대화로 거래은행만을 대상으로 한 불만에서 넓게는 금융거래나 자금조달에 대한 불만으로 유도하는 것이다. "요즈음 ○○은행에서 금리인상의 이야기를 꺼냈어요"라든가 "사실은 자금조달이 힘들어서…"라는 응답을 끌어낼 수만 있다면, 구체적인 거래를 화제로 이끌어갈 수 있게 된다.

## 6-9 그쪽 지점은 통폐합으로 멀어졌어요.

은행 간 경쟁이 가열되면서 'Face to face'의 활동이 더욱 필요하게 되었다. 최근에는 개인금융영업점, 기업금융영업점, PB센터 등 새로운 영업채널의 구축으로 기존 영업점의 통폐합이 자주 발생하고 있다. 고객이 금융기관을 고르는 첫 번째 기준이 '가까워서 편리하기 때문'인 점을 생각하면 고객의 니즈와는 상반되는 영업방식일 수도 있다. 이런 점을 고객의 입장에서 본다면, 거리가 멀어졌다는 이유는 단순한 거절이 아니라 상당히 절실한 문제인 것이다. 그러나 지점이 멀기 때문에 가능한 섭외포인트도 있다. 그것은 방문을 통한 'face to face'의 활동이다. '손님이 오시기 어려운 만큼 제가 이쪽으로 와서 어떤 상담이라도 해 드리겠습니다'라는 말로 통폐합에 의해 생긴 고객과의 거리를 줄일 수 있는 것이다.

계속된 만남은 신뢰관계를 쌓을 수 있는 기회라는 점을 명심해야 한다. 정기적금을 권유하고 이를 수납한다고 하자. 지점이 멀다고 해서 '자동이체가 편리하지요'라고 해서는 고객과의 거리가 줄어들기는커녕 한층 더 멀어지게 된다. 물론 정기적금을 수금하기 위하여 방문해가는 가운데, 통장정리나 각종 거래의 처리를 의뢰받는 경우도 있을 것이다. 그러한 신뢰를 쌓고 난 뒤, 각종 자동이체의 간편성을 호소해가야 한다. 자금니즈에 대해서도 동일한 방법이 적용된다. 지점은 멀고 담당자도 얼굴을 내밀지 않는다면 니즈에 대한 민감도가 내려가는 것은 말할 필요도 없다. 계속해서 방문을 거듭해가는 것이 중요하다.

제3절
# 점주특성별 마케팅 우수 사례

## 1 공단지역 지점의 마케팅전략

### 1-1 공단지역 지점의 특성

점주특성상 법인거래가 많으나 리테일 기반확대의 잠재성도 높아 영업전략을 수립할 때 복합적으로 고려해야 한다. 공단지역의 점주환경은 공장이 밀집되어 있는 지역의 한가운데에 은행 지점이 위치한 경우는 별로 없고, 공단 형성지역 입구에 일정한 거리를 두고 소재한 경우가 대다수다. 공단입주에 따라 점주 주변에 상가 및 아파트단지 등 인구 및 생활기반시설이 증가하는 현상도 공단지역의 특성이다.

공단지역의 경우 근로자를 중심으로 젊은 층 고객이 많으나 소득수준이 상대적으로 낮아 개인의 저축성향은 낮은 것이 일반적이다. 공업지역 소재 지점의 경우 고객의 다수가 기업경영자 및 동 업체 종업원이므로 급여이체일 등 피크데이에 대비하여 현금카드 발급을 통한 자동화기기 활용의 활성화가 요구된다. 오너경영자의 경우 기업경영에 관하여 진솔한 상담을 원하는 경우가 많으므로 책임자급을 중심으로 대화의 기회를 자주 갖는 것이 긴요하다. 중소기업 경영자의 경우 사업영역 확대 및 사업장 확보에 관심이 많아 상대적으로 자금지원에 대한 기대가 크므로 기업경영자가 필요로 하는 유용한 상품에 역점을 둔 섭외활동이 필요하다.

장기적인 유대 강화책으로 기업과의 협력활동을 강화하고 상담을 통해 거래를 심화시키며 기업활동에 수반되는 유동성 자금을 유치토록 하는 전략구사도 필요하다. 정부의 경제정책 등의 변화가 시중 자금흐름에 미칠 영향을 분석하여 해당 기업의 자금관리에 대해 조언하고 이를 바탕으로 여수신 상품정보를 제공하면 업적 신장과 직결될 수 있다. 이때에는 자가공장과 임대공장 경영자가 가지는 금융니즈의 차이점을 고려하여 상품을 권유하는 것이 좋다.

### 1-2 공단지역 지점의 마케팅 포인트

법인의 거래비중이 매우 높으며 자금수요가 많아 여신의 효율적 운용에 따라 여수신의 동시 신장을 가져올 수 있다. 또한 경쟁은행이 밀집되어 있고 복수거래자가 많다. 경기흐름에 따라 거래처의 거래규모 변동이 심할 수 있다. 점주에 자영업자, 상가, 주택가가 증가하여 리테일 자원의 잠재성이 증가하는 점에 유의해야 한다. 규모가 큰 제조업체로부터 하청업체의 작은 공장까지 대상거래처가 넓은 지역에 분포하고 있다.

공단형지점 주변의 회사 혹은 경영자 중 주의대상을 명확히 파악해두는 것이 중요하다. 개인고객 영업과 달리 기업고객의 경우 한번 거래를 잘못할 경우 상대적으로 큰 부실로 연결되어 지점 성과에 악영향을 미칠 것이기 때문이다. 예를 들어 지점장 이동시 가장 먼저 축하화환을 보내오는 고객, 거래제안에 쉽게 끌려오는 고객, 기존 거래은행을 욕하는 고객, 신용보증기관 지점장과의 친분을 지나치게 과시하는 사람, 늘 피곤해 보이거나 비만 등 개인관리가 방만한 경영자 등은 항시 주의해야 한다.

공단지역에서 마케팅을 효율적으로 추진하기 위해서는 공단 및 공장지역 입주업체의 업체특성, 인적관계, 자금흐름 등을 파악하는 것이 필수적이다. 또한 전반적인 회사정보를 파악하기 위한 시스템을 구축해야 한다. 경쟁은행의 영업전략 및 주요 섭외추진방향을 파악하여 선제적인 대응전략 수립 및 추진으로 업체의 주거래화를 유도하고 이탈을 최소화해야 한다. 이와 더불어 업체 및 임직원의 포괄적인 거래추진을 위하여 동질감, 유대감 확보를 위한 종업원 개인대출, 이벤트 등을 추진하는 것도 중요하다.

## 1-3 공단지역 지점 점주 마케팅전략

공단지역 업체의 특성과 사업추진 현황에 따라 니즈가 구분된다. 업체특성에 따라 당좌대출, 일반대출, 할인어음, 외환 등의 니즈가 필요하며 사업추진 현황에 따라 시설대출, 리스, 운영자금, 산업합리화자금 등의 니즈가 존재한다는 점을 지점장은 인식하고 있어야 한다. 한편 공단지역 지점의 마케팅활동에 있어서는 기업체 임직원을 대상으로 한 섭외활동이 필요하다. 이들은 가계자금, 주택구입자금 등 종업원 복지를 위한 임직원 대출을 통해 자행고객으로 만드는 전략구사가 필요하다.

업체의 특성과 욕구를 파악하여 효율적인 여신제공으로 주거래화하여 리테일 기반마련 및 확대 전략이 필요하다. 예를 들어 임직원 급여이체를 통해 거래심화를 유도하며 거래기업 임직원 가족예금 유치로 세대별 주거래화를 도모하는 전략도 적극적으로 실행해야 한다. 또한 중견 및 중소기업 종업원을 대상으로 단체대출을 추진하는 것도 복수상품 판매증대를 위해 시도해야 한다. 특히 최근 들어 인터넷뱅킹과 텔레뱅킹을 통한 은행거래가 크게 활성화되고 있기 때문에 텔레뱅킹이나 인터넷뱅킹 등에 가입을 권유하여 주거래고객화를 추진하는 것도 필요하다.

공단지역 지점은 MGM 마케팅이 효과를 발휘할 수 있다. 기존고객을 통한 소개고객 유치활동은 기존거래처와 신규업체를 구분하여 진행한다. 기존거래처에 대해서는 관계회사 및 납품거래업체를 통해 소개받는 것이 유용하며, 신규업체는 본점거래업체의 소개를 받거나 직원들의 업체정보를 파악하고, 이 중 점주업체에 대한 업체명, 인척관계 등을 파악하여 소개받는다.

공단지역 지점의 경우 방문섭외를 실시하는 것이 거래고객과의 접점구축에 중요하다. 의사결정권자 및 경리실무 담당자와의 잦은 방문접촉으로 유대감을 강화하여 자금 및 사업추진계획을 파악하고 금융니즈를 충족시킴으로써 주거래화하며 회사와 임직원의 포괄적인 거래를 추진한다. 이와 더불어 적절한 이벤트 사업을 추진해야 한다. 예를 들어 거래기업과의 관계강화를 위한 체육대회, 경조사 등에 참석하는 것도 고객과의 접점구축에 효과적이다.

## 2 주거지역 지점의 마케팅전략

### 2-1 주거지역 지점의 특성

주택가 지점의 점주환경은 크게 아파트단지 내의 독점적인 시장과 아파트 외부 및 주택 밀집지역의 경쟁적 시장으로 구분할 수 있다. 유사한 수준의 고객들이 집단적으로 거주하기 때문에 점주고객의 특성과 거래성향 및 고객 욕구가 다른 리테일 시장보다 비교적 확실하다. 따라서 점주고객의 세분화를 통하여 고객니즈의 파악이 가능하고 고객과의 밀착화를 통한 세대별 종합관리시스템 구축의 효과가 확실하게 나타날 수 있는 시장으로서 지점의 확실한 영업전략 수립이 매우 중요하다.

주택가와 아파트와 같은 주거지역은 소매금융업무에 있어 핵심지역이다. 고객들은 편의성을 추구하는 고객으로부터 수익성을 중시하는 고객에 이르기까지 그 욕구가 다양하다는 특성이 있다. 따라서 고객대응의 차별화가 요구되는데 거래고객에 대한 특성을 조기에 파악하여 신속하고 적절한 대안을 제시할 수 있어야 한다. 고객에게 접근하기 위해서는 고객별로 다양한 니즈에 맞춰 대응해나가야 하므로 섭외요원들에게는 풍부한 화젯거리를 제공하고 대화 유도법을 습득시켜야 한다. 고객정보의 수집을 위해서 책임자들은 고객과 대화하면서 업무 이외의 내용을 가지고 고객정보를 확보할 수 있는 능력을 배양해야 한다.

아파트와 주택지역은 소액 입출금거래가 빈번히 발생하므로 현금카드 발급을 확대시켜 자동화기기 이용의 활성화를 유도한다. 주력섭외상품으로 신용카드, 공과금 자동이체, 적립식 수익증권, 연금형 보험상품 등이 적합하다. 구체적으로 고객에게 은행 지점 방문이 유익하고 즐거운 시간이 되게 하기 위한 프로모션(promotion) 전략이 필요하다. 예를 들어 1차적으로 목표고객에게는 무조건 차를 접대해야 하는데, 고객과의 대화는 고정고객화의 첫걸음이기 때문이다. 다음으로 유머 등 재미있는 화제를 동원하여 고객에게 접근하여 친근감을 심어주어야 한다. 마지막으로 은행이나 은행업무와 관련된 질문사항을 자연스럽게 꺼내놓게 한 뒤 여수신 등 업무와 관련된 대화를 시작하는 것이 좋다.

## 2-2 아파트 및 주택가 지점의 마케팅 포인트

수신의 대부분이 가계성 예금으로 대표적인 리테일 지역이다. 지리적 위치에 따른 점주의 개념이 확실하고, 소문이 빨라 창구서비스의 역할이 상대적으로 매우 중요하다. 점주고객의 생활수준 및 지점의 위치에 따라 예금종류와 자금성격이 큰 차이를 나타내고 있다. 점주여건에 맞는 이벤트 활동을 통한 고객밀착화 전략의 수립 및 시행이 필요하다. 가계성 예금의 구성비중이 높고 주거래 및 부거래화된 고객별로 거래규모의 차이가 크다. 내점고객이 고정화되어 있어 직원과 쉽게 친밀해짐으로써 주요 고객에 대한 정보파악이 수월하다.

아파트 및 주택가 지점을 활성화시키기 위해서는 전문적 세무지식을 보유한 유능한 상담직원을 배치하는 것이 중요하다. 또한 우수 및 잠재고객 발굴을 위한 고객정보 취득에 노력해야 되며 목표고객별로 차별화하여 영업전략을 수립한다. 고객 특성에 맞는 친절한 창구서비스 제공뿐만 아니라 효율적인 데이터베이스 구축으로 직원들이 정보를 숙지하여 활용할 수 있는 단계에까지 이르러야 한다. 창구에서의 정보취득도 활성화시켜야 하며 여성·주부고객의 성향에 맞는 마케팅 방안도 개발해야 한다. 지역 특성에 맞는 이벤트를 지속적으로 발굴하여 실시하고 다이렉트메일을 꾸준히 발송하는 것도 필요하다.

## 2-3 아파트 및 주택가 지점의 점주 마케팅전략

축적된 부의 증식, 재산손실 방지를 원하는 것이 고객층의 중요니즈다. 이들 계층은 다른 계층에 비해 복잡하고 세련된 금융니즈를 가지고 있으며 종합과세, 상속증여세 등 전문적·종합적인 세무상담에 관심이 높다. 또한 비밀보장에 대한 니즈가 강하며 주부일 경우에는 생활정보에 대한 니즈가 높다. 종합적인 금융상담을 원하지만 표준화된 금융서비스와 친절하면서도 신속한 창구서비스를 요망한다. 고객의 라이프사이클에 맞춘 여수신 연계상품에 대한 니즈가 높으며 고수익 절세상품도 적극적으로 권유해야 되는 상품이다.

종합과세, 상속증여세 등 절세상품에 대한 니즈가 강하며, 주거래화를 위한 자동이체 및 가구별 가족거래 확대를 통해 교차판매를 증대시키는 전략을 구사하는 것이 바람직하다. 또한 가족명의로 분산하여 예치할 수 있는 세금우대상품을 권유해야 되며 적금과 연계한 간편한 대출상품을 취급하는 것도 필요하다. 또한 자동한도거래 대출과 텔레뱅킹 거래를 유도하여 교차판매에 나서는 전략이 필요하다.

주거지역 지점의 경우 주거래고객을 통한 소개고객 확대로 잠재고객을 확보하는 전략이 타당하다. 주거래고객별로 소개고객의 목표 수를 정하여 섭외활동을 전개한다.

주택가 및 아파트지역에 대해서는 적절한 다이렉트메일을 통해 고객과의 접점을 구축할 수 있다. 다이렉트메일을 보낼 때는 가능한 선별적으로 실시하는 것이 좋다. 세분화에 근거하여 고객별 욕구에 맞는 상품을 선정하여 지점장이나 최소한 은행 직원 자필사인이 들어간 다이렉트메일을 발송한다. 아파트지역의 경우에는 대량살포 전략도 필요하다. 아파트단지 등에 산뜻한 디자인 및 실용적인 방안으로 아파트 문 손잡이나 서류함, 주택가 우편함에 집중적으로 배포하는 방식으로 실행한다. 대다수의 고객이 여성·주부고객이므로 가구별로 적합한 시간에 텔레마케팅을 실시한다. 창구에서 취득한 정보를 활성화시키는 것도 고객과의 접점에서 중요한 사항이다.

## 3 도심형 지점과 지방형 지점의 마케팅전략

### 3-1 도심형 지점의 특성

오피스지역 지점의 점주환경은 오피스와 상가로 구성된 복합적인 형태로 점주권 내 경쟁은행이 산재해 있으며 점주 특성상 여수신구조에서 리테일보다 법인거래 비중이 높다. 내점고객의 대부분이 직장인으로 구성되어 있어 다른 점주환경보다 법인 및 개인고객 대상의 이중적인 영업구조가 뚜렷하여 이를 연계한 기술적 영업전략이 필요한 지역이다. 오피스입주업체는 무역업과 건설업을 영위하는 법인거래처가 주종을 이루고 2개 이상의 은행과 복수거래를 유지하고 있다. 섭외시에는 업체 특성을 고려하여 외환, 무역금융, 당좌대출, 할인어음 등 은행에서 제공할 수 있는 효율적인 방안을 마련하여 접근한다. 아울러 임직원의 급여이체, 적금, 개인대출, 신용카드 등 다양한 거래를 통한 리테일 영업효과를 증대시키는 것이 중요하다.

도심지역은 주로 개인고객인 급여생활자와 법인고객이 많은 곳으로 타 지역에 비해 상대적으로 전문지식을 갖춘 섭외활동이 필요하다. 기업고객을 주거래고객으로 유도할 경우에는 해당 기업 직원들의 은행이용도 늘려 급여이체기관으로 선정될 수 있도록 심혈을 기울여야 한다. 급여생활자들은 수익률에도 관심을 갖지만 이보다는 주로 대출서비스 등 은행이용의 편리성을 더욱 중시하는 특성을 보이는데, 여기에 착안하여 다양한 서비스를 제공함으로써 고객을 늘리는 데 힘써야 한다. 대부분의 급여생활자들은 주택자금대출에 관심이 많으므로 대출과 연계된 금융상품의 적극적인 홍보가 필요하다. 주택을 보유하고 있는 급여생활자들은 금융상품의 수익률에 관심이 많으므로 주택관련 상품이나 수익증권, 방카슈랑스 등의 상품제공을 통한 거래유인책이 요망된다.

### 3-2 도심형 지점의 마케팅 포인트

오피스 입주업체 대다수가 무역업, 건설업에 종사하고 있어 법인거래가 주종을 이루며 리테일 영업기반은 기업거래와 관련된 업체의 임직원, 주변직장인 등으로 구성된다. 여신제공, 외환거래 등 은행의 다양한 거래편의를 제공할 수 있고, 실권자의 영향에 따라 원거리 거래처도 개척 가능하다. 일반적으로 2개 이상의 은행을 복수거래하고 있으며 은행 간 거래의 편리성 등을 비교하여 거래정도를 결정한다.

기업체와 소속임직원의 예금을 유치하여 포괄적인 거래를 추진하는 전략이 필요하다. 'Give & Take' 방식 거래가 형성되므로 업체별 신용조사를 철저히 해서 여신거래를 추진해야 한다. 신용이 양호하지 않은 업체가 다수 있으므로 경기 및 업체 동향, 자금수요전망, 영업전략, 사업주의 능력 등에 관한 조사를 수시로 하여 부도 발생 등을 사전에 감지하고 대비해야 한다.

### 3-3 도심형 지점 점주 마케팅전략

업체별로 금융니즈가 확실히 구분되기 때문에 지점장은 이를 정확히 숙지하고 있어야 한다. 예를 들어 무역업체는 외환, 무역금융 등에 대한 니즈가 강하고 건설업체의 경우 당좌대출과 할인어음 등에 관심이 많다는 점을 기억해야 한다. 또한 도심지역은 직장인이 많아 간편한 개인대출 수요가 많다. 자동화기기를 통한 거래의 신속성 및 편의성을 추구하는 전략이 필요하며, 거래기업들이 정확하고 신속한 업무처리를 원한다는 점을 지점장은 명확히 인식해야 한다.

업체 주거래화를 도모하여 기업 내 리테일 자원을 흡수한다. 기업 금융거래와 더불어 임직원 급여이체, 신용카드거래, 가족예금 유치 등을 통해 적극적인 교차판매를 유도해야 한다. 한편 기업 내의 신협과 주택조합 등의 자금을 유치하는 전략도 필요하다. 법인자금에 대해서는 전기요금, 전화요금, 보험료 등 자동이체 결제계좌를 유치하여 교차판매를 도모하며 할인어음 취급시 적금 가입도 유도하는 전략이 필요하다.

도심지역의 거래기업에 대해서도 거래관련업체, 하청업체 등의 소개를 받아 거래를 유치하는 전략이 필요하다. 도심지역 지점의 경우 가계성 수신기반이 저조하므로 주거래업체를 중심으로 소개고객 유치 등을 통해 거래심화에 힘써야 한다.

도심형 지점의 경우에도 방문섭외 실시를 통한 고객과의 접근채널을 마련한다. 여신제공 등 섭외방안을 가지고 접촉해야 효과가 있으나 업체 및 업종에 따라 여신위험이 있는 경우가 많으므로 선별적으로 접근해야 한다. 의외로 양호한 기업체와 재력이 있는 사업주도 있으므로 방문을 통한 우수거래처 발굴이 필요하다. 창구섭외도 중요한데, 점주여건이 양호하지 못한 경우 내점고객에 대한 친절하고 신속한 창구서비스 강화로 이탈고객을 최소화해야 한다.

## 3-4 지방형 지점의 마케팅전략

지방형 지점은 중소도시에서 영세소기업이나 자영업자 등이 많이 거주하는 지역으로 지역밀착화전략이 더욱 절실히 요구되는 곳이다. 도심지역에 비해서 수익률에 대한 관심도가 상대적으로 약할 수 있으나 최근 농가소득이 급증함에 따라 관심도가 높아지는 추세다. 지역 금융기관인 단위조합과 신용협동조합이라든가 지방은행, 새마을금고 등과의 거래가 많기 때문에 은행이 농촌지역에서 영업력 우위를 확보하기는 쉽지 않다. 또한 농협조합장, 신협이사장 등이 농촌지역의 유지라는 점 때문에 이들이 누리는 상대적인 경쟁우위는 은행 입장에서는 무시할 수 없는 강력한 장애가 되고 있다.

지역 금융기관들의 입지가 강한 지역이라는 점을 감안하여 은행권의 차별화된 서비스를 부각시킬 수 있는 섭외방법이 필요하다. 차별화란 고객이 느끼는 가치 있는 것을 중심으로 특정상품 및 서비스를 경쟁은행의 그것과 다르게 하는 것이다. 성공적인 차별화는 고객이 바로 필요했던 서비스라고 감탄할 수 있는 것이어야 한다. 지역주민의 마음속에 다가서기 위한 영업추진전략으로서는 지방지역의 주민에게 소외되어 있는 정보 및 문화적 욕구를 충족시켜주는 방법이 있다. 지방지역과 밀접한 경제 및 금융정보를 전달한다든지 지역문화 모임 또는 각종 강연회를 주최·후원하고 지점의 유휴공간을 지역주민들과의 만남의 장소로 활용하는 방법 등이 있다. 외지인에 대해 배타적인 중소도시 및 농촌지역 주민의 성격을 역으로 이용하는 영업전략이다. 또한 대출이 필요하나 이를 신청하지 못하는 경우가 많으므로 주민들에게 부담감을 느끼지 않는 범위 내에서 적극적으로 접근하여 대출을 권유하는 것도 필요하다. 일단 대출거래를 시작한 주민에게는 최대한으로 친절하게 유리한 조건을 제공하여 평생고객이 되도록 유도한다.

지방지역의 경우 소문을 잘 활용하는 영업도 필요하다. 소문이 잘 돌고 소문에 쉽게 영향을 받는 지방지역의 정서를 잘 활용하여 지역에서 발언권이 높은 사람에게 최대한의 금융서비스를 제공함으로써 지점에 유리한 소문을 확산시키도록 유도하는 전략이 필요하다. 지방지역 지점의 성격상 점주권이 상당히 넓어 금융서비스에서 소외되거나 접근이 어려운 지역이 많다. 원거리 파출수납 활동을 실시하고 지점장 및 책임자가 정기적으로 지역을 순회하고 지역방문일지를 작성한다.

### 지역에 기반을 둔 영업활동 우수사례

지방지역의 점포에 처음 부임하였을 경우에는 지역밀착이 제일 중요하다. 새로운 지점장이 부임할 경우 일반적으로 배타적인 분위기가 형성될 수 있다. 다음은 배타적 분위기를 극복하고 지역에 기반을 둔 영업력 확대를 위해 실시한 활동이다.

① 지역의 문화, 구성주민들의 특성, 상가와 유대관계, 지역색이 강한 각종 모임관계를 파악한다. 오피니언 리더격인 주민들은 대개 지역에서 어느 정도 영향력을 가지고 있고 어느 한 사람의 의견이 주위로 퍼져 나갈 수 있기 때문이다.

② 주요 지역모임인 주민자치위원회, 방위협의회 등 모임에 회원으로 가입한다. 각종 지역모임에 참석하여 회원들 간의 의견을 교환하는 과정에서 배타적인 감정을 없앨 수 있다. 지역현안에 대해 의견을 제시함으로서 같은 지역주민이라는 인식도 갖게 된다. 지역모임의 회원들은 대부분 지역에서 어느 정도의 부, 또는 명예를 가지고 있는 사람들이므로 점진적으로 개인 회원들과의 은행거래를 확대할 수 있다. 더욱이 이들을 통해서 주변 지역에 또 다른 소개고객을 지속적으로 유치할 수 있다.

③ 지역 아파트 회장, 총무 등 유력인사들과의 유대를 강화한다. 이들과의 정기적인 모임, 예를 들면 1개월에 한 번 정도 식사모임 등을 통하여 지역정보를 파악하고 지역분위기, 타금융기관의 동향 등 정보를 취득할 수가 있다. 타금융기관의 섭외정보는 지점 입장에서 어떻게 마케팅전략을 짜야 하는지 중요한 척도가 될 수 있다.

④ 지역 의원(병원) 원장들과의 정기적인 식사모임을 갖는 것이다. 이들은 엘리트의식이 강하여 타인에게 배타적인 면이 있다. 하지만 동종업종 종사자 간에는 같은 선민의식을 가지고 있기 때문에 금융기관에서 자연스럽게 식사모임을 주재하게 되면 자기들끼리의 정보교환도 되고 은행 입장에서는 비교적 경제적으로 부유한 고객층을 확보할 수가 있다. 자가병원 마련에 따른 시설대출 취급, 자녀유학에 따른 정기적인 학자금과 생활비송금 등 각종 외환거래도 유치할 수가 있다.

⑤ 각종 지역행사참석, 체육대회에 회원으로 참석, 불우이웃돕기, 각종 바자회 등에 적극적으로 참여하는 것이다. 단지 보여주기 위한 것이 아니라 지역에 파묻혀서 이들과 동고동락한다는 인식을 심어줄 때 비로서 지역밀착화가 뿌리내리고 이에 따른 영업실적도 배가될 수 있다.

## 4 상가형 지점의 마케팅전략

### 4-1 상가형 지점의 특성

개인 자영업자 및 상가지점의 점주환경은 일정한 점주권 내에 경쟁은행이 밀집되어 있어 한정된 고객과 자금에 대해 지분경쟁이 다른 시장보다 치열하다. 또한 상가지역은 복수거래자가 많아 고객의 주거래화 정도가 낮으며 인생경험과 고객 특성 및 영업자금 운용방법이 다양하다. 이에 따라 타행 대비 시장점유율과 고객의 주거래화 비율을 높이기 위해서는 점주상가의 특성을 파악하여 고객정보의 데이터베이스 구축을 토대로 시장자금의 흐름을 파악함과 함께 고객니즈를 충족시키는 것이 매우 중요하다.

상가지역은 동일업종의 상점이나 각기 다른 다양한 업종의 상점이 일정지역에 집단으로 형성된 곳이므로 수신자원이 풍부한 유망시장이다. 주간에는 유동인구가 많고 여러 은행이 밀집되어 있어 은행 간 고객유치 경쟁이 가장 치열한 지역이다. 상가지역 고객들은 사업에 이익이 된다든지 수익률이 높다고 판단되면 관심을 가지고 접근하나 이익이 없다고 판단되면 단호히 거절하는 심리적 경향이 있다. 자수성가한 사람일수록 사업에 대한 집념이 강하며 남의 말에 귀를 기울이지 않는 경향이 있다. 사업을 늘리는 이야기, 세금을 덜 내는 방법 등에 관심이 많으므로 충분한 화젯거리를 준비하여 접근한다.

상가지역 소재 지점의 경우 고객의 대다수가 상업에 종사하고 있어 신속한 업무처리를 가장 우선적으로 요구하고 있다는 점에 유의하여 이에 주력해야 한다. 특히 자금이체 등 송금거래 고객이 전체 고객의 대다수를 차지하는 경우가 많으므로 송금거래 고객에 대한 철저한 응대가 중요하다. 상담은 상품에 대한 수익성 측면을 강조하는 방향으로 전개하되 재산과 사업을 확대시킬 수 있는 방안으로 연계시키는 전략이 필요하다. 고객이 고자세로 나오더라도 상인의 기질이라고 생각하고 개의치 말고 상대방을 더욱 높여주는 것이 좋다. 이들은 고객에게 서비스를 제공할 때에는 저자세가 되나 은행원이 방문하면 고자세가 되는 경향이 매우 높다.

상가지역에서는 상가번영회를 조직하여 친목을 도모하고 있으며 그 속에는 여론에 영향력을 미치는 유력자가 있다. 상가행사에 적극 참여하면서 상가번영회 유력자 등을 통해 상인들과 친숙해지는 것이 거래유치의 지름길이다.

상인들은 사업운영에 따른 대출요청이 많으므로 대출 취급에 융통성을 가지고 적절히 대처해야 한다. 이들은 지역정보에 민감하여 다양한 정보를 가지고 있으므로 수시로 방문하여 점주의 미래 성장가능성에 대한 정보를 수집해야 한다. 예를 들어 쇼핑센터 신축, 도시계획, 오피스텔 신축, 교통노선 변경 등에 유념해야 한다. 소규모 건물의 상가 가운데는 건물주가 직접 사업을 하고 있는 경우가 많으므로 건물주에 대해서는 적극적인 섭외추진으로 주거래은행화하도록 유도하는 전략을 구사한다.

상가지역에서 '신용 있는 은행이다' 혹은 '친절한 은행이다'라는 여론이 형성되도록 고객관리, 창구응대에도 만전을 기해야 한다. 영업시간 이후에 많은 현금을 보관하는 대형 수퍼마켓, 주유소 등 야간업소가 많은 곳에 있는 지점은 야간금고를 설치하여 고객유치에 적극 활용하도록 한다. 상가를 중심으로 상호저축은행, 신용협동조합, 새마을금고 등의 영업활동이 활발하므로 이들 금융기관이 제공할 수 없는 은행 고유의 각종 서비스를 적극 홍보하도록 해야 한다. 또한 파출수납시 동전교환이나 공과금 대리납부 서비스를 실시하는 등 서비스의 질적개선이 필요하다. 신용카드 가맹점, 자동이체 등을 중점적으로 권유하는 것도 필요하지만 특히 상가지역의 경우 현금의 유동성이 많으므로 유동자금의 흡수에 적극 노력해야 한다.

## 4-2 상가형 지점의 마케팅 포인트

경쟁은행이 밀집되어 있고 서비스 경쟁이 치열하여 시장점유비가 분할되어 있는 경쟁적 시장형태를 나타내고 있다. 거래규모가 소액인 자영업자가 많으며 자금의 입출금이 빈번하다. 동일업종의 상점이 일정지역에 집단으로 형성되어 있어 동일업종 간의 교류, 의사소통이 빈번해 은행의 서비스에 대한 소문이 신속히 전파되는 특징을 갖는다. 또한 업종에 따라 경기 등 경제 변화에 민감한 반응을 보이며 계절적 요인, 즉 성수기와 비수기 요인에 따른 변동성이 심한 편이다.

영업 및 결제자금 등 유동성 자금이 풍부하며 저코스트, 안정적 자금조달구조로 이루어져 있다. 상가 특성상 상인, 고용근로자 등 내점고객이 많으며 파출수납, 타행환, 동전교환 등의 거래가 자주 발생한다. 영업시간 중 방문시간을 잘 선택하면 방문섭외의 기회를 늘릴 수 있으며, 효과도 높일 수 있다. 타행과의 경쟁이 치열한 지역이므로 상담능력과 상식이 풍부한 비중 있는 책임자의 배치와 섭외활동이 요구된다.

상가지역 지점의 경우 창구정보 및 방문섭외 정보가 공유되고 데이터베이스화되어 영업에 반영되어야 한다. 정보를 공유할 수 있는 공통양식을 마련하는 것이 필요하며 지점 내에서 정보를 공유할 수 있는 회의시간은 필수적으로 확보해야 한다. 또한 상가지역의 업종별 경기 및 자금흐름을 완전히 파악하고 있어야 한다. 완전경쟁시장이므로 경쟁은행의 영업전략, 장단점, 고객호응도를 수시 파악하여 대응하여야 한다. 개성이 강하고 업종별로 거래성향이 상이하므로 고객정보 DB구축과 숙지 및 활용으로 고객별 서비스 차별화가 요구된다. 방문섭외가 매우 중요하므로 상시 섭외전담조를 편성하여 운영하는 전략이 필요하다.

## 4-3 상가형 지점 점주 마케팅전략

상가지역 고객의 경우 긴급운용자금, 사업확장 및 시설개보수 등 대출수요가 있으며, 사업관련 세금에 관심이 많다. 수취어음 등과 관련된 거래업체에 대해서는 신용조사가 필수적이며 자금이 필요할 때 편리하고 신속한 대출이 필요하다. 또한 영업시간 절약을 위한 신속하고 친절한 창구서비스를 제공해야 되며 귀중품 보관을 위한 대여금고 제공서비스도 필요하다. 상가지역 점주의 경우 고객들의 사회적 신분상승 욕구가 크므로 이를 고려해야 한다.

편리하고 사업규모에 맞는 자동대출한도 상품을 실적에 따라 권유하는 것이 필요하다. 또한 사업자금, 노후보장, 자녀교육비를 위한 고수익 목돈마련저축을 통해 복수상품판매를 유도하고 텔레뱅킹, 대여금고를 이용하도록 유도한다. 보관어음을 통한 자동결제계좌를 유치해야 되며 카드가맹점 유치도 적극적으로 뛰어들어야 한다.

상가형 지점의 경우 고객확보를 위해서는 기존고객 중 지역유지, 유력자 등을 통해 다른 상인을 소개받는 전략이 유용하다. 거래상가를 통해 동일업종 상가 및 이웃상가를 소개받으며, 상가번영회 임원들을 섭외하여 소개받는 전략구사도 필요하다. 상인들은 소문이 빠르고 동일업종 거래 및 인간관계에 따라 거래가 좌우되므로 소개고객을 통한 시장확대가 매우 효과적이다.

상가고객에 대해서는 방문섭외를 실시하는 것이 무엇보다 효과적이다. 개방되어 있고 접촉이 많은 곳이라 방문에 대한 거부감이 적고, 상인들은 의외로 이해타산적인 부문보다 인간적인 부문이 많으므로 자주 방문하여 얼굴을 익히고 정을 쌓는 것이 섭외의 첩경이다. 방문시에는 업종별로 한가한 시간을 잘 선택하여 주인과 충분히 대화할 시간을 확보하는 것이 중요하다. 또한 파출수납을 통해 자연스러운 방문섭외 활동을 전개하는 것도 필요하며 신규거래처 섭외시 지점장은 책임자급이 자주 방문하여 친밀도를 쌓은 후에 방문하는 것이 효과적이다.

## 5 점주권 고객개발을 위한 마케팅 포인트

은행고객 중에서 점주권 자영업자에 대한 마케팅의 중요성이 점증하고 있다. 대기업의 은행이탈이 가속화되고 순수개인고객의 확보가 어려워짐에 따라 점주권의 우수 소규모상인에 대한 마케팅이 치열해지고 있다. 점주권에서 쉽게 접할 수 있는 음식점, 골프연습장, 주유소, 병원, 약국, 안경점, 부동산중개소 등 우수 소규모상인에 대한 마케팅 포인트를 살펴보자.

## 5-1 음식점

### 가. 접근방법

거래처의 소개 또는 은행 직원이 점심에 음식점을 이용하면서 계좌개설 또는 계좌이체의 개설을 의뢰할 수 있다. 또한 원재료 등 구입대금의 이체를 의뢰할 수 있다. 입지조건이나 고객층에 맞는 경영에 관해서 조언을 해주고 경영체질 강화를 위해 계수관리나 노무관리의 경영지도를 해주면서 접근하는 것도 필요하다. 영세규모의 경영자는 일반적으로 경영관리 능력이 낮아서 영업과 관리가 분리되지 않는 주먹구구식 경영을 하고 있는 곳이 대부분이다. 매출대금이 충분한 관리에 의해 안정적으로 확보되기 위해서는 계수관리에 관해서도 조언이 필요하다.

앞으로의 경쟁에서 이기기 위해서 결정적 수단이 되는 접객서비스의 향상을 위해 적극적으로 지원해주는 것도 좋다. 매일 수입이 들어오는 장사이기 때문에 잔돈의 환전 수요가 항상 발생한다. 환전시에는 충분한 편의를 지원해준다. 또한 매일의 매출대금을 흡수하여 그 일부를 정기성 적립예금에 예입하도록 권유함으로써 장래의 점포 증개축이나 내부인테리어 변경 등에 대비하게 한다. 점포 증개축이나 설비갱신 등의 계획에 적극적으로 참여하여 믿고 신뢰할 수 있는 은행이라는 인식을 심어준다.

일상적으로 접촉하면서 친근감을 갖도록 노력하고 종업원의 신뢰를 받도록 행동한다. 세금이나 공공요금 등의 자동이체제도를 이용하도록 권유한다. 또한 종업원의 계좌개설을 위한 상품도 추천해주며 장래의 독립자금준비를 위해서 적립식 상품 가입을 권유하는 것도 좋다. 방문할 때에는 피크타임을 피하고 대기시간을 이용한다.

투자규모가 비교적 적고 고도의 조리기술이 요구되지 않기 때문에 신규참여가 많아 과당경쟁으로 인해 폐업하는 경우가 잦으므로 주의를 요한다. 대중식당의 매출을 좌우하는 것은 입지조건, 영업면적, 상품의 질과 종류, 판매가격, 접객서비스, 경영자의 능력 등의 요소가 있다.

### 나. 대출거래시 유의사항

주로 현금거래가 이루어지기 때문에 운전자금의 수요는 거의 없다. 생업적인 경우가 많기 때문에 매출대금의 입금상황, 제경비의 출금상황에 관해 체크한다. 또한 계수관리 측면에서 취약점이 나타날 경우 제출서류에 관해서 충분히 점검해야 한다.

점포주의 경영방식이 업계사정, 수요동향이나 입지조건의 변화를 충분히 파악하고 있는지를 점검한다. 영세규모 점포인 경우 점주의 운영방식이 매출에 민감하게 반영되기 때문에 종업원의 경영자에 대한 신뢰정도, 동종업계 종사자의 평판이나 음식점에 대한 소문 등 평소에 정보를 습득하는 것이 중요하다. 장기자금을 대출할 경우에는 상환액에 세금공제후 순이익액과 감가상각액의 범위 내에 있으며 상환에 무리가 없는지 검토해야 한다.

음식점은 영업의 활성화가 가장 중요한데 맛, 신선도, 청결에 대해서도 대출거래 결정시 관찰해야 한다. 예를 들어 차별화된 맛을 지니고 있는가, 재료의 신선함이 유지되고 있는가, 매장이 청결하고 정리가 잘 되어 있는가 등을 점검하면 음식점의 향후 매출전망 파악에도 도움이 된다. 또한 다른 업종과 마찬가지로 음식점에 대해서도 서비스 수준과 위치에 대한 검토도 필요하다. 친절한 서비스로 단골고객을 많이 확보하고 있는지, 지하철 또는 관공서 주변 등 유동인구가 많은 지역에 위치하는지 등이 음식점 경영에 있어 가장 중요한 요소다.

### 다. 섭외시 점검사항

① 항상 대중소비자가 편안하게 이용할 수 있도록 분위기 조성을 위해 노력하는지 점검한다.

② 고객 수의 증가, 평균고객단가의 인상, 메뉴의 검토, 인적서비스의 향상 등에

대하여 세심한 배려가 이루어져야 한다.

③ 경영의 효율화를 도모하기 위해 계수관리가 충분히 이루어지고 있는지 점검한다.

④ 점주가 업계의 현황이나 장래의 전망, 투자규모에 대한 수익성 등을 정확하게 파악하고 있는지 살핀다.

## 5-2. 골프연습장

### 가. 접근방법

골프연습장은 지역 내 중산층 이상의 출입이 많기 때문에 거래처 중에서 유력한 지역상점주 또는 저명인사 등으로부터 소개를 받는 것이 바람직하다. 지점 직원 중 골프애호자가 바쁜 시간 이외의 시간대를 선택하여 고객으로서 연습장에 출입하여 경영자나 종업원과 접촉을 돈독히 하는 것도 유효한 접근방법이다.

교외연습장의 경우 경영자는 그 고장의 유지가 많기 때문에 지역 내 유력자 등으로부터 소개를 받는 것도 좋다. 또한 일반적으로 지역유지의 부업적 경영이 대부분이기 때문에 경영자는 사업경영 면에서는 비전문가에 가깝다. 따라서 업계동향, 경영방법 등에 관한 정보제공이나 적절한 조언을 해주면 좋을 것이다.

골프연습장 업종에 있어서 거래의 매력은 현금(신용카드수입 포함)이 많기 때문에 요구불성 상품을 권유하는 데 유리하다는 점이다. 요구불성 예금상품은 매일 정기적인 방문으로 전날 또는 당일 매출금의 입금을 목표로 한다. 골프연습장은 설비갱신이나 제설비 보수 등을 위해서 정기적으로 많은 액수의 자금을 필요로 하기 때문에 소요자금의 사전담보로서 장기적립상품을 권유하는 것도 좋다.

### 나. 대출거래시 유의사항

운전자금의 수요는 정상적인 영업을 계속하고 있는 한 거의 발생하지 않으며 신·증설 등의 설비자금의 대출이 주가 된다. 융자신청 접수 및 내용검토 시점에서의 주요한 유의사항은 다음과 같다.

설비계획과 수지예측을 검토함에 있어 골프연습장 업종은 입지조건 및 대상고객층에 따라 같은 영업형태라도 상당한 차이가 있다. 설비계획 내용에 대한 지역의 적합성, 규모 특히 연습장 면적의 적정도를 점검해야 한다.

수지예상에 대해서는 기업측의 희망치, 기대치 요소가 상당히 들어갈 가능성이 있기 때문에 부근 동종업자의 수지상황, 경합정도, 골프인구 등에 관해서 충분히 조사한다.

운전자금을 신청할 경우 운전자금의 필요이유를 충분히 조사해야 한다. 일반적으로 개업할 때 설비투자를 일부 단기부채로 조달하여 그 보충차입 또는 상환금의 부족을 보충하는 등 향후 자금에 충당하는 경우에도 주의를 요한다. 함께 경영하고 있는 타 부문에 자금을 유용할 가능성도 있기 때문에 의심 가는 부분이 있는 경우에는 충분한 설명을 듣는다.

### 다. 섭외시 점검사항

① 입지조건은 양호한가, 영업형태에 알맞은 입지인가의 여부

② 영업형태는 실내형인가 혹은 옥외형인가의 여부

③ 영업설비는 정비되어 있는가, 주차장·식당 등의 부속설비는 정비되어 있는가, 확장계획은 있는가의 여부

④ 인건비 억제대책으로서 자동화설비를 설치하거나 파트타이머 등을 효율적으로 활용하고 있는가 등의 여부

⑤ 수익성은 정상인가, 금리부담 특히 설비차입금은 과중하지 않은가의 여부

⑥ 경영주체는 법인인가 혹은 개인인가의 여부

## 5-3 주유소

### 가. 접근방법

주유소 업자에게 접근하기 위한 가장 유효한 방법은 정유회사와의 접촉이다. 따라서 정유사 담당자와 얼굴을 익히는 것이 중요하다. 이를 통해 현재 거래하고 있는 주유소뿐만 아니라 동계열의 타 주유소도 소개받는 기회가 될 수 있다.

기존거래가 있는 동계열 주유소나 거액거래처 관계자에게 조언을 부탁하는 것도 효과적인 방법이다. 지점장을 비롯한 지점 직원의 영업차, 승용차 등의 급유·점검·차용품 구입시에 거래하고 있는 주유소를 적극적으로 이용하고, 또한 특별히 용건이 없을 때라도 찾아가 항시 얼굴을 보는 것도 중요하다.

정유회사 거래처에 부탁하여 송금지정은행으로 지정받는 것으로부터 예금계좌 개설의 계기를 만든다. 주유소의 거래처 중에서 자행과 거래관계에 있는 기존거래처에 대금을 지불하는 입금은행을 자점으로 지정하도록 권유하며, 수금 측면에서도 계좌개설을 하도록 노력한다.

종업원의 급여지급에 대한 사무부담을 줄이기 위해서 종업원의 급여입금계좌를 권유하는 것도 중요하다. 주유소 경영자 중에는 거액의 개인자산을 갖고 있는 이들을 종종 볼 수 있는데, 이들에 대해서는 자산운용에 대한 상담을 해줌으로써 개인 예금거래도 확대할 수 있을 것이다.

### 나. 대출거래시 유의사항

주유소의 신·증설 설비자금의 경우에는 간선도로변 등 입지조건이 좋지 않는 한 성공할 가능성이 낮기 때문에 신중한 검토를 요한다. 정유회사가 주유소 건설자금을 보전해주는 경우도 있지만 그것에 따라 거래조건이 불리해지는 경우도 있기 때문에 주유소 업자 중에는 금융기관 융자를 원하기도 한다. 주유소의 경우 영업경쟁이 치열하므로 정성적 요인으로 서비스, 포인트적립, 위치, 교통량, 시설 등을 검토해야 한다.

사업환경의 악화로 기존 주유소의 재배치가 예상되는데, 이러한 경우 적극적으로 폐업주유소의 자산매각을 권유하여 부채를 경감함으로써 기업체질의 강화에 결부되는 방향으로 융자를 시행하는 것도 중요하다. 또한 편의점의 병행 등 업태개발에 따르는 자금수요에 관해서는 친절한 상담으로 주거래은행화의 기회를 만들어야 한다.

운전자금에 대해서는 특정 거액거래처로부터의 회수가 늦을 경우 그 채권내용을 잘 살펴보아야 한다. 또한 과거의 과대설비투자에 기인하고 있는 경우에는 그 기업의 건전성을 검토한다. 앞으로 정유회사에 대한 지불기간 단축에 따른 운전자금수요가 있을 것으로 예상되는데 이때 현금판매 및 외상판매별 이익률 등의 실태를 정확히 파악하여 과다대출이 되지 않도록 주의해야 한다.

담보물건에 대해서는 제조원이나 상위의 특약점이 이미 설정하고 있는 경우가 많기 때문에 주의를 요한다. 법인에 의한 경영형태의 경우에는 법인소유자산이 과소하더라도 경영자 개인적으로 상당한 자산을 갖고 있는 경우로 볼 수 있다. 담보력에 대해서는 회사의 재무제표만으로 판단하지 않으며 경영자 개인 자산 측면도 감안해야 한다.

### 다. 섭외시 점검사항

① 교통사정으로 보아 진입하기 쉬운 위치에 있는가의 여부

② 석유제품은 상품차별화를 할 수 없기 때문에 종업원의 접객태도가 중요한 요소이므로 서비스는 양호한가의 여부

③ 어떤 제조원 계열의 주유소이며 거래조건, 즉 지불조건·설비임대·차입·담보 등은 어떻게 되어 있는가

④ 매출채권의 회수는 순조로운가 또는 불량채권이 없는가 등의 여부

## 5-4 일반병원

### 가. 접근방법

정기적으로 자주 방문하여 병원의 경영방침을 파악하며 어떠한 금융정보서비스를 필요로 하는지 관찰하여 그에 상응하는 서비스를 제공함으로써 신뢰할 만한 은행이라는 이미지를 심어주어야 한다. 외래환자가 많을 경우 많은 진료비가 수납되기 때문에 진료 이외의 업무는 사무장이나 원장 부인에게 맡기는 병원이 많다. 복잡다양한 업무를 하기 때문에 합리화 및 효율화가 경영개선의 포인트가 된다. 따라서 효율적인 시스템을 도입하는 병원 중에 경영개선된 사례가 신문기사 등에 나오는 경우 이와 관련된 화제를 나누면서 상담에 응하는 것도 접근에 도움이 될 것이다.

의사는 진료기술, 의료용설비, 기기, 약제 등에 대해서 출신대학 연구실의 영향을 받고 있다. 개업 후에도 연구를 계속하기 때문에 출신대학의 교풍, 동기생 등을 파악함으로써 유용한 정보를 얻을 수 있다. 병원의 사업계획을 사전에 접수하여 의료설비기기의 교체 계획이 있는 경우에는 소요자금량을 예상하여 차입금액 이외에 자기자금 저축액을 확보해야 함을 설파한다면 적립식 상품 등의 권유가 수월해질 것이다.

은행과의 거래는 부인이 하는 경우가 많다. 통장을 여러 개씩 가지고 예금하는 부인이 많기 때문에 매일의 수입을 적립식 상품에 입금하도록 권유하는 것이 바람직한 방법이다.

### 나. 대출거래시 유의사항

담보 보전조치에 대해서는 부동산이 가장 안전한데 건물이 타 업종에 적합하지 않은 경우가 많기 때문에 과대한 평가는 하지 않는 것이 좋다. 보통 의료용 설비나 기기는 중고로 유통되지 않기 때문에 그 담보능력은 없는 것으로 보아야 한다.

최근 젊은 의사의 경우 개설시기가 빨라지는 경향도 있기 때문에 상권의 인구밀도, 동업자의 존재 등을 고려하고 우수한 의료기공사, 의료위생사의 확보도 중요하다. 지나치게 조기에 개업하면 관리나 의료기술 면에서 불안하다는 사실도 지점장의 입장에서 인식하고 있어야 한다.

융자상환을 서두르거나 경영기반이 안정되지 않은 상태에서의 차입금 상환은 병원측의 부담을 일시적으로 크게 하여 거래은행을 멀리하게 만드는 경우가 많으므로 주의해야 한다. 의료기기 등 병원설비를 구입하지 않고 구입한 것처럼 속이거나 실제 가격보다 비싸게 산 것처럼 속여 거액의 리스자금을 불법 대출받는 경우가 있으니 여기에 대해서도 주의가 필요하다.

### 다. 섭외시 점검사항

① 진료권의 시장조사를 통해 환자를 분석해볼 때 병원의 진료방침이 지역에 밀착한 의료활동을 하고 있는가의 여부
② 환자 대기시간의 단축, 직원이 환자를 대하는 태도, 병의 상태에 대해 충분한 설명을 하는지 등 환자에 대한 병원 내 서비스 개선에 노력하고 있는가의 여부
③ 의료 면에서 어떠하며 타 병원에 비해 다른 특색을 가지고 있는가의 여부
④ 사무장을 비롯하여 관리부문의 직원이 병원의 관리능력을 숙지하고 있는가의 여부
⑤ 설비투자 의욕은 높은가, 또한 의료설비의 불완전한 면이나 치료할 때에 사전·사후 준비가 부족하지 않은가의 여부

## 5-5 약국

### 가. 접근방법

일상생활에서 밀접한 관계를 맺고 있는 약국은 경영자가 되기 위해서는 자격증이 필요하다는 점에서 아무나 할 수 없으면서 점주지역에서 없어서는 안 될 업종 중 하나다. 의약품의 마진율이 과거보다 훨씬 낮아지고 가격파괴를 주도하는 대형 약국과의 경쟁이 치열해지는 등 약국의 경영여건은 어려움이 지속되고 있다. 신규

약사들의 경우 개업을 하기보다는 연구소나 병원, 제약회사 등의 직장을 선호하고 있는 상황이며 프랜차이즈방식의 약국도 증가하고 있다.

약국은 지역 내에 연합회조직이 있는데 지점장의 입장에서 회장이나 유력인사와 친분관계를 맺는 것이 중요하다. 약국의 거액수요자에 해당하는 의사 혹은 회사가 있다면 소개받는 전략도 필요하다. 그날의 매출대금은 자행의 결제성 계좌를 이용하도록 유도하고, 대금지불은 자행 신용카드를 가능한 많이 사용하도록 유도한다.

### 나. 대출거래시 유의사항

약국은 현금판매 혹은 신용카드 판매가 대부분이기 때문에 운전자금의 필요성은 낮다. 설비자금은 점포의 개조자금이 주요한 부분이다. 약국업계는 앞으로의 경영 여하에 따라 수익격차가 확대될 것으로 예상되기 때문에 약사의 인품, 경영방침, 입지조건, 상품구성을 고려하여 채권보전을 생각하고 대출활동에 임해야 한다.

### 다. 섭외시 점검사항

① 영업시간의 연장을 통한 고객에의 편의제공 및 응급환자 등 고객의 니즈에 응하고 또한 적절한 조언을 하는 등 세심한 대책을 가지고 있는가
② 지역 내 병원, 개업의사와의 제휴로 인한 고객의 확대, 고정화에 기여하고 있는가
③ 인기 있는 건강상품, 자연식품, 한방약 코너를 마련하는 등 경영자의 창의적인 운영방침을 점검하는 것도 필요

## 5-6 안경점

### 가. 접근방법

안경점은 안과의원과 제휴하고 있는 경우도 많아 자행과 거래관계가 있는 안과의원으로부터 안경점을 소개받으면 섭외활동시 상당히 유리하다. 안경은 계절성이

강하며 신상품이나 유행에 적합한 물건이 갖추어질 필요가 있는 업종이다. 예를 들어 수요가 많은 시기인 입학시기나 입사시기 전에 광고나 새로운 욕구에 대한 화제 조성이 필요하다.

업계의 특성을 잘 조사할 필요가 있다. 최근 신세대 소비자를 중심으로 멋으로 안경을 착용하는 경우가 많고 여러 개의 안경을 소유한 고객도 증가추세다. 이들은 시간, 장소, 상황에 따라 복장에 맞게 착용하기도 한다. 또한 안경은 그 특성상 시력의 변화 등으로 계속해서 바꾸는 경우가 많기 때문에 보다 많은 고정고객을 가지는 것이 중요하다.

당일의 매출액을 요구불성 예금에 입금하거나 계절적으로 매출이 증가하는 달에는 정기성 예금을 권유한다. 지점의 증·개축이나 신규출점 등에 대비하여 적립식 상품을 권유할 필요가 있다.

안경점 운영의 성패는 안경사의 능력과 친절함에 있다. 안경을 맞추려는 사람은 단골안경점을 이용하는 경향이 있어서 멀리서도 일부러 찾아오기도 하므로 고객의 불만과 요구를 잘 파악해서 고객에게 알맞은 안경을 해주는 것이 중요하다.

### 나. 대출거래시 유의사항

지점의 수리가 필요할 경우 대출이 발생하므로 계획단계에서부터 상담에 응하게 하여 융자신청을 받는다. 보통 거의 대부분이 현금판매(카드결제)이고 물건매입에 대해서는 다음 달에 지불하는 것이 일반적이므로 운전자금의 수요는 많지만 계절적으로 재고자금 수요가 발생할 수 있다.

계절성이 강한 상품을 취급하기 때문에 매입자금의 단기융자가 필요한 경우도 있으며 지점의 증·개축이나 디스플레이, 개정 또는 시력측정기 등의 설비자금수요도 있다. 평소의 거래상황, 대출금의 결제상황을 점검하고 상권 내의 경쟁지점과 항상 비교한다.

안경점의 영업상황을 판단하기 위해서는 오랜 영업기간에 따른 신뢰도 유지, 최신 유행제품 구비정도, 직원들의 우수한 실력 등이 가장 중요하다. 또한 이벤트 행사라든가, 단골고객에 대한 관리 여부도 장래의 영업전망을 예측하기 위해 중요한 요소다.

### 다. 섭외시 점검사항

① 경영자나 점주의 인품은 어떤가의 여부
② 지점의 디스플레이나 물건의 진열상태, 서비스 등은 어떠한가의 여부
③ 안경점의 경우 애프터서비스가 매우 큰 비중을 차지하기 때문에 한번 방문한 고객을 고객관리카드 등으로 관리함에 소홀함은 없는가 등의 관찰
④ 안경점은 업종 특성상 고도의 상품지식이나 기술이 요구되기 때문에 이러한 것들을 향상시키기 위해서 어떠한 노력을 하고 있는가의 여부를 관찰
⑤ 경영자가 계수관리를 중요시하고 있는가, 그리고 어떻게 유용하게 사용하고 있는가
⑥ 종업원의 접객매너, 지식, 기술, 인품은 어떠한가

## 5-7 부동산중개업

### 가. 접근방법

부동산중개업소는 임야, 농지, 택지, 주택, 아파트 등을 매매하고 임대하는 데 있어 각종 자료 및 정보를 제공하고 소개와 알선을 하는 곳으로 경기동향에 민감한 업종이다. 부동산 가격은 앞으로 크게 상승할 것으로 기대되지는 않지만 은행 지점장의 입장에서 제안영업을 통해 고객의 수요를 발굴하는 것이 중요한 과제다. 과거 부동산 상승시대처럼 단순 보유만으로 막대한 이익을 챙길 수 있는 시기는 아니지만 기업이든 개인이든 보유중인 부동산이 얼마나 효율적으로 개발되느냐에 따라 가치가 달라질 것이다.

부동산업자는 부동산에 관한 정보를 무엇보다 좋아하기 때문에 거래처를 돌아다니면서 수집한 관련 정보를 이야기해주면서 접근하면 실현가능성이 없더라도 호감

을 가질 수 있다. 가계대출 등의 확대를 위해 경쟁은행에서도 항시 출입하고 있기 때문에 조심스러운 측면이 있지만 방문횟수를 늘릴 경우 생각지도 못한 융자정보에 접하는 경우도 있다. 부동산 매매 및 임차의 경우 계절적인 수요변동이 있기 때문에 성수기와 비수기를 파악하여 접근하는 자세도 필요하다.

### 나. 대출거래시 유의사항

업종의 특성상 안정성이 부족하여 상환계획을 수립하기 어려운 점이 있기 때문에 대출시에는 신중을 기해야 한다. 원래 얼마 안 되는 운전자금을 바탕으로 영업을 하고 있으며 자금수요와 설비자금의 수요는 당장은 없으나 앞으로 발생할 경우를 생각해볼 필요가 있다.

경영규모와 경영자의 인품을 중심으로 직접 대면하여 조사·검토해야 한다. 대출신청을 받았을 때는 그 자금의 용도 내역이나 담보물건에 관해서 점검해야 한다.

### 다. 섭외시 점검사항

① 부동산업자의 신용과 평판, 그리고 입지조건은 어떠하며, 주변지역의 개발상황 및 장래성은 어떠한가

② 신용이 있는 업자단체에 소속되어 있는가, 또한 정보수집활동을 적극적으로 이행하고 있는가

## 6 점주고객 직업별 마케팅 포인트

### 6-1 급여생활자

수입이 안정적이며 성격은 보수적이면서 안정지향적이다. 취미, 오락, 기타 레저생활에 관심이 많으며 충동구매보다는 계획구매를 한다. 자신과 자녀의 장래문제에 관심이 많다. 수입이 일정한 까닭에 지출에 제한이 많으며 자녀교육, 주택마련, 노후문제 등에 관심이 많다.

회사의 경영자 또는 인사 및 경리담당 책임자에게 접근하면 많은 고객을 확보할 수 있다. 경영자의 인적사항을 미리 파악한 후 지연, 학연 등 관련인의 소개를 받으면 쉽게 고객으로 확보할 수 있다. 사은품을 적절히 활용하고 금융상품에 대한 각종 자료를 준비해서 회사를 방문하여 접근한다.

급여수준이나 연령 등을 감안한 금융니즈를 파악한 후 적절한 상품을 권유하며 자행거래의 이점을 최대한 부각시키는 전략구사가 중요하다. 라이프사이클상 필요자금인 주택마련, 노후준비, 자녀교육자금 등 목돈마련상품을 권유하는 전략이 유효하다. 급여이체, 신용카드, 자동이체 등을 홍보하여 일괄가입할 수 있도록 공략해야 한다.

### 6-2 맞벌이부부

일반 가정에 비해 유동성자금이 풍부하며 연령이 낮을수록 계획구매 보다는 충동구매를 한다. 취미, 오락, 레저 등에 관심이 많으며 경비를 무리해서라도 본인이 원하는 여가활동은 꼭 한다. 자녀는 거의 대부분이 부모가 돌봐주거나 유아원에 보내므로 항상 부모에 대해 죄송한 마음을 갖고 있고 자녀에게도 미안한 마음이 있어 자녀가 원하는 것은 거의 무조건 들어준다. 대부분이 고학력이며 정보력이 풍부하고 마음이 통하면 잘 믿어주고 외식을 많이 한다.

평소에 관심을 보이는 취미활동에 대해 정보를 제공해주거나 음식점을 소개시켜

줌으로써 친밀해질 수 있다. 자녀교육을 위한 상담자료를 준비하였다가 제공해주는 것도 접근방법으로 유용하다. 부인이 경제권을 갖는 경우가 대부분이므로 여성이 관심을 갖는 사은품을 적절히 활용하고 고객에게 적합한 금융상품에 대해 명쾌히 설명해줄 수 있도록 각종 자료를 준비해 접근한다.

풍부한 유동성자금을 고정화시키기 위해 자행 신용카드 사용을 권유하고 공과금 자동이체제도의 이용을 권한다. 부모를 위한 효도적금, 자녀를 위한 교육적금 또는 여행자금이나 투자자금 마련 등을 위한 적립식 상품을 권유하는 것도 중요하다. 주택마련이나 주택늘리기에 적합한 대출상품을 이용토록 유도하며, 퇴직금만으로는 안정된 노후를 준비할 수 없음을 강조하여 장기적인 목돈마련상품을 권유하는 것이 바람직하다.

### 6-3 변호사, 회계사, 세무사, 건축사 등

엘리트 의식과 함께 개성이 강한 편이며 동창, 동료에 대한 애착심과 긍지가 강하다. 지역사회에서 영향력, 발언권이 강하고 활동범위가 넓어 교제관계가 다양하며 폭넓은 대인관계를 가지고 있다.

사무실 직원과의 친분이 중요하다. 동료의식, 직업의식이 남달리 강하므로 친분이 두터운 사람이나 동업자, 주요 고객 등을 조사하여 소개를 받는 것도 효과적인 접근법이다. 방문시간을 잘 선택해야 하는데, 특히 변호사의 경우 오전은 공판과 관련된 서류작성 및 검토로 인하여 분주하고 오후에는 법정에 나가 있는 시간이 많음을 참고한다. 예의바른 자세를 유지하고 언행에 신중을 기해야 한다. 설득한다는 생각은 삼가야 한다. 예를 들어 변호사는 상대방을 설득시키는 데는 뛰어난 능력이 있으므로 간단명료하게 말을 해야 한다. 전문직 종사자들은 사례에 대하여 익숙하므로 신문, 잡지에 발표된 사례나 통계를 제시하여 설명하는 태도를 갖는다.

일반적으로 퇴직금이 없으므로 노후보장을 위한 금융상품과 소득수준이 높은 것에 착안하여 적립식 거액상품을 유도하는 것이 적합하다.

## 6-4 교사

부부가 맞벌이하는 경우가 많고 여자교사가 많으며 다른 직업보다 시간상 제약을 덜 받는다. 교육자로서 자부심을 가지고 있으며 남녀 간의 급여차이가 없다. 출신학교, 연고지, 지연(地緣) 등에 의한 동료 간의 파벌의식이 강하다. 이해타산적이고 일을 신중하게 처리하는 경향이 있다. 이해는 빠르지만 결단력은 약한 편이다. 가정적이고 자녀교육을 비롯한 가정의 장래와 건강에 관심이 많다.

교육위원회와 학교재단, 육성회 간부 등의 협력과 학교의 내부사정을 잘 알고 있는 사람이나 학교와 밀접한 관계가 있는 사람의 소개를 받아 접근하면 쉽다. 사은품을 활용하면 의외로 친밀감을 형성할 수 있다. 남편이 교사인 경우 경제권의 중심이 부인에게 있으므로 부인을 집중적으로 섭외해야 한다.

젊은 층의 교사들을 상대로 주택구입을 위한 적립식 상품과 대출을 연계한 상품가입을 권유한다. 정년퇴직을 앞둔 교사들에게는 퇴직금 유치를 위해 사전에 연금지급상품을 권유하며 지속적으로 섭외한다. 교사들을 통해 유력한 학부모를 소개받는 등 MGM 마케팅도 가능하다.

## 6-5 공무원

공무원은 관료의식이 강하며, 보수적인 성향을 띤다. 자신과 자녀의 장래 문제에 관심이 많다. 수입이 일정하므로 지출에 대한 제한이 많으며 특히 자녀교육, 주택마련, 노후문제 등에 관심이 많다. 하위직 공무원일수록 욕구불만이 많아 상대를 대하는 데 비인간적인 태도를 보이는 경우가 있다. 재산을 남에게 과시하기를 꺼려한다. 공(公)과 사(私)가 분명하며 합리적, 논리적인 성격이 많다.

지점장의 입장에서 공무원은 인간적인 측면에서 접근하는 것이 효과적이다. 사은품을 적절히 활용하여 첫 대면시 자연스러운 대화를 이끌어낸다. 상위직 공무원에게 먼저 접근하여 세일즈하는 것이 좋다. 관계되는 상하단체 또는 조직을 소개받는 것이 적절한 접근방법이다. 출입통제 부서가 많으므로 소개법이 효과적이다. 공무원 대상으로 세일즈를 할 때는 필요한 협력자를 많이 구하는 데 주력해야 한다. 상급자 또는 동료들이 거래결심을 하면 같이 따라서 거래하려는 속성이 있다.

주택마련을 위한 적립식 상품 및 대출상품을 연계하여 거래를 유도한다. 자녀교육비 마련을 위한 적금을 권유하는 것도 바람직하다. 공무원 중에는 의외로 제1, 제2금융권 기관별 상품 및 부대서비스에 대한 정보를 많이 가지고 있으므로 타 금융기관과 비교하여 경쟁적 우위를 점할 수 있는 상품 및 서비스를 사전에 준비하여 집중적으로 권유해야 한다.

제4절
# 기업고객관리 우수사례

## 1 기업고객관리와 은행지점장

### 1-1 기업고객관리에 있어 은행 지점장의 역할

은행 지점장은 거래기업의 경영상 문제해결을 지원하는 솔루션제공자라는 사실이다. 자금지원 및 경영상담은 물론 어려울 때 함께 한다는 동반자의 자세로 거래기업이 직면하는 경영상의 제반문제를 해결하는 솔루션 제공자의 역할을 충실히 수행해야 한다. 은행 지점장은 거래기업과 동반성장하려는 자세가 필요하다. 은행의 이익만을 앞세우는 근시안적인 자세에서 탈피하여 기업과 은행간 상생협력이 가능토록 하는 역할을 수행한다는 점을 명심해야 한다.

거래기업을 가까운 거리에서 수시로 관찰·지도하고 문제가 발생했을 때 올바른 처방을 적기에 제시하는 기업금융의 명의(名醫) 역할을 수행해야 한다. 거래기업이 경영애로에 직면하지 않도록 사전에 대응방안을 제시하는 것도 필요하다. 현장에서 기업들과 허물없이 대화하고 세심히 살피는 가운데 문제점을 발견하고, 최상의 해결책을 제시해야 한다. 기업이 어려움에 처하기 전에 미연에 이를 방지하는 역할도 필요하다.

중소기업이 직면하는 경영문제에 관하여 함께 고민하고 이의 해결방안을 찾아주는 솔루션 제공자의 역할도 요구된다. 솔루션은 단순히 자금만을 지원하는 것이 아니라 컨설팅 및 각종 경영정보제공, 세무·법률상담서비스, 구성원교육 등의 비(非)금융서비스를 포함하며 특히, 중소기업과 어려움을 함께 하려는 마음자세가 중요하다.

풍부한 전문지식으로 무장하고 창의적인 아이디어를 고객들에게 내놓는 은행 지점장의 역할도 필요하다. 은행 업무나 상품 내용을 숙지하는 것은 물론 경제동향, 신기술 또는 시사문제 등에 대한 풍부한 지식을 함께 갖춘 전문가를 필요로 한다.

고객인 중소기업의 지속적인 성장 및 우량기업화를 지원하고 은행과 함께 성장해 나갈 우량 및 잠재우량 고객발굴에도 적극 노력하는 개척자(Pioneer)의 역할도 은행 지점장에게 요구된다.

① 기존 우량고객과의 관계강화

채권자로서 고객에 대한 단순한 사후관리차원에서 벗어나 실제 경영의 효율성 강화, 효과적인 전략의 수립, 신규투자 적정성 분석, 신규시장 및 마케팅정보 제공 등으로 보다 수익성 높은 우량기업으로 발전을 유도하는 역할이 필요하다.

② 기존 비우량고객의 우량기업화 지원

외형과 투자규모가 큰 기업임에도 불구하고 자행(自行)과의 거래규모가 적은 경쟁은행 복수거래 기업에 대해서는, 각종 우대제도를 적극 활용하여 자행 거래를 활성화하고 전속거래 관계로 발전시킬 분위기를 조성해야 한다. 수익성이 취약한 비우량기업의 경우 수익성 개선 프로젝트를  통한 채무상환능력을 제고시킴으로써 우량기업화를 유도해야 한다.

③ 은행과 함께 성장해 나갈 신규 및 잠재우량고객의 발굴

은행간 유치경쟁 강도와 가격민감도가 상대적으로 낮고, 은행의 수익 확보와 미래 성장기반 구축에 도움이 될 고객군을 적극 발굴하여 지원해야 한다. 경영자의 자질이 양호하고 기술력을 갖추고 있어 성장가능성이 높은 유망중소기업을 발굴하여 적극 지원하는 것은 고객충성도를 의미하는 로열티(loyalty)가 높은 기업을 확보하는 가장 좋은 방법이다. 이들 기업의 경우 금리 및 수수료에 대한 민감도가 상대적으로 낮아 적정 프라이싱이 가능하다. 경쟁은행과 거래하고 있는 우량 및 잠재우량 고객과 성장성이 크게 기대되는 창업기업의 경우 차별화된 서비스를 원하는 고객욕구 충족수단으로 우대제도를 활용하여 적극적으로 유치해야 한다.

④ 기업고객과 관련하여 은행 지점장에 필요한 역할에 대한 조사 결과

기업을 판단할 때 담보위주에서 벗어나 기업내용 및 경영자의 자질을 종합적으로 판단해야 하며, 단골관계를 바탕으로 어느 일방이 이익을 보는 비즈니스가 아닌

서로에게 도움을 주고받는 파트너로서 상생전략이 필요합니다.

마케팅 대상고객은 본부에서 제공하고 지점에서 활용할 수 있는 자료를 이용하여 타깃을 선정합니다. 주로 지역별·규모별 업체 현황, 수출입거래처 현황, 상공회의소 전산자료 등을 활용합니다. 타깃고객을 선정한 다음에는 우선순위로 인근지역 업체를 선정합니다. 기준은 인접한 3개구에 위치하며, 지점에서 자동차로 20분 이내의 거리에 위치한 업체입니다. 두 번째로 도시전역을 마케팅 대상업체로 선정하고, 이들을 대상으로 재무상태, 신용등급, 당행 여신정책에 부합한 업종인지 여부 등을 감안하여 최종 타깃으로 선정합니다.

재무구조가 우량한 기업의 경우 처음 유선상으로 약속이 성사될 가능성은 30% 미만인 점을 인지하고 필요시 직접 방문을 통한 적극적인 방법이 효율적인 마케팅 방법일 수 있으며, 은행에서 강점이 되는 상품의 안내를 통해 귀 업체에 도움이 되기 위해 방문했다는 이미지 부각이 필요합니다. 이때 지점장 입장에서 조급하게 거래를 추진하기 보다는 지속적인 교류와 소통을 통해 거래처가 필요로 하는 정보와 요구사항을 얻어내고 이를 적극적이고 충족시켜 주는 것이 신규거래처 유치에 보다 효율적인 방법입니다.

추가적으로 기존 거래처에는 필요사항에 대한 적기 지원은 기본이며, 고객에 대한 감동을 주는 서비스가 필요합니다. 예를 들어 회사의 키맨 대상으로 생일 및 결혼기념일을 챙기는 것뿐만 아니라, 실무자에게도 특별하지 않은 날 화분이나 간식 등의 선물 제공으로 회사 전체에 관심을 가지고 있음을 간접적으로 표시하는 것이 효과적입니다. 여러 임직원들과 지속적인 유대관계를 구축하는 것이 경영진뿐만 아니라 은행을 담당하는 자금담당 직원들의 당행에 대한 충성도를 제고시키는데 기여합니다.

## 1-2 기업고객에 대한 판단 포인트

은행 지점장은 경제성장을 전제로 한 '담보(특히 부동산 담보)주의'에서 벗어나 보다 근본적으로 기업을 판단할 수 있는 '기업내용'이나 '기업경영자의 자질'을 판단의 기준으로 삼아야 한다. '기업내용' 에 관해서는 대차대조표(B/S), 손익계산서(P/L) 등 재무제표에 의한 판단 뿐만 아니라 그 실체를 여러 가지 측면에서 종합적으로 판단해야 한다.

예를 들면 업계 내에서의 지위·평판, 기술력, 상품개발력, 마케팅능력, 구조조정·사업전개의 방향성 등이 필요하다. '기업경영자의 자질'에 관해서는 '기업은 인간이다'라는 근본 명제로 돌아가 경영자, 임원진의 경륜, 식견, 인간성, 전문적 지식 등을 파악할 수 있도록 노력해야 한다. 다양한 금융서비스 특히 기업고객이 원하는 적절한 시기에 신속하게 자금을 제공해야 한다. 좋은 릴레이션십을 바탕으로 하여 어느 일방이 이익을 보는 비즈니스가 아닌 서로에게 도움을 주고 받을 수 있는 파트너로써 윈-윈(win-win) 게임을 이끌어 내는 역할을 수행해야 한다.

은행 지점장은 우량고객을 선별할 수 있는 능력을 겸비해야 한다. 이를 위해서는 먼저 우량고객이 될만한 기업을 1차적으로 선별해야한다. 지역상공회의소에서 발행되는 회원 주소록에서 타깃(target)이 될 만한 업체를 발굴할 필요가 있다.

예를 들면 업종, 구성원수, 대표자를 중심으로 규모가 있는 즉 우량 중견기업이 될만한 기업을 선별하는 역량을 갖추어야 한다. 평소 회사를 방문할 때 인근에 있는 깨끗한 공장을 가지고 있는 회사이름을 메모해 두는 습관을 가지는 자세가 필요하다. 그 동안 거래를 통해 알아 왔던 지역현안에 밝은 고객으로부터 추천 및 소개를 받는 것이 중요하다. 또한 은행본부 및 언론매체에서 정보를 제공한 업체 중 타깃이 될 만한 업체를 발굴하는 것도 중요하다. 외국 우량기업의 국내 사업설명회에 참석하여 외국기업의 국내지사 및 사업설명회에 참석한 국내업체 중 우량한 회사를 발굴하는 것도 필요하다.

상기와 같이 1차로 선별된 업체를 가지고 제공되고 있는 은행내 정보시스템, 스코어링시스템, 인터넷을 활용하여 회사의 업력, 규모, 재무상태, 회사가 속한 업종동향을 파악한 후 2차 타깃고객 대상을 선별해야 한다.

2차선별 대상기업에 대한 구체적인 접근 방법은 다음과 같다. 2차선별 대상 업체에게는 먼저 전화를 걸어 자금담당 책임자의 직책 및 대표이사의 이름을 확보해 두는 것이 필요하다. 이를 통해 자행의 기업금융서비스를 소개하는 안내장을 발송해야 한다. 며칠 후 안내장 발송업체 자금담당책임자 및 대표이사에게 전화를 걸어 귀사와 같은 우량회사와 거래하고 싶다는 의사표시를 하며 시간약속을 하여 방문약속을 정해야 한다. 방문할 때 간단한 기념품 및 회사의 거래상황을 파악하여 가능한 거래를 미리 조사, 분석하여 비교분석표를 준비해야 한다.

최근들어 기업고객들에게 은행에 대한 관심을 이끌어내기 위해서는 은행과 거래시 회사에 얼마만큼 금융비용 절감 효과가 있는가를 표로 보여주는 것이 효과적이다. 당장 거래를 하자고 재촉하지 않고 여운을 남기고 다음에 또 방문하겠다며 재방문을 약속하는 유연성도 필요하다. 각종 경영정보를 미리 준비하여 회사에 도움이 될 만한 자료를 방문할 때마다 제공해야 한다. 기업고객들의 경우 금융경제환경에 대한 관심이 높기 마련인데 환율동향, 금리동향, 업종동향 등에 대한 정보를 일회성이 아닌 지속적으로 제공해 주는 것이 중요하다.

기존 거래업체의 거래활성화 단계에서도 은행 지점장의 역할은 중요하다. 거래업체에 대해서는 회사의 주기적 수시방문을 통하여 자금담당 책임자로부터 회사의 회사채발행 계획의 정보를 입수하여 은행에서 대신 자금을 지급하는 것이 필요하다. 회사의 금융기관거래를 조사·분석하여 타행대비 자행(自行)과 거래시 금융비용 절감 효과를 설명하여 거래를 옮기지 않을 수 없도록 심적 부담감을 줄 필요도 있다. 대표이사 또는 실질적인 경영책임자의 생일 등 기념일을 기억하여 선물을 집으로 전달하여 감동을 줌으로써 추가 거래를 활성화하는 것도 필요하다.

예를 들어 경영책임자의 친족 부음 사실을 알고 조문을 통해서 고객감동을 이끌어 내어 거래를 활성화시킨 사례도 있다. 자금담당 책임자들 가족과 함께 가족 모임 예를 들어 야유회, 외식행사를 가짐으로써 유대관계를 강화함으로 거래를 활성화시키는 것도 필요하다. 무엇보다 기업고객 담당직원의 입장에서 중요한 것은 고객의 입장에서 상담한 내용을 검토하고, 신속한 의사결정을 통하여 가부(可否)의 결정을 빨리 알려주고 적기에 자금지원을 한다는 마음가짐으로 고객을 면담해야 한다는 점이다. 이러한 마음이 전달되어 고객에게 신뢰가 바탕이 되면 기존 거래를 유지 발전시킬 수 있다는 확신이 설 수 있다.

## 1-3 기업의 성장단계별 은행 지점장의 역할

은행 지점장은 기업의 건강을 책임지며 관리하는 전담의사의 역할을 수행한다. 은행 지점장은 환자가 된 기업을 치료하는 역할에 만족하기보다는 기업이 건강하고 활력이 넘치도록 안정적 성장과 부실화 예방에 역점을 둘 필요가 있다. 후검진을 통한 환자치료만으로는 진정한 기업금융의 명의가 될 수 없으며, 기업의 건강문제와 위험요인 제거를 목표로 한 예방보건서비스를 제공할 필요가 있다.

건강하게 일상생활에 전념하는 사람도 정기적인 건강검진을 통해 위험인자를 사전에 파악하기 위해 노력하듯 기업도 정기건강진단을 통해 사전 위험인자를 식별해내는 것이 중요하다. 건강진단은 모든 사람들에게 공통적으로 적용되는 보편적인 정기건강진단이 있을 수 없듯이 기업이 처한 상황, 성장단계, 기업유형별로 차별화된 건강진단이 필요하다. 은행 지점장의 건강진단은 재무제표 분석을 통해 매년 시행되고 있는 신용조사와는 별도로 은행 지점장에 의해 일상적으로 실시되는 기업의 평생건강관리 프로그램(Life health monitoring program)에 의해 실시되는 것이 바람직하다.

거래기업의 경영상태를 이해하고, 성장을 위한 조언 및 부실화를 예방하기 위해서 무엇이 필요한지에 대한 자문역할을 수행하는 것이 필요하다. 성장단계에 맞춰 기업의 한단계 레벨업을 위한 전략을 제시할 수 있어야 하고 신사업진출에 대한 타당성을 검토·제시하여 성장을 위해 은행과 동반자적인 관계를 형성하고, 어려움을 겪지 않도록 사전 예방적인 조언이 필요하다. 기업을 살아있는 유기체로 가정했을 때 인간의 성장단계의 변화와 동일한 특성이 기업에도 나타난다.

창업기를 통과한 기업은 빠른 성장세를 보이는 성장기를 거쳐 인간의 중·장년기, 노년기에 해당하는 성숙기, 업적악화기를 거치는 사이클을 나타낸다. 은행의 상품 및 제도가 더욱 다양화되고 복잡한 구조를 갖게 됨에 따라 거래기업의 라이프싸이클(Life-cycle)별 특성을 이해하지 못하고 획일적인 처방전을 제시한다면, 환자의 나이와 체질, 건강상태를 고려하지 않고 무작정 항생제를 남용하는 무능한 의사와 구별되지 않을 것이다. 유능한 은행 지점장은 중소기업의 유형 및 성장단계의 특성을 이해하고 기업별 특성에 따른 선별적 금융지원 및 기업금융컨설턴트적인 역할 수행이 무엇보다도 중요하다. 신사업진출에 대한 타당성을 검토하고 성장을 위해 은행과 동반자적 관계를 형성하여, 잘못된 판단으로 어려움을 겪지 않도록 사전 예방적인 역할 수행이 필요하다.

### 1-4 창업단계 기업에서의 은행 지점장의 역할

창업단계는 중소기업을 설립하고 신제품을 개발·출시하는 단계에 해당한다. 창업단계에서의 중소기업은 창업주의 역량이 기업의 성패를 좌우한다. 매출액 신장을 독려, 납품계획에 맞추어 제품 생산, 판매망 확보, 금융기관과의 거래관계 유지 등 모든 업무에 대해 사업주 1인 결정체제를 유지하는 것이 가장 일반적이다. 창업주의 기업가정신은 향후 기업의 성장·발전에 지대한 영향을 미치고, 창업단계에서 기업의 장기적인 성장 플랜을 갖고 있느냐의 여부가 기업의 성공여부에 중요하다. 창업자의 사업의지 및 과거경험이 창업자의 역량을 판단하는 데 중요한 판단요소로 작용한다.

창업기업은 우수한 기술력을 보유하고 있더라도 보유기술의 제품화에 애로 및 새로운 기술개발이 어려운 경우가 많다. 신제품 개발 등 자금소요는 크지만 매출실적 부족 및 상품화 가능성 여부에 대한 검증미흡으로 인한 불확실성이 내재하여 담보대출외에는 현실적으로 금융지원이 어렵다. 제품화 가능성이 있는 우수한 기술력을 평가받을 수 있는 시스템이 필요하나, 평가를 제대로 받을 수 있는 역량이 부족한 실정이다.

창업단계에서 제품화로 연결이 가능하더라도 매출처 및 유통채널 확보의 어려움이 존재한다. 창업단계의 중소기업에게 가장 중요한 성공요인으로 알려진 고정적인 매출처를 확보한 중소기업은 생존 가능성이 크게 증대한다. 영업이나 판매에 대한 전문성이 성장단계가 높아질수록 중요한 역할을 수행한다.

은행 지점장은 초기 단계에서부터 성장가능성이 큰 잠재우량기업과 시장성이 큰 혁신 및 원천기술을 발굴하여 적기에 필요한 자금을 지원하는 역할이 중요하다. 산업에 대한 폭넓은 이해를 바탕으로 기술의 제품화 가능성 및 경영자의 경영능력과 기업가정신을 판단할 수 있는 안목겸비가 중요하다.

기술력, 시장성 등의 잠재력은 있으나 이를 제대로 실현시키지 못해 많은 리스크를 안고 있는 창업 초기기업들에 대해 은행 지점장은 리스크를 어떻게 평가하고 관리하느냐에 대한 고민이 필요하다. 연예 매니지먼트 회사가 잠재력 있는 우수연예인을 발굴·육성하듯이 흙속의 진주를 찾는 심정으로 우수 중소기업을 키워내는 역할 수행이 필요하다.

은행 지점장은 기업을 평가함에 있어서 신용평점 같은 계량요소 뿐 아니라 인력관리, 사업승계, 생산관리, 하청기업 등 비계량요소에 대해서도 세심한 관심을 가지고 대출심사 및 기업평가에 활용하는 것이 중요하다.

창업초기단계 기업을 평가하는데 있어서는 비계량요소에 세심한 관심을 가지고 대출심사 및 기업평가에 활용하는 것이 필요하다. 거래기업에 수시로 방문하고 경영자의 경영능력 등 비계량적 정보를 체계적으로 관리하는 역할을 수행해야 한다. 창업단계 기업에 대한 비계량적 정보 축척은 자행의 보이지 않는 자산이라는 사실을 은행 지점장 각자가 인식하는 것이 필요하다.

## 1-5 성장단계 기업에서의 은행 지점장의 역할

성장단계는 경쟁업체, 대기업과의 치열한 협력·경쟁을 거치면서 사업기반을 구축하고 양적·질적으로 발전하는 단계이다. 자체적인 신용으로 정부 및 금융기관의 신용대출이 가능한 시기이다. 회계의 투명성 및 신용도에 따른 금융지원의 차별화로 기업체의 자기 신용관리의 중요성이 부각되는 단계다. 창업기 기업이 창업자의 역량에 크게 의존하였다면, 성장단계의 기업은 1인 경영체제에서 시스템화된 경영체제로의 전환을 시도하는 단계이다. 일반적으로 영업, 생산, 총무 등 3개 기능으로 분화된다. 규모가 큰 기업은 마케팅, 생산, 엔지니어링, 통제, 재무, 인사, 기획 등으로 좀 더 세분화되며, 사업부제로의 조직화를 시도하는 기업도 등장한다.

이때는 설비투자를 통한 대규모 생산이 이루어져 매출액이 급격하게 증가하는 시기이다. 운영자금이 부족하고, 금융기관의 대출금액이 급격히 증가하는 단계이다. 대규모 생산을 위해 시설투자를 계획하고 단일제품에 크게 의존하는 경향으로 제품의 성공여부에 따라 시장점유율 변동이 크다. 판매처 확대를 위해 해외시장 개척을 시작하는 시기다. 대량생산이 필요한 시기로 상시적인 기능인력 및 전문인력의 부족한 상황도 나타난다.

성장단계에서는 투자계획의 적정성에 대한 조언과 함께 사내부족자원의 외부연계(networking) 활동을 지원하고, 회계의 투명성을 높여 기업의 신용관리가 가능하도록 중소기업 재무부문의 명의가 되는 단계이다. 기업의 자기신용 관리의 중요성을 인식시키고, 신용도 개선을 위해서 필요한 사항에 대한 상담이 필요하다. 중소기업에 대한 평가는 단순히 재무지표에 근거하여 컴퓨터시스템으로 판단하는 자료가 아닌 인간, 그것도 차가운 머리와 뜨거운 가슴을 가진 영혼을 담아내는 평가가 이루어져야 한다.

모방적 성장에서 탈피하여 시장선점형 경영이 가능하도록 연구개발과 마케팅활동을 적극적으로 지원해야 한다. 제품의 라이프사이클(life-cycle)이 갈수록 짧아지는 상황이기 때문에 기존 제품의 꾸준한 업그레이드(up-grade)가 없거나 새로운 제품 출시가 늦어지면 성장에 뒤쳐지는 기업으로 전락하여 부실화 될 가능성이 높다. 은행 지점장은 거래기업이 연구기관, 대학연구소의 기술조언을 받을 수 있도록 중계자역할 수행도 필요하다. 마케팅활동이 중요한 시기이기 때문에 시장개척 관련정보, 거래처소개, 비즈니스매칭 등을 적극적으로 지원해야 한다.

규모별, 업종별 성공사례를 제공하고 내부관리에 대한 표준을 제정하여 거래기업에 제시하는 역량도 중요하다. 성장단계기업은 창업초기의 창업주 1인결정 체제에서 다변화된 시스템경영으로 변화를 시도하는 단계에 들어서게 된다. 경험이 부족한 기업들에게 업종별 성공사례 및 베스트플랙티스(Best Practice)를 발굴·제공하고 이들 성공기업의 내부 통제시스템에 대한 표준을 연구하여 제시해 줄 필요가 있다.

### 1-6 성숙단계 기업에서의 은행 지점장의 역할

성숙단계는 매출액 및 구성원수 등 양적 성장측면에서 최고조에 달하고 회사의 조직 및 시스템이 안정화 단계에 진입하는 시기라고 할 수 있다. 매출 및 생산규모가 크고 유통채널이 안정화되어 시장점유율 변동이 적은 단계이다. 안정된 신용으로 금융기관에서 자금조달이 용이한 단계이나 자금 수요는 많지 않다. 경쟁은행간 치열한 고객유치 대상이 되고, 구성원수가 상당수에 달해 기업거래 뿐만 아니라 구성원거래도 지속적으로 활발하게 이루어지는 단계이다. 주거래은행이 이미 확고히 자리잡아 금융기관의 고객관리 프로그램으로 인한 단골고객화를 지속적으로 추진하는 단계이다.

또한 생산비나 원가 절감 등 경영관리 측면에서의 비용절감을 시도하는 단계이다. 협력업체와의 관계를 중요시하며 은행의 네트워크를 이용하여 결제거래를 진행하는 현상도 나타난다. 은행 거래관계에서도 비용절감을 위한 수수료 및 금리인하를 요구하게 된다.

해외시장개척 성과가 나타나고 생산 및 판매의 글로벌화가 진행되는 시기이다. 좁은 내수시장의 한계를 극복하기 위해 해외 네트워크 구축을 본격화하고, 해외시장 개척의 성과가 나타나기 시작하고 한단계 도약을 위해 글로벌화에 자원을 집중하는 단계이다.

조직 및 인력운용의 중요성이 부각되는 시기이기도 하다. 고급인력을 필요로 하고, 대규모의 연구개발(R&D) 지출을 통해 기술집적화를 시도한다. 인재교육의 중요성이 본격적으로 대두되어 직원교육을 강화하는 단계이다.

영업이익의 재투자를 위해서 새로운 사업기회를 탐색하는 시기이다. 잉여이익을 기초로 재투자기회를 잡기 위해 끊임없이 신사업에 대한 투자기회를 모색한다. 기존 사업영역에 특화할 것인가 새로운 사업을 통해 다각화를 이룰 것인가에 대한 선택을 강요받는 단계이다. 매출액 및 구성원수에서 최고조에 달한 성숙단계의 기업에 대해 은행 지점장 역할을 어떻게 수행할 것인가는 자행의 경쟁력 확보에 핵심사항이다.

성숙단계에서는 자금외적 문제에 대한 조언, 구성원거래 확대, 전자금융 서비스를 통한 편의성 제고 등을 추진함으로써 종합적인 컨설팅서비스를 제공하는 역량을 갖춘 명의(名醫)가 되는 단계이다.

금융기관의 고객유치 경쟁이 가장 치열한 시기로 고객관계강화 프로그램을 통해 은행 전속화 유도가 필요하다. 거래기업 내부조직이 시스템화되고 체계적으로 안정된 단계이므로 전단계 기업에 통했던 정(情)마케팅 및 고객관리가 더 이상 통하지 않는 단계로 체계적인 마케팅스킬이 요구된다. 조직, 인력, 경영전략 등에 대한 종합적인 컨설팅서비스 등 경쟁은행과 차별화된 서비스를 제공해야만 경쟁우위를 점할 수 있다. 또한 전자금융시스템 설치를 통한 거래 편의성제고 및 거래비용절감에 기여해야 한다.

성숙단계 기업은 IPO(기업공개 : initial public offerings)에 대한 관심도 대단히 높은 시기이기 때문에 이에 대한 니즈 충족이 필요하다. IPO를 통해 코스닥등록과 증시상장을 원하는 기업에 대해서는 IPO관련 컨설팅을 적극 지원할 수 있는 역량이 필요하다.

성숙단계에서는 거래기업 뿐만 아니라 기업에 종사하는 임직원에 대해서도 포괄적인 금융컨설팅 역할이 필요하다. 거래업체 구성원 거래 우대 등 인센티브를 제공해야 한다.

창업 2세에 대한 사업승계 컨설팅도 중소기업고객들의 중요관심사이기 때문에 이에 대한 업무를 강화해야 한다. 일본은행들은 본부에 기업간인수합병, 사업승계 등을 종합적으로 지원할 솔루션부서를 두어 기업고객들의 다양한 니즈에 부응하고 있다. 일본 미즈호은행의 경우 중소기업들의 사업승계니즈를 반영하여 고객과의 직접접촉 뿐만 아니라 콜센터, 미즈호종합연구소 등을 통해 사업승계관련 서비스 제공하고 있다.

## 1-7 구조조정단계에서의 은행 지점장 역할

구조조정단계는 재도약단계 혹은 사업전환 단계라고 불리운다. 이때에는 수요의 부진, 기술의 변화 등 대내외 환경의 변화에 적응하지 못해 경쟁력이 크게 약화되는 상황에 직면하게 된다.

경쟁업체 또는 제품의 진부화로 인해 주력상품의 시장이 위축된다. 또한 주력상품 및 기술을 대체할만한 신기술 및 신제품에 대한 사전 준비 미흡으로 기존 주력제품의 경쟁력을 상실하게 되는 단계이다.

생산공정의 노후화를 극복하기 위해 설비투자가 필요하나 자금조달의 어려움에 직면하게 된다. 시장흐름의 변화를 감지하는데 늦어 사전 설비투자 기회를 실기(失機)하여 시장지배력의 상실로 자금조달이 여의치 않은 단계라고 할 수 있다. 사업다각화 또는 M&A가 필요하나 퇴출장벽이 존재하며, 적응력이 취약한 거래기업은 업종전환 및 원활한 퇴출을 희망하나 상시 구조조정을 촉진할 수 있는 원활한 사업전환 및 퇴출 지원체제는 미흡한 것이 일반적인 상황이다.

한편 이때에는 대외적인 부정적 시각으로 신용등급이 하락하는 단계이다. 급격한 신용등급의 변화는 기업의 변화적응력을 더욱 약화시키는 결과를 초래하게 된다.

기술진보·글로벌경영·중국경제 부상 등으로 경제환경이 급변하기 때문에 적응력이 취약한 상당수 중소기업은 업종전환 및 퇴출을 희망하게 된다. 따라서 상시 구조조정을 촉진할 수 있는 원활한 사업전환 및 퇴출지원 체제를 마련해 둘 필요가 있다.

은행 지점장은 거래기업에 대한 치료가 가능한지, 아니면 치료가 불가능한지를 판단하고 해당기업에 적합한 처방전을 제시해야 하는 능력을 갖추는 것이 중요하다. 거래 기업에 대한 명확한 분석을 바탕으로 재도약 가능고객과 사업전환 또는 철수를 고려할 고객으로 분류할 수 있는 안목이 필요하다. 재도약이 가능한 고객에 대해서는 당장의 이익을 고려한 디마케팅(Demarketing) 전략 활용보다는 재도약할 수 있도록 도와주는 자세가 필요하다. 일본의 미츠이스미토모은행은 실적회복이 예상되는 기업에 자금을 지원해주는 '실적회복대출'상품을 도입하여 호평을 받았다. 쇠퇴기에 접어든 기업 가운데 혁신니즈가 강한 기업에 대하여는 경영혁신 프로그램의 소개, 정보 제공, 컨설팅 서비스 등 경영혁신 확산을 유도해야 한다.

회생불가능한 거래기업에 대해서는 기업과 은행이 희생을 최소화하면서 신속하게 시장에서 퇴출되도록 유도하는 역할수행도 필요하다. 퇴출상담제도(Exit Consulting)를 활성화해서 최악의 상황이 오기 전에 퇴출을 위한 계획을 세울 수 있도록 상담자 역할도 수행해야 한다.

거래 기업이 부실화단계까지 이르기 전에 사전예방적 은행 지점장 역할 수행이 필요하다. 기업의 상황이 악화되기 시작하는 초기단계에 이를 극복할 수 있는 회복전략에 대한 상담지원이 중요하다. 성장성이 결여된 거래기업에 대해서는 심층적인 경영진단이 필요한지를 판단하고 종합병원 역할을 수행할 본부조직과 연결시킬 수 있는 능력이 필요하다. 거래기업에 대한 심층적 파악을 통한 은행의 정보생산 및 모니터링 기능이 강화될수록 은행은 정보의 비대칭성(非對稱性)과 리스크가 상대적으로 높은 중소기업 부문에 대출 확대가 가능하다.

구조조정단계의 기업에 대해서는 부실징후 포착 및 조기시정이 가능하도록 사후관리시스템을 확충할 필요가 있다. 기업개선작업 및 경영자문 서비스를 제공함으로써, 단순한 신용의 공급자가 아닌 중소기업과의 동반자적 협력관계를 구축해야 한다. 시장전망, 경쟁력 조사 등 유망업종·품목에 대한 정보제공으로 기업이 사전에 경쟁력을 지속적으로 유지할 수 있는 조언이 필요하다. 기업부실징후를 조기 포착하여 시정이 가능하도록 사후관리시스템을 확충하고 필요시 적극적인 워크아웃, M&A, 사업전환 지원 등을 수행하는 것이 필요하다.

## 2 기업고객관리 실천사례

### 2-1 기업고객 판단을 위한 지점장의 실천사례

#### 가. 기업고객 발굴 및 관리에 있어 기업고객을 판단하는데 실천하고 있는 사항

기업고객에 대한 신용도 판단기준으로는 일반화된 주요재무비율 즉 부채비율, 영업이익률, 금융비용부담률 등과 재무외적인 요소, 즉, 경영진의 경영능력이나 산업전망 및 매출처의 안정성, 차별화된 제품군이나 기술력 등을 주로 활용한다. 그 밖에 기업고객 신용도 판단을 위해 개인적으로 중시하는 재무적 사항은 다음과 같다.

① 매출채권과 매입채무의 상대적인 규모와 최근 3개년도 증가율

이는 업체의 실질적인 자금사정을 간접적으로 확인할 수 있는 지표이다. 기업의 자금사정이 어려우면 일차적으로 매입처에 대한 미지급금이 늘어날 수 밖에 없기 때문이다. 매입채무 금액이 매출채권(장부상 매출채권+매출채권 할인금액)에 비해 과도하게 많거나 매입채무 증가율이 매출채권 증가율을 크게 상회할 경우 향후 부실화 가능성이 높을 수 밖에 없다.

② 매출채권 리스트

3개년도 결산명세서를 받아서 매출처별 매출채권을 확인해보면 장기간 받지 못하고 있는 매출채권을 확인할 수 있다. 그리고 이들에 대한 충당금 설정규모를 감안하여 매출채권의 회수 가능성과 안정성을 판단하여 신용등급 산정시 활용한다.

한편 기업고객 신용도를 판단하기 위해 실천하고 있는 비재무적인 사항은 다음과 같다.

① 외부 투자를 받은 사례

외부투자를 받아 자본 확충을 한 이후 회사의 재무실적이 답보상태를 유지하고 있거나 실적이 오히려 악화된 경우 일차적으로 회사의 신뢰도에 감점을 준다. 이는 회사가 외부투자 유치를 위해 제시한 사업계획이 제대로 이행되지 않고 있다는 뜻

이며, 이는 회사가 달성할 수 없는 사업계획을 투자자에게 제시한 결과이자, 대출에 비해 상환의 의무부담이 덜한 투자자금이란 점을 악용한 결과이기 때문이다.

② 외감업체인 경우 회계법인의 규모를 재무자료의 신뢰도 판단에 추가 활용

대형 회계법인일수록 회계원칙에 충실하게 감사를 할 가능성이 높기 때문에 외감업체 중 공인회계사만으로부터 회계감사를 받는 기업의 경우 일단 자료의 신뢰도를 낮게 보며, 최근년도에 담당 회계법인의 변경이 잦은 경우에도 마찬가지다.

③ 관계회사 리스크

부실한 관계회사 차입금에는 우량 관계회사의 연대보증이 필수적으로 들어가는 금융여건 상 관계회사의 실적 악화는 곧바로 연대보증 회사에도 영향을 미칠 수 밖에 없다. 따라서 관계회사의 실적과 보증규모 등을 정확히 체크하여 리스크 판단에 참고해야 한다.

### 나. 기업고객에 대한 판단포인트

① 재무제표에 의한 판단뿐만 아니라 그 실체를 여러 가지 측면에서 종합적으로 판단해야 한다. 기업 경영자의 자질에 관해서는 경영자, 임원진의 경륜, 식견, 인간성, 전문적 지식 등을 파악할 수 있도록 노력한다. 기업고객이 원하는 적절한 시기에 신속하게 자금을 제공해야 한다. 좋은 릴레이션십을 바탕으로 하여 어느 일방의 이익을 보는 비즈니스가 아닌 서로에게 도움을 주고받을 수 있는 파트너로서 윈윈 게임을 이끌어 내는 역할을 수행해야 한다.

② 지역상공회의소에서 발행되는 회원 주소록에서 타깃이 될 만한 업체를 1차적으로 선별해야 한다. 예를 들면 업종, 구성원수, 대표자를 중심으로 규모가 있는 즉 우량 중견기업이 될만한 기업을 선별하는 역량을 갖추어야 한다. 평소 회사를 방문할 때 인근에 있는 깨끗한 공장을 가지고 있는 회사이름을 메모해 두는 습관을 가지는 자세도 필요하다. 그동안 거래를 통해 알아 왔던 지역현안에 밝은 고객으로부터 추천 및 소개를 받는 것이 중요하다. 또한 은행 본부 및 언론매체에 정보를 제공한 업체 중 타깃이 될 만한 업체를 발굴하는

것도 중요하다.

## 2-2 기업고객 발굴 사례

지점장은 거래기업과 동반성장하려는 자세가 필요하며, 거래기업에서 문제가 발생했을 때 올바른 처방을 적기에 제시할 수 있어야 한다. 거래고객인 기업의 지속적인 성장 및 우량기업화를 지원하고 은행과 함께 성장해 나갈 우량고객발굴에 적극 노력하는 역할도 요구되고 있다.

① 우량고객이 될만한 기업을 선별하여 1차 타깃 업체를 발굴한다.

인터넷 및 지역상공회의소에서 발행되는 회원 주소록에서 타깃이 될 만한 업체를 발굴한다. 지역 유지로부터 추천 및 소개를 받는다. 은행 본부 및 언론매체에서 정보를 제공한 업체 중 타깃이 될 만한 업체를 발굴한다. 외국 우량기업의 국내 사업설명회에 참석하여 외국기업의 국내지사 및 사업설명회에 참석한 국내기업 중 우량한 회사를 발굴한다.

② 회사의 업력, 규모, 재무상태, 업종 등을 파악하여 2차 타깃고객을 선별한다.

업계 내에서의 지위, 평판, 기술력, 상품개발력, 마케팅능력, 구조조정, 사업전개의 방향성 등을 종합적으로 판단한다. 경영자, 임원진의 경륜, 식견, 인간성, 전문적 지식 등을 파악하여 판단한다. 은행 정보시스템, 스코어링시스템, 인터넷을 활용한 회사의 구체적인 정보를 파악 등을 통하여 2차 타깃고객을 선별한다.

③ 2차 선별 대상기업에 여러 가지 방법을 활용하여 접근한다.

전화를 걸어 자금담당 책임자의 직책 및 대표이사의 이름을 확보한다. 당행의 기업금융서비스를 소개하는 안내장을 발송한다. 몇일 후 안내장 발송업체 자금담당 책임자 및 대표이사에게 전화를 걸어 귀사와 같은 우량회사와 거래하고 싶다는 의사표시를 하며 시간약속을 하여 방문약속을 정한다. 방문할 때 간단한 기념품 및 회사의 거래상황을 파악하여 가능한 거래를 미리 조사, 분석하여 비교분석표를 준비한다.

④ 지속적인 릴레이션십 유지를 위하여 주기적 및 수시방문을 생활화한다.

방문 시 당장 거래를 하자고 재촉하는 것이 아니라 여운을 남기고 다음에 또 방문하며 재방문을 약속한다. 기업고객들의 경우 금융경제환경에 대한 관심이 높기 때문에 환율동향, 금리동향, 업종동향 등에 대한 정보를 지속적으로 제공한다. 회사를 주기적으로 방문하다보면 회사에 대한 정보를 쉽게 얻을 수 있어 적시에 해결책을 제시해 줄 수 있게 된다.

⑤ 업무외적으로 감동을 줌으로써 거래를 활성화한다.

대표이사의 생일 등 기념일을 기억하여 선물을 집으로 전달하여 감동을 줌으로써 추가 거래를 활성화할 수 있다. 자금담당 책임자들 가족과 함께 아유회, 외식행사 등 유대관계를 강화함으로써 거래를 활성화 시킬 수 있다.

⑥ 다양한 금융서비스를 기업고객이 원하는 적절한 시기에 신속하게 제공한다.

좋은 릴레이션십을 바탕으로 어느 일방이 이익을 보는 비지니스가 아닌 서로에게 도움을 주고 받을 수 있는 파트너로써 윈윈게임을 이끌어 내는 역할을 수행해야 한다.

⑦ 무엇보다 중요한 것은 고객과의 신뢰이다.

기업고객의 입장에서 상담한 내용을 검토하고 신속한 의사결정을 통하여 가부의 결정을 빨리 알려 주도록 한다. 적기에 자금지원을 한다는 마음가짐이 고객에게 전달되어야 하며 이러한 신뢰가 바탕이 되어야 기존거래를 유지 발전시킬 수 있다.

## 2-3 기업고객 대상 관계심화 사례

### 가. 법인고객 대상 관계심화방법

대부분의 기업고객들은 다수의 금융기관과 복수로 거래하고 있으며 제2금융권과의 거래도 활발한 편이다. 은행과의 거래 시에는 금리와 수수료 등에 대해서는 상대적으로 좋은 조건을 기대하고 있지 않은 고객이 많다. 은행거래 시 이들의 가장 큰 불만사항는 창구혼잡, 업무절차의 복잡, 대출의 어려움 등이다.

기업고객의 경우 규모에 따라 금융니즈에 차이가 있다. 기업금융 담당직원으로서 거래업체를 수시로 방문하여 자금담당책임자로부터 회사의 자금필요시기, 자금계획 등의 정보를 파악하여 적절한 시기에 자금을 지원하는 것이 필요하다. 거래업체의 행사에도 참석하여 유대관계를 강화함으로써 거래활성화를 유도하는 역할도 해야 한다.

기업고객관리에서 가장 중요한 것은 현장방문이다. 현장방문을 통해 대표이사의 성향이나 종업원에 대한 관심도를 일정부분 판단할 수 있다. 기업대출을 심사할 때는 업계현황, 차입자금 운용능력, 담보, 사업주의 특성을 항상 숙지하고 있어야 한다. H지점장은 영업점 기업금융업무를 담당할 때 매일 수출입관련 서류 등을 가지고 해당 거래업체를 방문했다. 자금부 및 해외마케팅부 등 주요 관련부서를 방문하여 은행 여신담당자, 수출입담당자, 재무기획담당자, 해외마케팅담당자들과 수시로 대화했다. 대화하는 가운데 앞으로의 경영계획이나 타행과의 여신 등의 관련정보 탐문을 통해 자행과의 거래지속여부 및 신규거래 창출을 위한 정보로 활용하는 자세를 견지했다.

### 나. 기업고객 관리과정에서 기업판단시 실천사항 (ㄷ지점 사례)

본부에서 제공하고 지점에서 활용할 수 있는 마케팅자료를 적극 활용한다. 예를 들어 지역별·규모별 업체 현황, 수출입거래처 현황, 상공회의소 전산자료 등을 기초자료로 이용한다. 서울을 예로 들면 우선순위로 지점 인근의 인접한 3개구, 20분 이내 방문거리 업체를 대상으로 한다. 차순위로는 서울전역을 마케팅 대상업체로 선정한다. 선별된 업체에 대해서는 2차로 회사의 재무상태, 신용등급, 본부 여신정책에 부합한 업종인지 여부 등을 감안해 최종 타깃으로 선정한다.

재무구조가 우량한 기업의 경우 처음 유선상으로 약속이 성사될 가능성은 30%

미만인 점을 인지하고 필요시 직접 방문을 통한 적극적인 접근이 효율적인 마케팅 방법이다. 방문할 경우 은행입장에서 강점이고 업체에도 도움이 될 수 있는 부문 예를 들어 수신이자율 우대, 다양한 외환상품, 낮은 대출금리 등을 적극적으로 안내한다. 은행의 다양한 상품과 서비스 제공으로 귀사에 도움이 되기 위해 방문했다는 이미지 부각이 필요하다.

은행 담당자 입장에서 조급하게 거래를 추진하기 보다는 지속적인 교류와 소통을 통해 거래처가 필요로 하는 정보와 요구사항을 알아내고 업체가 필요로 하는 사항에 적시에 대응하는 것이 신규거래처 유치에 보다 효율적인 방법이다.

기존 거래처에는 필요사항에 대한 적기 지원은 기본으로 하고, 고객에 대한 감동을 주는 서비스가 필요하다. 회사의 키맨 대상으로는 생일, 결혼기념일을 챙기는 것뿐만 아니라, 실무자에게도 특별하지 않은 날이더라도 화분, 간식 등의 선물 제공으로  관심을 가지고 있음을 간접적으로 표시해야 한다. 경영진뿐만 아니라 은행을 담당하는 전 직원을 대상으로 호감도를 높일 필요성이 있다.

### 다. 기업고객 발굴 및 관리과정에서 기업판단시 실천사항 (ㅎ지점 사례)

은행에서 여신영업이란 대출증대도 중요하지만 항상 바늘과 실처럼 연결되어 있는 것이 리스크와 수익이다. 여신업무에는 반드시 리스크가 상존한다. 과거에는 기업고객을 판단할 때 담보를 중시했다. 하지만 현재는 점차 담보위주의 기업판단에서 기업내용이나 기업경영자의 자질을 판단의 기준으로 삼는 형태로 발전하고 있다. 기업의 업계 내에서의 지위, 평판, 기술력, 상품개발력, 마케팅능력, 구조조정 여부, 사업전개의 방향성 등과 기업경영자의 역량이 중시되고 있다.

J지점장은 과거에 근무했던 지점의 선배 M지점장으로부터 기업고객과 거래할 때 고려해야 하는 사항을 많이 배웠다.

○○지점은 M지점장이 부임하기 전에는 기업고객에 대한 별다른 영업을 하고 있지 않았던 지점이었다. 하지만 M지점장이 부임한 후 지점의 여신정책 자체가 바뀌게 되었다. 지점의 점주권은 상가 및 주택가로 구성되어 있었으며, 외곽으로 제조

공장들이 소재한 지역이라 비교적 기업고객 대상 영업이 가능한 곳이었으나 가계대출 위주의 영업을 하고 있었다. M지점장은 먼저 인근 점주권의 기업리스트를 추출하여 은행내 정보시스템, 스코어링시스템, 인터넷을 활용하여 회사의 업력, 규모, 재무상태, 회사가 속한 업종동향을 파악한 후 타깃고객 대상을 선별하였다. 2차선별 기업에 대하여는 업체에게 먼저 은행의 기업금융서비스를 소개하는 팸플릿을 동봉한메일을 발송했다. 이후 전화로 업체의 자금 담당자의 이름을 확인하여 지속적으로 안부전화와 "거래를 하고 싶다"는 의사표시를 먼저 하였다. 이후 어느 정도 안면이 생기자 방문약속을 하여 기업금융서비스에 대한 전반적인 안내를 실시하였다. 방문시 효과적인 업무수행을 위해 타행과의 금융비용 비교표 및 선별된 업체와 관련된 업종동향분석 등의 정보를 제공하였다. 다음에도 지속적으로 방문하겠다는 확답을 받고 이후 지속적인 방문과 정보제공을 통하여 S업체를 유치할 수 있게 되었다.

유치 당시 S업체에게는 순수 신용으로 거액의 여신을 지원하게 되었다. 이후 주담보 변경이 이루어지고 S업체는 지점의 주요 기업고객으로 지금도 은행과 거래를 하고 있다. 이후 기회가 되어 M지점장님에게 "S업체에게 초기에 담보도 없이 어떻게 거액의 신용여신을 지원할 수 있었는지"를 묻자 지점장님의 이야기는 "영업여건이 좋든 안 좋든 간에 항상 기회는 있다"고 말씀하시며 이후 기업고객 대상영업을 할 때 필요한 몇 가지 노하우를 알려 주시겠다고 하시며 다음과 같이 말씀하셨다. "먼저 기업고객에게 여신을 지원할지 여부의 판단은 담보도 중요하고, 재무제표도 중요하다. 하지만 더 중요한 것은 그 기업이 영위하는 업종에 대한 미래 전망과 업체가 속하고 있는 동업종 내에서의 위치, 사업방향 등 업체의 정보가 중요하다. 그 다음으로 업체를 이끌고 있는 대표자 및 임원진의 사업능력을 판단하는 것도 중요하다"라고 했다. 그렇게 타깃이 정해지면 일회성이 아닌 지속적이고 끈질긴 마음으로 업체를 유치해 거래할 때까지 지속적으로 관리를 해야 하며 이때 업체에게 필요한 각종 금융정보 및 업종정보 등을 제공하면 더 효과적이라고 하셨다. "일단 거래가 개시되고, 관계를 맺게 되면 은행과 업체가 상생하는 방향으로 나가야 한다. 업체에게 이득이 될만한 각종 정보를 제공하며 진실성을 보인다면 업체는 은행을 떠나지 않고 계속적으로 거래를 할 것이다"라는 말이었다.

막연하긴 하지만 짧게 얘기한 부분에 대한 구체적인 방법과 경험이 쌓여지면 기업고객과의 거래 여부를 판단할 때 도움이 될 것이라는 생각이 들었다.

결론적으로 기업고객에 대한 판단은 각종 재무수치와 담보보다도 더 중요한 것은 업체에 대한 업종동향 및 대표자의 사업능력 등 보이지 않는 정성적 정보다. 기업고객 담당자로서 거래업체에 대한 정보를 얻기 위해 끊임없는 관심과 노력을 기울인다면 경험과 덧붙여져 기업고객 판단의 달인이 되지 않을까 생각한다

### 라. 중견기업 사장과의 관계심화 사례

○○공단지점에서 근무하면서 중견기업의 Y사장과 관계심화방법을 소개한다. △△회사는 종업원 50명 정도 되는 중견기업이다. 매출도 꾸준히 증가하고 있고 앞으로 전망도 밝다. 외형확장이나 사업다각화는 가급적 하지 않으려고 한다. 무리한 욕심보다 내실을 다지는 것을 우선으로 생각하는 기업CEO다. 현금 입출금 등 자금관리 업무를 본인이 직접 챙기기 때문에 지점에 이틀에 한 번 정도 방문한다. 먼저 해당기업의 거래상황을 보면 여신 약 10억원, 수신 10억원, 카드사용액 등이다. 여신은 통화전환옵션부 엔화대출이 대부분을 차지한다. 수신은 요구불예금이 1억원 정도고 정기예적금이 나머지를 차지한다. 해당고객에게 환율은 중요한 의미를 가진다.

① Y사장이 방문할 때마다 엔화환율의 변동사항을 꼼꼼히 챙겨 신규대비 원화환산금액을 알려드리고 고객의 애로사항을 경청하며 맞장구 쳐준다. 매월 이자상환하면서 변동된 금리를 정확히 알려주어 신뢰감을 갖게 한다.

② 예금만기가 도래하였다. 대부분의 지점에서는 영업점장 우대범위에서 금리를 제시한다. 하지만 S지점장은 충성도가 높은 고객이란 점을 고려해 본부에 우대금리를 요청하여 고객이 만족하고 도움이 될 수 있는 수준의 금리를 제시한다. 영업점장 우대금리보다 ○○%포인트 더 우대해 드렸다. 은행차원에서 해 줄 수 있는 최대 우대금리란 점을 말씀드려 고객의 만족감을 끌어낸다. 앞으로도 지점의 이익보다는 고객에게 더 많은 혜택이 돌아갈 수 있도록 업무처리를 하겠다

고 약속했다. 얼마 후에 다른 은행의 요구불예금을 3억원 정도 인출해서 우리지점에 맡기셨다. 이거야 말로 운수대통이 아닐 수 없다. 저원가성 예금상품에 3억원을 추가로 예치하는 것은 정기예금 금리를 조금 우대해 주는 것과는 비교할 수 없을 정도로 지점에 가져다주는 수익은 크다.

③ 관계심화가 지속되는 가운데 Y사장에게 은행의 사회지도층 모임인 경영자클럽에 가입을 권유하였다. 해당모임은 가입절차가 까다롭지만 가입을 통한 회원들간 교류 및 은행홍보에도 앞장서는 부분을 고려하면 가입자체가 의미가 있는 것이다. 결국 허락하셔서 해당모임에 가입하여 각종 행사에 참석하고 있으며 지점에 큰 도움을 주는 거래처로 자리잡았다.

## 3 분식회계의 파악 및 대처방법

### 3-1 분식회계의 의미

분식(扮飾)이란 실제 모습보다 좋게 보이게 하기 위해 얼굴에 분칠을 한다는 의미이다. 분식회계를 통해 기업은 자신의 경영성과나 재무상태를 실제보다 건전하게 포장하고 이를 통해 자금조달, 경영자 성과보상, 기업가치 제고 등에서 유리한 위치를 차지하려는 동기를 가진다. 즉 기업 혹은 경영자가 의도하는 목적에 따라 재무제표를 다양한 모습으로 '화장'시키는 것을 의미한다.

경영상 어려움에 직면한 기업일수록 회계분식의 유혹이 강하다. 재무상태가 악화되기 시작할 때에는 금융기관이나 채권자들로부터 협조를 받아 경영위기를 극복해 나갈 희망이 있지만 경영상태가 계속 악화될 경우, 이러한 정보가 외부에 유출되면 기업가치가 하락하고 파산위험이 증가하여 자금조달이 어려움에 빠져 기업회생이 불가능하게 되는 악순환을 겪을 가능성이 높다. 따라서 경영자는 실제 정보의 유출을 차단하고 조작된 정보를 유출시키고자 하는 강한 유혹에 빠지기 쉽다.

## 3-2 일반적인 분식의 유형

재고자산, 매출채권, 연구개발비 관련 분식 사례가 대부분이다. 현대 회계는 대차대조표가 회계의 중심으로 분식회계도 대차대조표를 중심으로 발생한다.

### 가. 재고자산에 대한 분식사례

많은 기업들이 분식의 대상으로 재고자산을 이용한다. 재고자산의 금액은 회사의 당기순이익에 직접적인 영향(매출원가=기초재고+매입-기말재고)을 주므로 분식을 하는 대부분의 기업들은 재고를 과대계상하는 경우가 많다. 상당수 기업들이 원재료나 제품 등이 판매되지 않는 재고를 가지고 있는데 이 재고의 단가조작 또는 평가손을 계상하지 않는 방법으로 분식한다.

또한 회계감사시 회사재고에 대한 전수감사가 현실적으로 불가능해 샘플링을 통한 회계감사가 이루어지는 관행으로 수량확인이 되지 않는 재고(예:지방공장재고 등)에 대해 과대계상 함으로써 재고과대로 인한 이익이 상승하게 된다. 특히 단가가 높은 재고는 일부 수량만 조정하더라도 손익에 미치는 효과가 크고, 건설업의 경우 진행기준으로 매출을 인식하여 재고자산이 클수록 공사수익을 과대 계상이 가능하여 이를 악용할 소지가 많다.

### 나. 매출채권에 대한 분식 사례

매출채권의 충당금 설정을 과소계상 하거나 해당 매출채권이 부실인 경우가 전형적인 매출채권을 이용한 분식 사례로 들 수 있다. 예를 들면 관계회사나 해외현지법인에 국내 모기업의 매출을 확대시키기 위해 매출을 할 경우 관계회사나 해외현지법인에는 이 매출에 대한 재고가 팔리지 않아 남아 있는 경우가 있다. 이 경우 모기업의 매출채권은 회수되지 않고 남아 있게 되고 동 매출채권은 관계회사나 해외현지법인이 청산 등 부실화 될 경우에서야 그 부실화가 실현되는 경우가 대부분이다.

### 다. 자가(自家) 제작 기계 등에 의한 분식사례

기업이 제품제작을 위해 금형 등을 자가제작하는 경우 비용을 해당제품 제작에 사용한 것으로 회계처리하면 비용이 과소계상되어 당해연도 이익은 그만큼 과대계상되는 효과가 발생할 수 있다. 특히 외주제작과 관련해서 실제 외주제작은 5억원인데 회계상 처리는 10억원으로 하고 차이 5억원은 해당거래처에 매출로 처리할 경우 5억원의 분식효과를 가져올 수 있다.

### 라. 연구개발비에 의한 분식사례

벤처기업의 경우 연구개발비를 이용한 분식 유형이 많다. 중소기업이나 벤처기업의 경우 회계처리시 가장 큰 견해차를 가지는 것이 고정자산 중 무형자산에 해당하는 연구개발비이다. 상당수의 회사들은 연구개발부서의 모든 인건비 등을 연구개발비로 처리함으로써 초기의 벤처기업이나 중소기업, 연구중심 기업의 경우 손실이 과소계상되는 경우가 많아 주의가 필요하다.

또한 연구개발비를 연구개발비관련 조세감면제도를 준용하여 비용을 자산화하는 경향이 있다. 실제 연구개발비보다 큰 외주계약을 하고 그 차액을 외주회사 또는 외주회사와 관련된 관계회사의 매출로 처리함으로써 처리 당시 회계연도에 그 차이만큼의 이익을 과대 계상했을 가능성이 높다.

### 마. 우발채무와 차입금 과소계상을 통한 분식사례

부채의 경우는 과소계상을 통한 순이익의 증대가 일반적인 경우이므로 우발채무나 차입금 과소계상에 유의할 필요가 있다. 관계회사를 통해 지급보증이나 직접적인 차입금을 발생시켜 다른 계열사의 차입금이나 이자상환에 사용함으로써 해당회사의 부채를 누락시키는 경우와 채무와 채권을 상계해서 부채비율을 낮추는 경우에는 유념해야 한다. 차입금과 관계회사를 포함한 매출채권을 상계하는 등의 방법으로 부채비율을 낮추는 방법을 사용할 수 있다.

우발채무와 관련된 연대보증이나 담보제공과 관련된 사항을 누락하는 경우도 발생하므로 주의를 기울여야 한다. 상당히 많은 부도나 화의기업이 이 유형에 속하는데 만약 자회사의 사업이 부실화된다면 연쇄적으로 모회사까지 부실하게 되는 경우가 대부분이다.

### 바. 퇴직급여충당금을 과소계상하여 이익을 늘리는 사례

현재 대부분의 중소기업들이 연봉제를 적용하고 있어 분식의 가능성은 상당 부분 줄어들었으나, 노사관계가 경직된 회사나 퇴직금에 누진제가 적용되는 회사의 경우 아직도 많은 기업이 분식을 하는 사례가 발생하고 있다. 퇴직급여의 개인별 계산은 '근속년수×연평균 월급여×인원수'로 계산되는데 이때 인원수나 근속년수를 줄여서 계산하는 방법으로 회계상 퇴직급여충당금을 과소계상하여 순이익을 늘리는 방법을 사용한다.

**분식유형별 주요 내용**

| 유형 | 내용 |
|---|---|
| 자산과대계상 | - 주로 재고자산을 과대 평가<br>- 재고자산 과대평가〉매출원가 과소평가〉순이익과대평가 |
| 부채과소계상 | - 부외부채를 통한 은닉, 부채 규모의 축소<br>- 실질은 금융리스이나 운용리스로 계상 |
| 수익과대계상 | - 전형적인 회계분식 유형<br>- 매출 귀속을 다른 시기로 하거나, 자회사간 거래를 매출 계상 |
| 비용과소계상 | - 비용을 줄이거나 귀속시기를 왜곡 |
| 내부거래의 악용 | - 관계회사와의 거래 및 출자회사와의 거래 악용<br>- 주요 거래의 주석 기재 누락 |
| 빈번한 합병,분할 | - 합병, 분할로 인한 경제 실체의 잦은 변경을 회계분식의 기회로 악용<br>- M&A 과정에서 부채는 축소하고 이익은 확대 |
| 파생상품거래 악용 | - 파생상품 및 역외펀드 거래에 관한 평가손익을 본문과 주석사항에 누락 |

## 3-3 분식회계 발견시 은행 지점장으로서 대처 요령

제출자료의 신빙성을 재검증하는 것이 필요하다. 우선 금융감독원 전자공시 자료 등을 통해 재검증이 필요하다. 신용보증기금, 기술신용보증기금, 한신정, 한기평, 한신평 등의 정보를 활용하는 전략도 필요하다. 부가가치세 과세표준확인, 비외감 결산자료 등은 확인 기관인 공인회계사, 세무사 등에 조회하여 확인해 둘 필요가 있다.

분식회계가 고의 및 중과실에 의한 것으로 판단될 경우 부실징후 인지에 따른 조치사항에 준하여 처리해야 한다. 단계별 신용평점 조정 또는 조정 의뢰를 하는 것이 필요하다. 조기경보 개별점검을 즉시 실시하여 사유 발생시 조기경보기업으로 재분류해야 한다. 당좌거래의 적정성, 한도거래 여신의 적정성을 검토하여 종합적인 부실화 가능기업으로 판단시 적절한 채권보전 대책을 강구해야 한다.

교환결제 연장, 어음·수표 교부량, 심사금액과 결제금액의 차이, 교환결제금액의 급증, 할인어음 및 구매자금 대출의 자금융통 여부 등을 확인해야 하다. 또한 담보물건별 경락률, 할인어음 결제율 등을 감안한 회수가능액을 검토하여 부족채권 발생 예상시 적절한 채권보전 조치를 취할 필요가 있다. 보관중인 수취어음 중 담보제공 가능 여부, 실질 경영자의 보유부동산 담보제공 가능 여부, 자본증자 가능성 검토 및 경영정상화를 위한 구조개선 요구 및 종합적인 대책을 수립해야 한다.

업체의 현상에 맞는 디마케팅(Demarketing) 유도책 마련도 필요하다. 대출기간의 차등 운용, 기간연장시 원금 회수, 한도거래 여신의 감액 및 한도 범위내의 개별여신 운용 제한, 신규 여신지원시 조건부 여신지원 방안을 마련해야 한다.

수입물품의 처분 용이성 및 USANCE 기간의 적정 여부도 검토할 필요가 있다. 금괴, 알루미늄괴(비철금속), 시설재, 통신장비 등 처분절차가 간편하고 상대적으로 고가에 처분이 가능한 물품인지에 대한 여부 확인 후 채권보전책을 강화해야 한다. 관계회사 및 관련회사 어음할인 여부를 면밀히 검토해야 한다. 관련회사는 전사업주, 비상임이사, 주주 소유기업 여부 등인지 검토해야 한다.

불량 매출채권의 보유 여부도 확인해야 한다. 기업체 현장방문을 통해 결산재무제표상 매출채권 내역에 대한 기업체 장부 대조를 통해 매출채권의 적정성 여부를 파악해야 한다. 은행 거래상 할인어음의 부도를 적절히 계상했는지의 여부도 확인해야 한다.

### 회계분식 발견기업의 특징에 대한 조사결과

금융감독원은 3년 6개월(2009년~2012년 6월) 간 회계분식으로 제재조치를 받은 상장법인(86사)의 주요 특징을 분석한 결과, 회계분식 기업은 취약한 재무구조, 적자시현, 부실한 내부통제, 계속기업 존속의문 등의 특징을 보였고, 이후 상당수가 상장폐지된 것으로 분석되었다.

**(1) 회계분식 기업의 특징**

① 취약한 재무구조 및 손실발생

회계분식 기업 중 71개사(82.6%)가 감리대상 회계연도에 당기순손실을 시현하였으며, 적정 수익모델 없이 지속적인 적자시현 등으로 35개사(40.7%)는 자본잠식 상태였다. 자본잠식 회사(35사) 중 29개사(82.9%)는 결국 상장폐지된 것으로 나타났다.

② 부(-)의 영업현금흐름 및 유상증자 등을 통한 자금조달

회계분식 기업의 감리대상 회계연도 현금흐름표 분석결과, 영업활동(69사, 80.2%) 및 투자활동(66사, 76.7%)에서 부(-)의 현금흐름을, 재무활동(73사, 84.9%)에서는 정(+)의 현금흐름을 시현한 것으로 나타났다. 이는 영업실적이 저조[영업현금흐름(-)] 함에도 유상증자 또는 사채발행 등으로 조달[재무현금흐름(+)]된 자금을 영업과 무관한 타 법인 주식취득 및 자금대여[투자활동 현금흐름(-)] 등에 주로 사용한 것에 기인한다. 특히 상장폐지 법인은 영업활동에서의 부(-)의 현금흐름 비율(88.1%)이 기타 회계분식 기업(63.0%)에 비하여 높은 것으로 나타났다.

③ 내부회계관리제도 부적정

회계분식 기업 중 41개사(47.7%)가 감리대상 회계연도에 내부회계관리제도 운영이 부적정한 것으로 나타났고, 그 중 32개사(78.0%)가 이후 상장폐지되었다. 의견거절(21사), 중요한 취약점 발견(16사), 내부회계관리제도 운영보고서 미제출(4사) 등으로 나타났다.

④ 계속기업으로서의 존속여부 불확실

회계분식 기업 중 51개사(59.3%)가 감리대상 회계연도 감사보고서에 '계속기업 가정의 불확실성'이 특기사항으로 기재되어 있고, 코스닥법인의 기재비율(62.2%)이 유가증권법인(41.7%)에 비하여 높았다.'계속기업 가정의 불확실성' 기재 회사(51사)중 42개사(82.4%)가 실제로 상장폐지된 것으로 나타나, 감사보고서 이용자는 특기사항(특히, 계속기업가정의 불확실성)에 유의할 필요가 있다.

⑤ 손익 등에 영향을 미치는 위반사항이 다수

회계분식 기업의 회계처리기준 위반유형은 손익·자기자본에 영향을 미치는 사항이 129건으로 상당수(67.5%)를 차지하고, 주석 미기재(33건, 17.3%) 등 기타 위반사항은 62건(32.5%)에 불과하다. 손익·자기자본에 영향을 미치는 사항 중에서도 매출·매출채권 과대계상(17건), 유가증권 등 과대계상(19건), 대손충당금 과소계상(16건), 기타의 자산 과대계상(37건) 등이 상당부분을 차지한다.

### (2) 기업고객 여신담당자의 유의사항

회계분식 기업은 상장폐지로 이어지는 경우가 많아 여신거래 시 피해가 예상된다. 실제로 회계분식 기업(86사) 중 59개사(68.6%)가 이후 상장폐지 되었다. 기업고객 담당자인 릴레이션십매니저는 회사의 경영·재무상태, 공시사항 등에 대해 지속적인 관심을 가지고, 해당기업이 회계분식 기업과 유사한 특징을 보이는 경우 최대한 신중한 거래자세를 유지할 필요가 있다.

〈표〉 회계분식 기업의 상장폐지 등 현황 (단위 : 사)

| 구 분 | 회계분식 기업 (A) | 회계분식 기업 중 | | | | | |
|---|---|---|---|---|---|---|---|
| | | 상장폐지 (B) | 비율 (B/A) | 내부회계 부적정 | 계속기업 존속의문 | 자본잠식 | 당 기 순손실 |
| 코스닥 | 74 | 55 | *74.3%* | 36 | 46 | 29 | 64 |
| 유가증권 | 12 | 4 | *33.3%* | 5 | 5 | 6 | 7 |
| 합 계 | 86 | 59 | *68.6%* | 41 | 51 | 35 | 71 |

### (3) 코스닥시장 상장법인 A사의 회계분식 사례

① 지적사항 : 자산수증이익 허위계상 (2009년 111억원)

코스닥시장 상장법인인 A사는 계속사업손실 누적으로 인한 상장폐지를 모면하고자 2009년 12월 대표이사 등으로부터 4개 비상장회사 주식을 증여받는 계약을 체결하면서, 회사가 상장폐지결정이 되거나 2010년 3월 10일까지 상장폐지 여부가 결정되지 않는 경우에는 증여취소하는 이면계약을 체결하여, 증여 관련 수익을 인식할 수 없음에도 2009년말 재무제표에 자산수증이익 111억원을 허위계상하였다.

② 회사 개황

| 시장구분 | 코스닥시장 상장법인 | 업 종 | 바이오디젤 제조 및 유통업 |
|---|---|---|---|
| 외부감사인 | D회계법인(중 · 소형) | 내부회계관리제도 검토의견 | 의견거절 |
| 특기사항 | 상호 및 경영진의 변경, 계속기업가정의 불확실성 등 5개 | | |

③ 재무 현황 (2009.12월말 현재, 단위 : 억원)

| 자산총계 | 부채총계 | 자본총계 | 자본금 | 매출액 | 당기순이익 | 영업현금흐름 |
|---|---|---|---|---|---|---|
| 276 | 100 | 176 | 30 | 25 | △75 | △51 |

④ 조치사항

검찰고발(회사 및 대표이사), 대표이사 해임권고, 증권발행제한 12월, 감사인 지정 3년, 시정요구 등을 받았다. A사는 2010년 4월 상장폐지되었다. 3년 연속 자기자본의 50%를 초과하는 계속사업 손실이 발생하였다.

# 연습문제

01 지점의 혁신을 위해 가장 필요한 인재육성의 중요성에 대해 서술하시오.

02 지점고객에 대한 재분석방법에 대해 서술하시오.

03 신규대출 거래처 발굴을 위한 합리적인 방법에 대해 서술하시오.

04 현장방문을 통해 파악할 수 있는 흥할 기업의 요소에 대해 서술하시오.

05 여신신청시 주의를 요하는 기업유형에 대해 서술하시오.

06 방문거절 고객을 설득하는 요령에 대해 서술하시오.

07 주택형 지점의 고객니즈 파악방법에 대해 서술하시오.

08 상가형 지점의 크로스셀링 전략에 대해 서술하시오.

09 점주 내 일반병원 대상 섭외활동시 점검해야 할 사항에 대해 서술하시오.

## 연습문제 해설

1. 지점 혁신을 위해서는 유능한 세일즈담당자의 육성이 최우선이다. 유능한 세일즈담당자는 영업현장에서 기업의 현재뿐만 아니라 미래를 종합적으로 예측해볼 수 있는 능력을 가진 사람을 의미한다. 기업의 상황은 과거의 기록인 재무제표에 의하여 어느 정도 평가가 가능하지만 재무자료를 통하여 미래를 평가하기는 불가능하다. 따라서 기업의 미래를 평가하기 위해서는 기업의 미래 현금흐름을 평가하지 않으면 안 되며, 이를 위해서는 거래기업의 조직분석이 필요하다. 세일즈담당자는 기업의 경영이념, 경영전략, 마케팅전략 및 전술, 조직체제 등 기타 부속정보를 포함한 비재무적 요인을 기초로 재무자료를 결합하여 기업을 종합적으로 분석할 수 있어야 한다. 따라서 세일즈활동시 기업의 정확한 실태파악을 통하여 개별 기업에 대한 대출판단을 수행할 수 있는 능력을 갖춘 인재의 육성이 지점의 혁신을 위하여 필요하다.

2. 지점을 둘러싼 환경요인은 끊임없이 변하고 있기 때문에 기존의 영업방식이 현재의 점주특성에 부합하는지 분석해봄으로써 문제를 발견할 수 있다. 점주의 특성에 대한 분석에 따라 핵심영역에 경영자원을 집중할 필요가 있다. 고객세분화의 진전으로 고객 그룹별로 담당직원을 배정하는 은행도 늘고 있다. 상위 20%의 고객이 전체 수익의 80%를 차지한다는 이론에 충실한 기법이지만 하위고객이라도 성장하고 있는 고객이 있으며 그에 따른 금융수요를 가지고 있는 것이다. 예를 들어 집을 3채나 가지고 있는 부유층과 비교할 때 임대주택 생활을 하고 있는 30대 가장이 주택구입에 대한 니즈와 그에 따른 주택금융 대출수요가 있을 확률이 높다.

3. 기존거래처를 관리하고 유지하는 것도 중요하지만 지점이 부진에서 벗어나기 위해서는 신규거래처를 발굴하는 것이 중요하다. 본격적인 대출세일즈 시대가 도래한 지금 고객니즈의 파악과 대출확대문제는 지점 업적부진을 벗어나기 위해 중요한 과제다. 예금에 대해서는 자신이 있지만 대출은 잘 몰라서 대부계로 안내하는 직원이 의외로 많은데, 예금창구 직원들도 기본적인 대출상담 정도는 할 수 있도록 여신업무를 이해하고 있어야 한다. 이것이 가능할 때 고객에 대한 세밀한 정보를 취득할 수 있고 효과적인 세일즈를 할 수 있다. 기업이 새로 신설되거나 다른 지역에서 진입하는 경우는 신규고객을 획득할 수 있는 좋은 기회다. 일시적이라도 새로운 거래처 발굴을 그만두고 기존거래처에 대한 거래강화에만 주력하는 것은 이러한 창업기업과 전입기업을 타 은행에 쉽게 양보하는 결과가 되므로 지점의 성장력을 떨어뜨린다. 기업에 있어서는 필요한 때에 대출을 받을 수 있는지의 여부가 매우 중요하다. 상대기업의 자금 필요시기에 맞춘 여신세일즈와 타이밍은 신규거래처 발굴에 중요하다. 기업고객의 경우 대상기업별로 추진계획을 수립해야 한다. 대상기업들의 리스트를 최신으로 갱신하는 동시에 세일즈로부터 얻어지는 정보를 정비하여 추진상황을 한눈에 알아볼 수 있도록 해야 한다. 기업으로부터 대출요청이 있을 때에는 가능한 신속하게 응대해야 하며 서류작성에 시간을 허비하느라 대출결정이 늦어지면 안 된다.

4. 지점 여신을 책임지는 지점장의 입장에서 현장방문을 통해 지속적으로 발전가능성이 있는 기업과 그렇지 못한 기업을 판별해내는 능력을 축적해나갈 수 있다. 하지만 경험이 부족한 지점장의 입장에서도 다음과 같은 점에 유념하면 여신신청기업을 단기간에 파악하는 역량을 갖추는 데 도움이 될 것이다. 우선 지점장은 기업방문을 통해 경험적으로 느낄 수 있는 직감이 필요하다. 재무제표를 아무리 그럴싸하게 꾸며놓고 서류상 좋은 회사로 둔갑

시켜놓아도 머지않아 도산할 징조가 보이는 회사가 있는 반면, 지금은 비록 소기업이라도 가까운 장래에 크게 성공할 것 같은 예감이 드는 거래회사가 있기 마련이다. 매출, 순이익, 채무, 현금흐름과 관련된 두꺼운 서류를 들쳐보지 않아도 회사를 방문했을 때 성공할 것 같은 기업, 부도날 것 같은 기업의 징후가 무엇인지를 판별하는 노하우가 필요하다.

5. 여신신청시 주의를 요하는 기업고객 유형은 다음과 같다. 첫째, 직원들의 표정은 회사상황을 나타내는 현황판이다. 잘되는 기업은 하급직원에서부터 표시가 나듯, 하급직원의 표정에서 안되는 기업을 판단하는 것 또한 가능하다. 둘째, 경영자에게 업무와 무관한 감투가 많고 이를 과시하는 유형의 기업이다. 경영자의 명함에 회사 이외의 보직이 많이 적혀있고, 본업과 상관없는 감투를 많이 갖고 있는 기업은 회사운영보다는 사회적 명예에 관심이 많아 본업에 충실하지 못하는 기업으로 판단할 수 있다. 셋째, 회사가 어려워도 사장실은 지나치게 화려한 유형의 기업이다. 사장에게 전화를 해도 부재중일 때가 많고 사원이 그 행방을 모르는 회사도 유념해야 한다. 은행 지점장과의 면담시 사장이 답변하는 것이 아니라 그 회사와 현재 관련이 없는 사람이 답변하거나 옆에 앉아 있는 경우에도 여신신청에 대해 유념해야 한다. 넷째, 회사의 분위기가 어수선하거나, 후미진 구석이 지저분한 기업은 유의해야 한다. 잘되는 기업은 보통 더러운 곳까지 깨끗한 반면 안되는 기업은 가장 후미진 구석부터 냄새가 나는 법이다. 가동률에 비해 설비투자가 많고 공장은 사업규모에 비해 지나치게 크고 여유공간이 많은데 세(貰)를 놓지 않은 경우에도 유념해야 한다. 놀고 있는 기계가 많다는 반증이다.

6. 은행 간의 경쟁이 치열해지면서 우량기업의 경우 금융기관 직원들의 잦은 방문을 오히려 기피하는 현상이 나타나고 있다. 은행 직원이 방문했을 때 여러 가지 이유를 제시하여 은행거래를 거절하는 사례도 많다. 때문에 기업을 대상으로 업무추진을 하는 지점장 입장에서는 거절고객 설득요령을 반드시 숙지해두어야 한다. 예를 들어 반드시 무엇인가를 매듭짓겠다는 생각과 배짱을 가지고 찾아간 업체로부터 거절당했을 경우 '이게 뭐야, 차라리 가지 말걸'이라고 생각하기 전에 생각을 조금 바꾸어보는 자세가 필요하다. 거절의 말속에는 항상 힌트가 있다는 마음가짐을 갖고 기업체가 자주 사용하는 거절의 말과 이를 역전시키는 대화를 통하여 영업현장에서 쉽게 부딪치게 되는 다양한 거절사례에 대응한다.

7. 주택가 지점을 활성화시키기 위해서는 전문적 세무지식을 보유한 유능한 상담직원을 배치하는 것이 중요하다. 또한 우수 및 잠재고객 발굴을 위한 고객정보 취득에 노력해야 되며 목표고객별로 차별화하여 영업전략을 수립한다. 고객 특성에 맞는 친절한 창구서비스 제공뿐만 아니라 효율적인 데이터베이스 구축으로 직원들이 정보를 숙지하여 활용할 수 있는 단계에까지 이르러야 한다. 창구에서의 정보취득도 활성화시켜야 하며 여성·주부고객의 성향에 맞는 마케팅 방안도 개발해야 한다. 지역 특성에 맞는 이벤트를 지속적으로 발굴하여 실시하고 다이렉트메일을 꾸준히 발송하는 것도 필요하다.

8. 상가형 지점에 있어 크로스셀링을 확대하기 위해서는 우선 편리하고 사업규모에 맞는 자동대출한도 상품을 실적에 따라 권유하는 것이 필요하다. 또한 사업자금, 노후보장, 자녀교육비를 위한 고수익 목돈마련저축을 통해 복수상품판매를 유도하고 텔레뱅킹, 대여금고를 이용하도록 유도한다. 보관어음을 통한 자동결제계좌를 유치해야 되며 카드가맹점 유치도 적극적으로 뛰어들어야 한다.

9. 일반병원에 대한 섭외시 다음과 같은 점검이 필요하다. 첫째, 진료권의 시장조사를 통해 환자를 분석해볼 때 병원의 진료방침이 지역에 밀착한 의료활동을 하고 있는가의 여부, 둘째, 환자 대기시간의 단축, 직원이 환자를 대하는 태도, 병의 상태에 대해 충분한 설명을 하는지 등 환자에 대한 병원 내 서비스 개선에 노력하고 있는가의 여부, 셋째, 의료 면에서 어떠하며 타 병원에 비해 다른 특색을 가지고 있는가의 여부, 넷째, 사무장을 비롯하여 관리부문의 직원이 병원의 관리능력을 숙지하고 있는가의 여부, 다섯째, 설비투자 의욕은 높은가, 또한 의료설비의 불완전한 면이나 치료할 때에 사전·사후 준비가 부족하지 않은가의 여부 등이다.

## 김 기 서

■ 저자약력

- 한국외국어대학교 대학원 졸업(경영학 박사)
- 한국생산성본부 선임 연구원
- 국은경제연구소 연구위원
- 국민은행 경제경영연구소 연구위원
- 현투증권 Wealth Management팀 부장
- 한국포럼 전문위원
- 한국금융연수원 자문교수
- 현재 Marketing Innovation 이사

■ 주요저서

『은행마케팅 전략과 실천』
『은행도 마케팅 전략의 시대』
『개방시대의 은행 영업점 마케팅』
『멀티미디어와 금융』
『고객 세분화 마케팅』
『파생금융상품』
『금융상품 운용설계』
『프라이빗 뱅킹』

# 은행지점 경영의 성공전략과 실천 2

지점마케팅과 우수경영사례

초판발행 2009년 8월 3일
제5판3쇄 2018년 3월 12일
저 자 김기서
발 행 인 조영제
발 행 처 한국금융연수원 출판사업부
03053 서울특별시 종로구 삼청로 118
전 화 (02)3700-1500
팩 스 (02)3700-1530
홈페이지 www.kbi.or.kr
등 록 1990년 4월 20일(제1-1040호)

정 가 18,000원
I S B N 978-89-287-1626-5 14320
978-89-287-1619-7 (세트)



※ 도서의 오류내용(오탈자 등)을 제보해주시어 채택되신 분께는 소정의 상품을 보내드리오니 독자 여러분들의 많은 참여 바랍니다.
(상세정보는 www.kbi.or.kr 참조)